Sonia Sotomayor

El mundo adorado de
Sonia Sotomayor

SONIA SOTOMAYOR se graduó *summa cum laude* de la
Universidad de Princeton en 1976 y de la Escuela de
Derecho de la Universidad de Yale en 1979. Trabajó
como asistente del Fiscal de Distrito del Condado
de Nueva York y luego en la firma Pavia & Harcourt.
Desde 1992 hasta 1998, fue juez de la Corte Federal
del Distrito Sur de Nueva York, y desde 1998 hasta
2009, de la Corte de Apelaciones de Estados Unidos
para el Segundo Circuito. En mayo de 2009, el presidente Barack Obama la nominó como Juez Asociada
de la Corte Suprema, función que asumió el 8 de
agosto de 2009.

El mundo adorado de
Sonia Sotomayor

El mundo adorado de

Sonia Sotomayor

Sonia Sotomayor

Traducción y adaptación por
Eva Ibarzábal

VINTAGE ESPAÑOL

Una división de Penguin Random House LLC

Nueva York

A mi prima y querida amiga,
Miriam Ramírez Gonzerelli,
una brillante maestra de escuela intermedia cuya
labor en la educación bilingüe y en la defensa activa
de los niños inspira mis interrelaciones con ellos.

Miembros de la familia que aparecen en este libro

LADO PATERNO

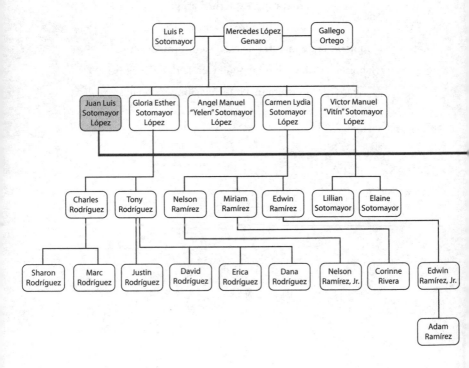

LADO MATERNO

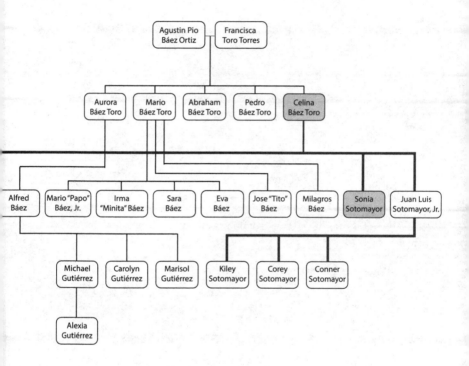

Prefacio

Personas de todas las edades, pero particularmente estudiantes de escuela intermedia, me han preguntado si alguna vez imaginé estar en el máximo tribunal de los Estados Unidos, la Corte Suprema. La respuesta es "No" porque, cuando era una niña, mi familia era pobre y no conocíamos abogados ni jueces; ninguno vivía en nuestro vecindario. Yo no sabía nada sobre la Corte Suprema y hasta qué punto su labor de reinterpretar la Constitución y las leyes de los Estados Unidos afectaba la vida de las personas. No puedes soñar con llegar a ser algo que ni siquiera sabes que existe. Esa ha sido la lección más importante de mi vida. Tienes que aprender a soñar en grande. Solo la educación puede revelarte lo que el mundo te puede ofrecer. Gran parte de la historia de mi vida trata de cómo la educación me abrió los ojos a todas las posibilidades de lo que podía llegar a ser.

Cuando escribí la versión de este libro para el público adulto, me di cuenta de que quería escribir otra versión para niños escolares. Este libro se inspiró en los niños que me han formulado preguntas. Quiero que los niños entiendan que los sueños, incluso aquellos que no puedes imaginar al principio, pueden hacerse realidad. A pesar de las adversidades y los retos que he afrontado en mi vida, he sido capaz de triunfar más allá de mis sueños más remotos y sé que tú también puedes lograrlo. ¿Hay algún secreto que descubrir en mi libro? Sí, y es el siguiente: nunca debes dejar de intentarlo. Siempre que haces algo por primera vez en la vida resulta difícil y te da miedo. Muchas veces no lo lograrás en el primer intento. Tienes que levantarte y volver a tratar, una y otra vez. Cada error te enseña algo nuevo. Cada fracaso te enseña qué hiciste mal y qué tienes que seguir practicando, qué tienes que evitar hacer la próxima vez, en dónde necesitas ayuda y cómo cambiar para ser mejor en lo que deseas lograr. Si fracasas, quiere decir que lo intentaste. Si no lo intentas, nunca tendrás la oportunidad de tener éxito ni de experimentar el placer de triunfar.

Los capítulos de este libro no solo tratan sobre cómo finalmente tuve éxito, sino también acerca de la incomodidad que sentía al aprender cosas nuevas en mi vida, de lo duro que tuve que trabajar para entender y resolver las cosas, y de las veces que tuve que intentarlo hasta lograrlo. Las circunstancias de mi vida no eran prometedoras. Muchos de ustedes se identificarán con mi historia. Puede que se sientan como me sentía yo.

Los retos que he afrontado —entre ellos, la pobreza material, una enfermedad crónica, mi lucha por aprender inglés y el haber sido criada por una madre soltera— no son excepcionales. Para muchos, es motivo de esperanza ver a alguien realizar sus sueños mientras lleva cargas de esa naturaleza. Las personas que viven en circunstancias difíciles necesitan saber que existen finales felices.

Una vez, un joven estudiante me preguntó: "Dado a que solo hay nueve jueces en la Corte Suprema, cada uno con nombramiento vitalicio, ¿es realista que alguien aspire a esa meta? ¿Cómo nos aferramos a sueños que, desde el punto de vista estadístico, son prácticamente imposibles?". Reconozco que no todos los sueños se pueden cumplir, pero la experiencia me ha enseñado que el valor de los sueños no está en las probabilidades que tienen de convertirse en realidad. Su valor verdadero está en despertar en nosotros la voluntad para aspirar a lograrlos. Esa determinación, a dondequiera que te lleve, te impulsa hacia adelante. Después de un tiempo, puede que reconozcas que la verdadera medida del éxito no es cuánto has acortado la distancia que te separa de una meta lejana sino la calidad de lo que hiciste y cuánto te esforzaste.

Espero que disfruten al leer cómo una persona común y corriente, con fortalezas y debilidades similares a las de todos ustedes, ha logrado una trayectoria extraordinaria. Y espero que me escriban y me cuenten cuánto se esforzaron y cuánto han logrado en la vida.

Prólogo

No me había despertado aún y mi madre ya estaba gritando. Sabía que Papi empezaría a gritar en cualquier momento. Eso ya era rutina, pero el tema de esta pelea era nuevo y esa mañana se grabó para siempre en mi memoria.

—Tienes que aprender a ponérsela, Juli. ¡Yo no les voy a durar toda la vida!

—Me da miedo lastimarla. Me tiemblan las manos.

Era verdad. Cuando mi padre intentó por primera vez inyectarme la insulina el día anterior, le temblaban tanto las manos que pensé que fallaría y, en vez de inyectarme en el brazo, me clavaría la aguja en la cara. Tuvo que pincharme duro para afinar la puntería.

—¿Quién tiene la culpa de que te tiemblen las manos?

"¡Ay no, ya empezamos!", pensé.

—¡Tú eres la enfermera, Celina! Tú eres quien sabe hacer estas cosas.

En realidad, cuando me inyectó la primera mañana después de regresar del hospital, Mami estaba tan nerviosa que me pinchó todavía más fuerte y me dolió aún más que cuando lo hizo Papi al día siguiente.

—Tienes razón, yo soy la enfermera. Tengo que trabajar y ayudar a mantener a esta familia. ¡Tengo que hacerlo todo! Pero no puedo estar aquí todo el tiempo, Juli, y ella va a necesitar las inyecciones por el resto de su vida. Así que más vale que aprendas a hacerlo.

Las agujas dolían, pero la gritería era peor. Era más que suficiente escucharlos pelear por la leche, las tareas del hogar, el dinero o la bebida. No quería que también pelearan por mí.

—¡Te lo juro, Juli, vas a matar a esa niña si no aprendes a hacerlo!

Como siempre, Mami se fue con un portazo y alzando aún más la voz para poder continuar la discusión.

Si mis padres no podían levantar la jeringuilla sin entrar en pánico, se vislumbraba un problema peor: mi abuela jamás podría hacerlo. Entonces, no podría quedarme a dormir en su apartamento, el único escape semanal de la penumbra de mi casa. Entonces caí en cuenta: si iba a necesitar inyecciones todos los días por el resto de mi vida, la única forma de sobrevivir era haciéndolo yo.

Sabía que el primer paso era esterilizar la aguja y la jeringuilla. No tenía ni ocho años, alcanzaba a duras penas el borde de la estufa y no estaba segura de cómo hacer las maniobras necesarias con el fósforo y el gas para encender la hornilla. Así que arrastré una silla desde la mesa hasta la estufa —la cocina era pequeñita— y me trepé para averiguar cómo hacerlo. Ahí estaban las dos cacerolas para el café con leche de Mami, enfriándose mientras ellos discutían, el café manchando el pañito en una cacerola, la nata formando una piel arrugada sobre la leche en la otra cacerola.

—¡Sonia! ¿Qué estás haciendo? ¡Vas a quemar el edificio, nena!

—Me voy a poner la inyección, Mami. —Por un momento, se quedó callada.

—¿Sabes cómo hacerlo? —Me miró desapasionadamente y con seriedad.

—Creo que sí. En el hospital me enseñaron a practicar con una china.*

Mi madre me enseñó cómo sostener el fósforo mientras giraba la perilla para avivar la llama en un círculo azul. Llenamos juntas la cacerola de agua, suficiente para cubrir la jeringuilla y la aguja, y un poco más por si acaso se evaporaba. Me indicó que esperara hasta que viera las burbujas, y entonces contara cinco minutos por el reloj, como había aprendido el año anterior en primer grado. Después mi madre me explicó que había que esperar a que la jeringuilla se enfriara. Vigilé la olla y el paso lento, invisible, de las manecillas del reloj hasta que una cadena de diminutas y delicadas burbujas subió de la jeringuilla y la aguja. Mientras esperaba que

---

* Una naranja.

pasara el tiempo, mi mente pensaba en cientos de otras cosas.

Vigilar que el agua hierva pone a prueba la paciencia de cualquier niño. Yo era tan inquieta física y mentalmente que me gané el apodo de "ají" porque me aventuraba en muchas travesuras, tanto por curiosa como por revoltosa. Pero, creyendo que mi vida ahora dependía de este ritual matutino, en poco tiempo aprendí cómo manejar el tiempo eficientemente: vestirme, cepillarme los dientes y estar lista para la escuela mientras el agua hervía o se enfriaba. Vivir con diabetes me enseñó autodisciplina.

Todo comenzó cuando me desmayé en la iglesia. Nos habíamos puesto de pie para cantar y sentí que me asfixiaba. Las voces se oían lejanas. La luz que entraba a través de los vitrales se tornó amarilla. Entonces, todo se puso amarillo y luego se oscureció.

Cuando abrí los ojos, alcancé a ver las caras, invertidas y pálidas de preocupación dentro de sus tocas negras, de la directora, sor Marita Joseph, y de sor Elizabeth Regina. Yo estaba tirada sobre el piso enlosado de la sacristía, temblando de frío por el agua que habían salpicado en mi cara, y asustada. Así que llamaron a mi madre.

Aunque iba a misa todos los domingos, lo cual era obligatorio para los estudiantes de Blessed Sacrament School, mis padres nunca lo hacían. Cuando mi madre llegó, las Hermanas de la Caridad armaron un gran escándalo. ¿Había ocurrido esto antes? Pensándolo bien, el día que me caí de la chorrera tuve una repentina sensación de mareo al llegar al tope de la escalera, justo antes de ver el piso acercándose precipitadamente en un largo momento de pánico.

—Tiene que llevarla al médico —insistieron las monjas.

El doctor Fisher ya tenía fama de héroe en mi familia. Había atendido a todos nuestros parientes en algún momento y, cuando visitaba nuestros hogares, aliviaba tanto los pánicos y temores como los achaques y dolores. Inmigrante alemán, era un médico tradicional de pueblo chapado a la antigua que de casualidad ejercía en el Bronx. El doctor Fisher hizo muchas preguntas. Mami le dijo que yo estaba bajando de peso, que siempre tenía sed y que había empezado a orinarme en la cama. Esto último me mortificaba tanto que hacía todo lo posible por no quedarme dormida.

El doctor Fisher nos envió al laboratorio del Hospital Prospect, donde trabajaba mi mamá. No le di importancia porque el señor Rivera, del laboratorio, era mi amigo. Pensaba que podía confiar en él, a diferencia de la señora Gibbs, la supervisora de mi madre, quien trató de esconder la aguja detrás de su espalda cuando me operaron de las amígdalas. Pero cuando amarró una banda elástica alrededor de mi brazo, me di cuenta de que no era una inyección común. La jeringuilla parecía tan grande como mi brazo y, cuando se acercó, vi que la aguja estaba cortada en ángulo y el agujero en su extremo parecía una boquita abierta.

—¡No! —grité. Tumbé la silla y salí corriendo por el pasillo, escapando por la puerta del frente. Medio hospital corría detrás de mí, gritando "¡deténganla!",

pero yo no miré hacia atrás ni para coger impulso y
me tiré debajo de un auto que estaba estacionado en
la calle.

Podía ver los zapatos. Alguien se agachó y metió la
cabeza entre las sombras de la carrocería. Ahora había
zapatos por todos lados y manos tratando de alcan-
zarme debajo del auto. Yo me encogí como una tor-
tuga, pero alguien pudo agarrarme por el pie. Estaba
gritando tan fuerte que cuando me arrastraron hasta el
laboratorio y me inyectaron la aguja, ya no podía gritar
más alto.

Cuando regresamos a ver al doctor Fisher después
de sacarme la sangre, fue la primera vez que vi llorar a
mi madre. Yo estaba afuera en la sala de espera, pero la
puerta de la oficina estaba entreabierta. Pude oír que le
temblaba la voz y ver que sus hombros se estremecían.
La enfermera cerró la puerta cuando se dio cuenta de
que yo estaba mirando, pero ya había visto lo suficiente
como para entender que estaba ocurriendo algo grave.
Entonces, el doctor Fisher abrió la puerta y me mandó
a pasar. Me explicó que había azúcar en mi sangre, que
la enfermedad se llamaba diabetes y que tenía que cambiar mi manera de comer. Me aseguró que dejaría de
orinarme en la cama cuando todo estuviera bajo control: esa era la manera en que mi cuerpo se deshacía del
exceso de azúcar en la sangre. Incluso, me dijo que él
también tenía diabetes, aunque más tarde supe que él
tenía la diabetes más común, el tipo 2, mientras que
yo tenía la menos común, diabetes juvenil, el tipo 1, en

la que el páncreas deja de producir insulina, por lo cual hay que inyectarse insulina todos los días.

Entonces, sacó una botella de refresco del gabinete que estaba detrás de él y la destapó.

—Pruébala. Se llama No-Cal. Es igual que el refresco, pero sin azúcar.

Tomé un sorbo.

—*I don't really think so.*

Pobre doctor Fisher. Mi madre insistía en ser educada, hasta el punto de suavizar una opinión firme, una lección que nunca olvidé.

—Pero viene en muchos sabores, hasta de chocolate.

"Esto no tiene sentido", pensé. "Él está diciendo que no es gran cosa. No comas postre y cambia de refresco. ¿Por qué mi mamá está tan afectada?".

De la oficina del doctor Fisher nos fuimos directo a casa de mi abuela. Aunque era por la tarde y ya yo no tenía edad para siestas, Abuelita me metió en su cama. Cerró las cortinas y me quedé acostada a media luz escuchando cómo la puerta principal seguía abriéndose y la sala se llenaba de voces. Oía a las hermanas de mi padre, Titi Carmen y Titi Gloria. También estaban mi primo Charlie y mi abuelastro Gallego. Abuelita sonaba muy alterada. Hablaba de mi madre como si no estuviera allí y yo no oía la voz de Mami, así que era claro que se había ido.

—Eso corre en las familias, como una maldición.

—De seguro que esta maldición es por parte de Celina, de parte nuestra no es.

Especulaban sobre si mi abuela materna había muerto de esa terrible enfermedad y decían que existía una hierba especial que podía curarla. Abuelita era una experta usando las hierbas para curar. Al menor resfriado o dolor de estómago, preparaba infusiones repugnantes que me dejaron con una aversión de por vida a todo tipo de té. Ahora se confabulaba con mis tías para contarle su plan a su hermano en Puerto Rico. Abuelita le diría dónde encontrar la planta que tendría que recoger al amanecer, antes de tomar el vuelo en San Juan ese mismo día para que ella pudiera prepararla y obtener el máximo de potencia. Él cumplió su misión, pero lamentablemente el remedio de Abuelita no fue eficaz y el fracaso de su arte en un caso que la tocaba tan de cerca la perturbó profundamente.

La evidente ansiedad de Abuelita esa tarde, y la conversación acerca de la muerte de mi abuela materna, me hicieron darme cuenta de lo grave que era la situación. Ahora entendía por qué mi madre lloraba, y me estremecí. Me estremecí aún más cuando supe que tenían que hospitalizarme para estabilizar mis niveles de azúcar en la sangre, lo cual era rutinario en esa época.

En 1962, cuando fui diagnosticada, el tratamiento para la diabetes juvenil era primitivo para los estándares de hoy en día, y la expectativa de vida era mucho menor. Sin embargo, el doctor Fisher se las arregló para encontrarme el mejor cuidado y atención en la ciudad de Nueva

York y, probablemente, en todo el país. Descubrió que la Escuela de Medicina Albert Einstein, líder en la investigación de la diabetes juvenil, tenía una clínica en el Centro Médico Jacobi, un hospital público que, afortunadamente, estaba ubicado en el Bronx. La inmensidad del Centro Médico Jacobi era impresionante. En comparación, el Hospital Prospect parecía una casa de muñecas.

Todas las mañanas, a partir de las ocho, me sacaban sangre varias veces para analizarla. Cada hora, usaban la aguja gruesa, precedida por la banda elástica alrededor de mi brazo y, cada media hora, me pinchaban un dedo con una lanceta para tomar una muestra más pequeña. Así continuaban hasta el mediodía, y al día siguiente repetían todo otra vez. Así pasó toda una semana y parte de la siguiente. No grité ni me escapé, pero nunca he olvidado el dolor.

Más que los procedimientos clínicos, fue mi ausencia escolar por tanto tiempo lo que me alarmó. Sabía que tenía que estar muy enferma para que mi madre lo permitiera. Ella insistía en que la escuela era tan importante como el trabajo, y ella nunca faltó al trabajo. Igual de preocupante era que, durante mi estadía en el hospital, mi madre me traía un regalo casi todos los días: un libro de pintar, crucigramas y hasta un libro de cómics, lo que significaba que estaba haciendo un esfuerzo por complacerme, en lugar de darme lo que ella quería que yo tuviera.

conversaciones. Pensándolo bien, en realidad era un niño tranquilo que no exigía muchas atenciones de nadie. Mi madre siempre decía que, comparado conmigo, cuidar a Junior era como estar de vacaciones. Una vez, cuando todavía era pequeñito y yo no era mucho mayor, me exasperó tanto que lo llevé al pasillo fuera del apartamento y cerré la puerta. No sé cuánto tiempo tardó mi madre en encontrarlo sentadito donde yo lo había dejado, chupándose el dedo. Pero sé que ese día me dieron una paliza.

Pero eso era solo política interna de familia. En el parque infantil, o cuando empezó en la escuela Blessed Sacrament conmigo, yo lo cuidaba y cualquier abusador que pensara meterse con él tenía que vérselas primero conmigo. Si me pegaban por culpa de Junior, después arreglaba cuentas con él, pero nadie aparte de mí le ponía una mano encima.

Para la época en que nació Junior, nos mudamos a un proyecto de vivienda pública recién construido en Soundview, a unos diez minutos de distancia de nuestro antiguo vecindario. Las casas Bronxdale se extendían por tres largas calles de la ciudad: veintiocho edificios, cada uno de siete pisos de alto y ocho apartamentos por piso. Mi madre vio el proyecto como una alternativa más segura, limpia y prometedora que la decrépita casa de vecindad donde vivíamos antes. Abuelita, sin embargo, pensó que nos estábamos aventurando en un territorio lejano y ajeno, el jurutungo viejo*, para todo

---

* Expresión que significa "un lugar lejano" o "el fin del mundo".

fin práctico. Decía que mi madre nunca debió habernos hecho mudar, que en el viejo vecindario había vida en las calles y la familia estaba cerca, y que en los proyectos estábamos aislados.

Yo sabía muy bien que estábamos aislados, pero esa situación se debía más al problema de mi padre con el alcohol y la vergüenza que eso representaba. Desde que tengo uso de razón, eso coartó nuestras vidas. Casi nunca recibíamos visitas. Mis primos nunca se quedaban en mi casa como yo me quedaba en la de ellos. Ni siquiera Ana, la mejor amiga de mi madre, venía a visitarnos, aunque vivía también en los proyectos, en el edificio diagonal al nuestro, y nos cuidaba a Junior y a mí después de clases. Siempre íbamos a su casa, nunca al revés.

La única excepción era Alfred. Alfred era mi primo —el hijo de Titi Aurora, la hermana de mi madre. Y así como Titi Aurora era mucho mayor que Mami, y más como una madre para ella que una hermana, Alfred, quien me llevaba dieciséis años, actuaba más como un tío conmigo que como un primo. Algunas veces, mi padre le pedía a Alfred que le trajera una botella de la tienda de licores. Dependíamos mucho de Alfred, en parte porque mi padre evitaba conducir. Eso me fastidiaba, porque contribuía a nuestro aislamiento. ¿De qué te sirve un carro si nunca lo conduces? No entendí, hasta que fui mayor, que probablemente el motivo era su problema con el alcohol.

Mi padre cocinaba cuando llegaba del trabajo. Era un cocinero excelente y recreaba de memoria cualquier plato que hubiera probado, así como la típica comida puertorriqueña que, sin duda, aprendió en la cocina de Abuelita. Me encantaban, sin excepción, todos los platos que preparaba, hasta el hígado encebollado que Junior odiaba y me pasaba cuando Papi viraba la espalda. Pero tan pronto terminábamos de cenar, todavía con los platos en el fregadero, se encerraba en el cuarto. No lo volvíamos a ver hasta que salía a decirnos que nos preparáramos para dormir. Junior y yo pasábamos solos toda la noche, haciendo las tareas y prácticamente nada más. Junior no era muy conversador todavía. Más tarde tuvimos un televisor y eso llenaba los silencios.

Mi madre sobrellevaba la situación evitando estar en casa con mi padre. Trabajaba el turno de noche y muchos fines de semana como enfermera práctica en el Hospital Prospect. Cuando no estaba trabajando, nos dejaba en casa de Abuelita o en el apartamento de su hermana Aurora, y desaparecía durante horas con otra de mis tías. Aun cuando mi madre y yo compartíamos la cama todas las noches (Junior dormía en el otro cuarto con Papi), ella dormía como un tronco, de espaldas a mí. La falta de atención de mi padre me entristecía, pero entendía de manera intuitiva que él no podía evitarlo; en cambio, la falta de atención de mi madre me enfurecía. Era hermosa, elegante, aparentemente fuerte y decidida. Fue ella quien nos llevó a vivir a los proyectos. A diferencia de mis tías, escogió trabajar. Fue ella quien insistió en que fuéramos a una escuela católica. Quizás injustamente, esperaba más de ella.

Con todo lo que se decía en casa, y a toda boca, también se callaba mucho, y en esa atmósfera yo era una niña atenta, siempre buscando señales en los adultos y escuchando sus conversaciones. Mi sentido de seguridad dependía de la información que podía deducir, de cualquier indicio que dejaran escapar cuando no se daban cuenta de que había un niño prestando atención. Mi madre y mis tías se reunían en la cocina de Abuelita a tomar café y a chismear. "¡No molestes! Vete a jugar a la otra habitación", me ahuyentaban mis tías. Pero, de todos modos, las oía hablar de cómo mi padre había roto la cerradura del mueble-bar de Titi Gloria, arruinando su pieza de mobiliario favorita; de cómo, cada vez que Junior y yo nos quedábamos a dormir con nuestros primos, mi padre llamaba cada quince minutos durante toda la noche, preguntando: "¿Les dieron comida? ¿Los bañaron?".

Cuando mi madre no estaba presente, el chisme tomaba un giro familiar, con mi abuela diciendo algo como: "Quizás, si Celina estuviera en la casa, él no estaría bebiendo todas las noches. Si esos niños tuvieran una madre que les preparara la comida, Juli no estaría preocupado por ellos toda la noche". Aunque yo adoraba a Abuelita, y a nadie le molestaba más que a mí la ausencia de mi madre, no soportaba que estuviera constantemente echándole la culpa. Con frecuencia, los esfuerzos de mi madre por complacer a Abuelita —ya fuera con un regalo generoso o como enfermera— apenas eran agradecidos. Aun siendo la favorita de Abuelita, me sentía desprotegida y a la deriva cuando criticaba a mi madre, a quien yo me esforzaba por entender y perdonar.

Una de las conversaciones que escuché por casualidad tuvo en mí un efecto permanente, aunque ahora solo tengo un recuerdo borroso. Mi padre estaba enfermo; se había desmayado y Mami lo había llevado al hospital. Tío Vitín y Tío Benny vinieron a buscarnos a Junior y a mí y estaban hablando en el ascensor de que nuestra casa era un chiquero, con platos en el fregadero y sin papel sanitario. Hablaban como si no estuviéramos presentes. Cuando me di cuenta de lo que decían, se me revolvió el estómago de vergüenza. Después de eso, todas las noches después de cenar, yo fregaba los platos, hasta las ollas y sartenes. También limpiaba el polvo de la sala una vez a la semana. A pesar de que nadie nos visitaba, la casa siempre estaba limpia. Y cuando iba a hacer compras con Papi los viernes, me aseguraba de comprar papel sanitario. Y leche. Leche en abundancia.

La pelea más grande que tuvieron mis padres fue por la leche. A la hora de cenar, Papi me estaba sirviendo un vaso y le temblaban tanto las manos que derramó la leche por toda la mesa. Yo limpié el desastre y él volvió a intentarlo, con el mismo resultado.

—¡Papi, por favor, no lo hagas! —le repetía. Era lo único que podía hacer para evitar llorar; no podía hacer absolutamente nada para detenerlo—. ¡Papi, yo no quiero leche!

Pero no se detuvo hasta que vació el cartón. Cuando mi madre llegó del trabajo más tarde y no encontró leche para su café, ardió Troya. Papi fue el que derramó la leche, pero fui yo quien se sintió culpable.

Dos

Abuelita iba a cocinar para una fiesta y quería que la acompañara a comprar pollo. Yo era la única que iba con ella al vivero.

Yo amaba a Abuelita sin reservas, y su apartamento en Southern Boulevard era un refugio de las tormentas de mis padres en casa. Estaba decidida a ser como ella cuando fuera grande, a envejecer con la misma gracia exuberante. En realidad, no nos parecíamos mucho físicamente: ella tenía los ojos muy oscuros, más que los míos, y un rostro alargado con la nariz perfilada, enmarcado por un cabello largo y lacio —nada que ver con mi nariz regordeta y mi mata de pelo corto y rizado. Pero reconocimos que éramos almas gemelas y disfrutamos de un vínculo imposible de explicar, una profunda resonancia emocional que algunas veces parecía telepática. Nuestras personalidades eran tan parecidas que la gente me llamaba Mercedita, lo que para mí era motivo de orgullo.

Nelson, mi primo más cercano en edad y mi inseparable co-conspirador en todas las aventuras, también tenía una conexión especial con Abuelita. Pero ni siquiera Nelson quería ir al vivero con Abuelita los sábados por la mañana, debido al mal olor. No solo los pollos apestaban. Tenían cabritas en corrales, y palomas, patos y conejos en jaulas, apiladas contra una larga pared. Las jaulas llegaban tan alto que Abuelita tenía que subirse en una escalera con ruedas para ver las hileras superiores. Todas las aves cacareaban, cloqueaban, batían las alas, chillaban. Las plumas flotaban en el aire y se pegaban al piso mojado, que resbalaba cuando lo lavaban con manguera, y había pavos que te vigilaban con ojos crueles. Abuelita inspeccionaba todos los pollos hasta encontrar uno rellenito y animado.

—Mira, Sonia, ¿ves aquel de la esquina, sentado, con los párpados caídos?

—Parece que se está quedando dormido.

—Eso es mala señal. Pero este otro, ¿ves como está listo para pelear con los demás cuando se le acercan? Se ve gordo y animoso, te aseguro que estará sabroso.

Una vez que Abuelita escogía el mejor pollo, mi trabajo consistía en ver cómo lo mataban, mientras ella hacía fila para comprar huevos. En un cuarto cerrado por completo con vidrios, un hombre les rompía los pescuezos, a uno tras otro, y una máquina les arrancaba las plumas. Otro hombre limpiaba las aves, y otro las pesaba una a una y las envolvía en papel. La fila se movía rápido, como en una fábrica. Yo tenía que vigilar atentamente que el pollo que habíamos escogido fuera el que recibiéramos al final. Tenía que decirle a Abuelita si se equivocaban, pero eso nunca sucedía.

Caminábamos de regreso bajo las sombras entrecruzadas de los rieles elevados de la avenida Westchester, hacia Southern Boulevard, rumbo a casa —porque sentía que la casa de Abuelita era la mía. Claro que la casa de Abuelita no era una casa, como la de su hija, Titi Gloria, en el extremo norte del Bronx, con porche al frente y rosales. Abuelita vivía en un edificio de cinco pisos, con tres apartamentos por piso y la fachada serpenteada por una escalera de incendio, como nuestro viejo edificio en la calle Kelly, donde vivíamos antes de mudarnos a los proyectos.

De regreso, Abuelita se paraba a escoger vegetales de los cajones que se alineaban en la acera. En casi todas las comidas freía tostones, así que comprábamos plátanos verdes y también pimientos verdes, ajíes dulces, cebollas, tomates, recao* y ajo para preparar el sofrito. Siempre regateaba, y aunque se quejaba de la calidad y de lo caro que estaba todo, al final terminaba riéndose con el vendedor. Todavía, después de tantos años, cada vez que veo un mercado abierto me dan ganas de regatear como aprendí de Abuelita.

—¿Sonia, quieres una china?

A Abuelita le encantaban las chinas, pero casi todo el año estaban caras, así que solo comprábamos una para compartir y darnos el gusto, y Abuelita siempre me

---

* Uno de los ingredientes típicamente utilizados para hacer un sofrito; también conocido como "culantro".

pedía que la escogiera. Mi padre me enseñó a escoger la fruta (a cómo saber si estaba madura, oliendo su dulzura). Mi padre también me enseñó a escoger la carne (con suficiente grasa para un buen sabor) y a reconocer si estaba fresca. Iba a comprar comida con Papi los viernes, que era el día de cobro. Esos viajes de compras eran para mí lo mejor de la semana, aparte de mis días con Abuelita. Papi y yo caminábamos al nuevo Pathmark que construyeron en el solar vacío cerca de nuestros proyectos y regresábamos a casa con el carrito lleno. Yo empujaba el carrito mientras Papi llevaba las bolsas que no cabían en él.

Con Abuelita, nuestro viaje de compras terminaba con una última parada para comprar pan y leche en la bodega, a pocas puertas de su casa. La bodega, un pequeño colmado*, es el corazón de todo vecindario hispano y una salvación para quienes no viven cerca del supermercado. En aquel tiempo, el pan que vendían era tan fresco que su tibio aroma inundaba la tienda. Abuelita me daba la tetita, el extremo crujiente, aunque yo sabía que a ella también le gustaba. La bodega siempre estaba llena de la misma gente. Se sentaban en el rincón a leer *El Diario* y discutir las noticias. Algunas veces, uno de ellos leía el *Daily News* y les explicaba a los demás en español lo que decía. Yo podía adivinar cuándo estaba improvisando o adornando la historia; conocía el sonido de las noticias en inglés.

---

* Pequeña tienda de comestibles.

Las escaleras hacia el apartamento de Abuelita, en el tercer piso, eran estrechas y oscuras y Abuelita no tenía ascensor como nosotros. Pero en los proyectos el ascensor era mucho más que una comodidad: Junior y yo teníamos prohibido usar las escaleras, donde una vez asaltaron a mi madre y donde los adictos se inyectaban con regularidad, ensuciando la escena con sus agujas y toda la parafernalia. Todavía escucho a Mami advirtiéndonos que nunca, pero nunca, tocáramos esas agujas ni esa basura: si lo hacíamos, de seguro moriríamos.

Con frecuencia, Mami y mis tías estaban en casa de Abuelita cuando regresábamos, reunidas en la cocina para el café y los chismes. Abuelita se les unía, y yo iba con Nelson y los demás primos a asomarnos por la ventana del dormitorio para hacerles muecas a los pasajeros que cruzaban como un rayo en el tren elevado que pasaba justo a la altura del apartamento. Gallego se ocupaba de escoger la música bailable para la fiesta. Sus manos temblaban ligeramente por el mal de Parkinson, todavía en sus primeras etapas en ese momento, mientras organizaba los discos.

Una vez al mes, mi madre y mis tías ayudaban a Abuelita a preparar el sofrito, la base puertorriqueña de vegetales y especias que intensifica el sabor de cualquier plato. La cocina de Abuelita se convertía en una fábrica, con todas las mujeres limpiando, pelando, rebanando y cortando. Llenaban frascos y más frascos, lo suficiente para preparar las comidas de un mes en cada casa y para las fiestas de los sábados. Sobre la mesa, esperando su turno en la licuadora, se apilaban los pedazos de pimientos, cebollas y tomates: mi objetivo.

—¡Sonia, saca las manos de ahí!

—¡Dame eso! ¡Te vas a enfermar! ¡No puedes comerlo crudo!

—Ah, sí, claro que puedo.

Heredé el sentido aventurero del gusto de Papi y Abuelita, y todavía disfruto al comer muchas cosas que los paladares más tímidos no se atreverían a probar.

Cuando íbamos a casa de Abuelita para las fiestas de casi todos los sábados, Mami hacía un esfuerzo infructuoso por emperifollarme. Mi vestido se arrugaba o se manchaba casi de inmediato, y las cintas nunca se quedaban en mi cabello. Miriam, la hermana de Nelson e hija de Titi Carmen, por el contrario, siempre parecía una muñeca de princesa en una vitrina, sin importar la ocasión. Me ha tomado muchos años sentirme remotamente bien arreglada y todavía me cuesta esfuerzo.

Tan pronto se abría la puerta, yo corría disparada a los brazos de Abuelita. En cualquier lugar del apartamento que estuviera, yo la encontraba primero.

—¡Sonia, ten cuidado! —decía Mami—. Acabamos de llegar y ya estás hecha un desastre. —Y luego, a Abuelita—: Demasiada energía, habla mucho, corre mucho. Lo siento, Mercedes, no sé qué voy a hacer con ella.

—Para, Celina. Deja a la nena. No hay nada malo con ella, solo tiene mucha energía.

Abuelita siempre estaba de mi lado y Mami siempre estaba disculpándose con ella. Algunas veces, yo también quería decirle: "¡Para, Mami!".

Después, corría a buscar a Nelson, que siempre estaba acostado en la cama leyendo un cómic mientras me esperaba. Nelson era un genio y era mi mejor amigo, además de ser mi primo. Nunca me aburría hablando con él. Él podía averiguar cómo funcionaba cualquier cosa, y juntos reflexionábamos sobre los misterios del mundo natural, como la gravedad. Estaba dispuesto a cualquier juego que inventara, incluso las justas de caballeros, en las que nos embestíamos por la sala, cada uno cargando en hombros a un hermano menor y armados con una escoba o un mapo. Miriam intentó detenernos, pero no pudo evitar que Eddie, su hermano menor, se cayera de los hombros de Nelson y se rompiera una pierna. Cuando los gritos de dolor hicieron correr a mi tía, la culpa recayó sobre mí, como de costumbre, antes de confirmar los hechos:

—¡Sonia! ¿Qué hiciste ahora?

Otra paliza.

Tío Benny, el padre de Nelson, Miriam y Eddie, había decidido que Nelson se convertiría en médico. Para mí, Tío Benny era el padre ideal. Pasaba tiempo con sus hijos y los llevaba de paseo, que en ocasiones me incluían. Hablaba inglés, lo que quería decir que podía asistir a las reuniones de padres y maestros. Pero lo mejor era que no bebía. Hubiera cambiado de padre con Nelson sin pensarlo dos veces. Lamentablemente, con todo lo brillante que era, Nelson no cumplió con las expectativas de Tío Benny. En cambio, a mí me fue bien a pesar de no tener el padre perfecto.

El apartamento de Abuelita era lo suficientemente pequeño como para que los gratos olores de su festín nos alcanzaran en cualquier lugar donde nos acomodáramos para jugar, atrayéndonos como en los muñequitos. Ajo y cebollas, hasta hoy los olores más felices que conozco.

—Mercedes, debes abrir un restaurante.

—No sean tímidos, hay mucha comida.

El juego de dominó no se detenía por la cena. Era algo serio. Había que perder un partido completo y dejarle el puesto a otro, antes de pensar en la comida.

—¿Tú estás ciego? ¡La tienes delante de tus ojos!

Gritaban mucho y aparentaban estar furiosos.

—¡Benny, despierta y mira lo que tienes!

Mami contaba. Era buena para eso y llevaba las cuentas de todas las fichas jugadas.

—¡Eh, sin trampas! ¿Cuántas veces vas a toser? ¡Que alguien le dé un trago a este hombre, que se está ahogando!

—A mí no me mires, yo soy honrado. Mercedes es la que hace trampa.

—¡Yo sé que tú tienes esa ficha, así que juégala!

—Buena jugada, Celina.

Gallego salió del juego protestando. Agarró el güiro* y lo rasgó rítmicamente acompañando la mú-

---

* Instrumento musical de percusión usado frecuentemente en la música latina.

sica del disco, como si quisiera que apareciera alguien con una guitarra. Tarde o temprano alguien levantaba la aguja del tocadiscos, interrumpiendo a *Los Panchos* a mitad de canción. Las voces en la sala se apagaban con un "shhh" y todos los ojos se volteaban a mirar a Abuelita, que descansaba en el sofá luego de haber limpiado y jugado una partida de dominó. Cuando la música se detenía, era el aviso para que los que estaban en la cocina se arremolinaran a la entrada de la sala. Nelson y yo gateábamos debajo de la mesa hasta encontrar un buen lugar donde poder ver. Era la hora de la poesía.

Abuelita se ponía de pie, cerraba los ojos y respiraba profundo. Cuando los abría y comenzaba a declamar, su voz era diferente: más profunda y vibrante, hasta el punto que te hacía contener el aliento para escucharla.

> *Por fin, corazón, por fin,*
> *alienta con la esperanza...*

Yo no entendía las palabras exactas, pero eso no importaba. La emoción del poema se transmitía en la voz musical de Abuelita y en la mirada de añoranza lejana en los rostros de los oyentes.

Lleva su larga cabellera negra recogida con sencillez, y su vestido es sobrio, pero para mí está más glamorosa que cualquiera que se esfuerce por impresionar. Ahora extiende los brazos y su falda ondea cuando gira, tratando de alcanzar el horizonte. Casi puedes ver las verdes montañas, el mar y el cielo, extendiéndose, el mundo entero naciendo, cuando levanta la mano. Cuando la voltea, los dedos se abren como una flor al sol.

> ... *y va la tierra brotando*
> *como Venus de la espuma.*

Miro alrededor. Tiene a todos cautivados. Titi Carmen se enjuga una lágrima.

> *Para poder conocerla*
> *es preciso compararla,*
> *de lejos en sueños verla;*
> *y para saber quererla*
> *es necesario dejarla.*

> *¡Oh!, no envidie tu belleza,*
> *de otra inmensa población*
> *el poder y la riqueza,*
> *que allí vive la cabeza,*
> *y aquí vive el corazón.*

> *Y si vivir es sentir,*
> *y si vivir es pensar...*

Los poemas que Abuelita y su público adoraban estaban con frecuencia enmarcados en la nostalgia por Puerto Rico y bañados con matices de atardeceres prometedores que ocultaban la pobreza, la enfermedad y los desastres naturales que habían dejado atrás. No es que sus anhelos fueran infundados. Como dice el poeta: "Para poder conocerla, es preciso de lejos en sueños verla. Para saber quererla, es necesario dejarla". Aun quienes pertenecemos a las siguientes generaciones que nacieron aquí, que decididamente vivimos una existencia continental y raras veces tenemos motivos para visitar la isla, aun nosotros tenemos un rincón en nuestros corazones donde persiste esa nostalgia. Solo se necesita un poema o una canción como "En mi viejo San Juan" para despertarla.

Las fiestas siempre terminaban tarde. Había que alimentar a los rezagados. Charlie y Tony, los hijos de Titi Gloria, podían pasar cuando regresaban de sus salidas de sábado por la noche. La mayoría se despedía y se iba a casa, como Tío Vitín y Titi Judy, que generalmente tenían que cargar sobre sus hombros a sus hijas, mis primas Elaine y Lillian, ya en el quinto sueño.

Pero, para los que se quedaban, lo que venía después era el punto culminante de la noche. La velada era algo de lo que nadie hablaba; los adultos cambiaban el tema de manera casual si un niño preguntaba algo. Se limpiaba la mesa de la cocina y se movía a la sala. Un par de vecinos del piso de abajo se unían calladamente. Mi madre y Titi Gloria se iban a la cocina. Mami pensaba que ese asunto era una tontería y no quería participar. Titi Gloria le temía a los espíritus.

Los niños que quedábamos —Nelson, Miriam, Eddie,

Junior y yo— teníamos que retirarnos. Nos mandaban a dormir a la habitación. Sabíamos que nada pasaría hasta que los adultos supieran que estábamos dormidos. De alguna manera, subestimaron mi curiosidad o la facilidad con la que podía imponer mi voluntad sobre los demás niños. Todos nos acostábamos en la cama en silencio vigilante, sin movernos, esperando.

La luz que entraba de la calle y a través de las cortinas se reflejaba lo suficiente en las puertas vidriadas que separaban el dormitorio de la sala para que la atmósfera fuera acogedora o aterradora, dependiendo del ánimo. Podía oír el retumbar del tren que pasaba. Por el sonido de sus respiraciones, sabía que Junior y Eddie ya se habían ido del aire*.

Mientras estábamos acostados, ensayaba en mi mente lo que nos había contado Charlie: cómo Abuelita y Gallego invocaban a los espíritus para hacerles preguntas; que no eran malos, pero sí poderosos, y que tenías que desarrollar tus propios poderes si querías su ayuda; que la guía espiritual de Abuelita se llamaba Madamita Sandorí y hablaba con acento jamaiquino. De solo contarlo, se le ensanchaban los ojos. Charlie y Tony tenían la edad de Alfred, una generación intermedia mucho mayor que el resto de los primos. Charlie ya era suficientemente adulto para que lo dejaran sentarse a la mesa para la velada. Gallego, que era un espiritista tan diestro como Abuelita, quería enseñarle a Charlie, pero Charlie no

---

* Expresión que significa "estar profundamente dormido".

quería esa responsabilidad. Una cosa era tener el don y otra muy distinta era dedicarse a él y estudiarlo.

Aunque pareciera extraño, los informes de Charlie sobre lo sobrenatural tenían sentido. No eran como las historias increíbles de Alfred sobre los fantasmas de jíbaros muertos montando a caballo cerca de San Germán, cuyo único propósito era asustarnos. Yo sabía que Abuelita usaba su magia para hacer el bien. La usaba para sanar y proteger a sus seres queridos. Por supuesto, yo entendía que una persona con el talento para comunicarse con el mundo espiritual podía usarlo para fines siniestros, como la brujería. En el mismo edificio de Abuelita, uno de los vecinos tenía fama de echar maldiciones a la gente. Me prohibieron acercarme a su puerta, a pena de recibir una paliza, algo que Abuelita nunca había hecho, así que sabía que hablaba en serio.

Finalmente, sonó suavemente la campanita. Esa era la señal. Nelson, Miriam y yo saltamos de la cama y nos asomamos sigilosamente por las puertas vidriadas. Pegamos las narices a los cristales, curioseando a través de las diminutas rendijas en el borde de las cortinas estiradas sobre el cristal. Solo podía ver el respaldo de las sillas, la parte de atrás de las cabezas, los hombros encorvados a la luz de las velas en un círculo hermético alrededor de la mesa. La campana volvió a sonar, pero salvo esa nota clara, era imposible descifrar otros sonidos a través de la puerta.

Abrí con cuidado la puerta, solo una rendija, y nos

apiñamos para escuchar. Era bueno estar juntos, por si acaso. Gallego siempre era el primero en hablar, pero no con su voz habitual. No parecía español, pero tampoco era inglés. Se oía como alguien masticando y tragando las palabras. Ahogándose con ellas. Entonces, la voz que salía de Gallego gimió más alto y se movió la mesa, como si se elevara del piso, avisando la llegada de los espíritus. Miriam, temblando, corrió a meterse de nuevo en la cama. Yo no iba a darme por vencida tan rápido. Pero, por más que trataba, no podía descifrar las palabras distorsionadas. Cuando nos cansamos de intentarlo, Nelson y yo le hicimos compañía a Miriam en la cama.

—¿Cómo se supone que durmamos en una casa llena de espíritus? —susurró Nelson, tapándose la cabeza con la manta.

Todos nos quedamos quietos por un momento. Entonces, Nelson fingió roncar suavemente y Miriam y yo empezamos a reírnos.

Salvo en mis primeros recuerdos, cuando todavía vivíamos en la calle Kelly en el mismo complejo de edificios que Abuelita, mi padre casi nunca asistía a las fiestas. Era mejor así. En las contadas ocasiones en que iba —Día de las Madres o Acción de Gracias— yo me ponía nerviosa, vigilando y esperando las inevitables señales de problema. Aun en medio del caos más loco que Nelson y yo pudiéramos tramar, aun clavándole el diente al irresistible pollo crujiente de Abuelita, aun cuando todos los demás estuvieran enfrascados en la música y las carcajadas, yo vigilaba a mi padre de reojo. Empezaba de manera casi imperceptible. Sus dedos se encrespaban como garras. Su cara se iba frunciendo gradualmente, al principio solo un poco, hasta irse paralizando en una mueca desencajada.

Por lo general, yo notaba antes que mi madre las primeras señales, y durante un intervalo agonizante los observaba a ambos, esperando que ella se diera cuenta. Tan pronto lo hacía, venían las palabras fuertes. Era el momento de irse a casa, mientras él todavía pudiera caminar. Yo no tenía un nombre para lo que ocurría, no entendía lo que era la neuropatía alcohólica. Yo solo sabía que veía a mi padre alejarse de nosotros para desaparecer detrás de esa máscara deforme. Era como estar atrapado en una película de terror, con todo y el caminar torpe de Frankenstein al salir, y la certeza amenazante de que se oirían los gritos al llegar a casa.

Los mejores momentos eran cuando no tenía que regresar a la casa. La mayoría de los sábados me quedaba a dormir en casa de Abuelita. Cuando había fiesta, Mami se llevaba a Junior a la casa. Tío Benny y Titi Carmen se las arreglaban de alguna manera para que Nelson, Miriam y Eddie también durmieran en sus camas.

Cuando me despertaba por la mañana, tenía a Abuelita para mí sola. Se paraba frente a la estufa con la bata que siempre usaba como delantal, con los bolsillos llenos de cigarrillos y pañuelos de papel, a preparar los *pancakes* gruesos y esponjosos que sabía que me encantaban. Esas mañanas eran la gloria. Cuando Mami venía a buscarme más tarde, le daba un beso de despedida a Abuelita. "Bendición, Abuelita", le decía. Ella me abrazaba y decía sin falta cada vez que nos íbamos: "Que Dios te bendiga, te favorezca y te libre de todo mal y peligro". Con solo escucharla decirlo, se hacía realidad.

pezaba a andar— éramos solo Abuelita y yo. Mi madre estaba decidida a no regresar jamás a la isla, pero luego cambió de idea. Algunas de las mejores vacaciones de verano que recuerdo son los viajes a Mayagüez con mi madre y Junior, para visitar a su familia.

En Mayagüez, generalmente nos quedábamos en casa de Titi María. Ella fue la primera esposa de Tío Mayo, el hermano mayor de mi madre. Titi María ayudó a cuidar a mi madre cuando era pequeña, y el vínculo familiar duró más que el matrimonio. Mi madre también se lleva bien con las esposas posteriores de Tío Mayo; ella tiene el talento de no tomar partido, algo muy útil en una complicada familia extendida. Es un atributo que he adoptado, tratando de no perder el contacto con los primos y primos segundos cuyos padres se han separado o divorciado. Charlamos con todos.

En la casa de Titi María, mi primo Papo siempre preparaba una bienvenida especial. Debajo del fregadero me esperaban dos bolsas llenas de mangos que él recogía de los árboles en el monte antes de nuestra llegada. Me pasaba el día comiéndolos, a pesar de las continuas advertencias de que me enfermaría. Ahora que lo pienso, sospecho que yo estaba recibiendo una dosis de insulina mayor de la necesaria —algo que no era raro entre los diabéticos juveniles en esa época—, lo que hacía que pudiera manejar bien el azúcar adicional. De todos modos, yo odiaba la sensación de letargo que me daba el tener alto el nivel de azúcar en la sangre y no necesitaba que me lo recordaran. Sabía que tendría que comer menos de otra cosa, pero saciaba mi antojo de comer mangos.

A la hora del almuerzo, toda la familia venía del trabajo y Titi María preparaba una gran comida para sus hijos —mis primos adultos— y algunos de sus nietos también. Aun los que vivían en otros lugares venían a menudo para saborear su comida. Después de almorzar, nos recogíamos para una siesta. Yo leía —no me era fácil quedarme dormida—, pero adoraba esos momentos cuando todos estábamos reunidos en el hogar y conectados en silencio.

Papo tenía un empleo diseñando vitrinas para varias tiendas grandes de la isla. Él aseguraba ser la primera persona que había hecho ese trabajo como diseñador profesional en Puerto Rico, y viajaba a menudo a Nueva York para recopilar ideas. Charo era maestra de secundaria. Minita era secretaria ejecutiva sénior en el periódico *El Mundo*. Evita trabajaba en una oficina del gobierno. Para mí, estaba claro entonces que la gente que conocía en la isla tenía mejores empleos que los puertorriqueños que conocía en Nueva York. Cuando caminaba por las calles de Mayagüez, me llenaba de emoción y orgullo leer los letreros encima de las puertas de los médicos, abogados y otros profesionales, todos puertorriqueños. Era algo que no se veía con frecuencia en Nueva York. En el hospital donde trabajaba mi madre, había enfermeras puertorriqueñas, pero solamente uno de los médicos era puertorriqueño. En las tiendas y negocios grandes del Bronx había trabajadores puertorriqueños, pero muy pocos gerentes o dueños.

La panadería de Tío Mayo era mi lugar favorito. La llamaban panadería, pero era más una repostería. Tío Mayo comenzaba a hornear los panecillos y las hogazas de pan cuando todavía estaba oscuro afuera, y se conservaban calientes en una vitrina especial con una lámpara de calor. Había vitrinas llenas de bizcochos y pastelillos rellenos de crema, queso hecho en casa y mermelada de guayaba. La entonces esposa de mi tío, Titi Elisa, también se levantaba temprano, para prepararles almuerzo y merienda a los trabajadores que cosían en la fábrica al cruzar la calle. Freía pollo, asaba cerdo y preparaba guisos, empanadas de carne y calderos de arroz y habichuelas. Los olores de sus guisos, mezclados con el aroma de la levadura del pan y el del café, y toda la increíble nube de sabores, se extendía por toda la calle y subía por los balcones.

Cuando, al mediodía, sonaba el silbato de la fábrica, en pocos minutos se llenaba la panadería. Yo ayudaba a servir. Me encantaba el reto de la hora más ajetreada del almuerzo. Sabía el precio de todos los artículos y sabía cómo dar el cambio —estaba descubriendo que tenía habilidad con los números, algo que heredé de Papi— y Titi Elisa me dejaba operar la caja registradora cuando mi tío no estaba cerca. Aunque él me había visto en acción, no podía creerlo. No se sentía cómodo con la idea de una niña manejando dinero.

Cuando no estaba ocupada ayudando en el negocio, salía a jugar con mi primo Tito en el callejón de detrás de la panadería, recreando escenas de *Los Tres Chiflados*. Tito era Moe y yo era Curly. Generalmente, convencíamos a Junior o a alguien más de que fuera Larry, el tercer chiflado, pero solo Tito y yo conocíamos todos los movimientos y los efectos de sonido correctos: un tañido para fingir que nos sacábamos un ojo, un crujido para torceduras de oreja y el "¡Ñie! ¡Ñie! ¡Ñie!" que servía para todo.

Antes de irse de Puerto Rico, mi madre vivió en Lajas y en San Germán y había visto muy poco de la isla, aparte de los vecindarios de su niñez. Estaba ansiosa por mostrarnos lugares de los que había oído hablar, pero nunca había visitado. Fuimos a la playa de Luquillo. No se parecía en nada a la playa Orchard del Bronx, que era la única playa que yo conocía. No había tapones en Puerto Rico, no había que viajar como sardinas en lata varias horas en un carro caliente para llegar allí, no había arena sucia, no había que hacer fila para ir al baño. El progreso ha cambiado la isla y ahora hay tapones, pero el agua todavía es tibia y transparente y la arena es de un blanco perfecto. Cuando miras dentro del agua, puedes ver el fondo, y el azul del mar se extiende hasta encontrarse con el azul del cielo.

De todos los lugares de interés, el Museo de Arte de Ponce fue el que dejó la impresión más profunda en

---

* Programa *The Three Stooges*.

mí. Nunca antes había visitado un museo. El edificio es precioso y me pareció en ese momento tan majestuoso como un castillo, con una escalera que lo abraza con sus dos alas formando un círculo. Era tan majestuoso, que corrí escaleras arriba y abajo para saber lo que se sentía. Y me sentí horrible cuando el guardia me gritó. Así que caminé despacio y miré las pinturas una a una.

Descubrí que los retratos eran cuadros para los que, antiguamente, alguien había posado de pie o sentado, vistiendo ropas extravagantes y mirando fijamente con mucha seriedad. Me preguntaba quiénes serían. ¿Por qué un artista escogería a esas personas para sus pinturas? ¿Cuánto trabajo costaría pintarlas? ¿Cuánto tiempo tendrían que estar ahí sin moverse? Otros cuadros eran como cuentos, aunque no conocía cuál era la historia. ¿Por qué le había cortado la cabeza? Me daba cuenta, si veía una paloma, de que no era una paloma común y corriente. Sabía que tenía un significado, aun cuando no conocía cuál era. Cuando me cansé de no entender los cuentos, noté otras cosas. A veces se veían las pinceladas y el espesor de la pintura; otras veces, era suave, sin textura. A veces, los objetos en la distancia eran más pequeños y se sentía que podías alcanzarlos; otras, era plano como un mapa. Me preguntaba: *¿Se supone* que me fije en esas cosas? Me daba cuenta de que había mucho más de lo que podía describir o entender.

—Sonia, vamos a visitar a tu abuelo. Mi padre.

Me llamó la atención. Mi madre ni siquiera había mencionado su existencia antes. Cuando le pregunté, respondió con una voz que sonaba como si estuviera leyendo en voz alta la letra pequeña de un paquete de medicina:

—No lo conozco. Se fue cuando nací. No lo he visto desde entonces. Pero Tío Mayo y Titi Aurora quieren que vaya con ellos al hospital a verlo y dicen que tú también debes venir.

El abuelo desconocido no era todo el misterio. Generalmente, yo podía saber lo que Mami estaba pensando por el brillo de su voz, la velocidad con que asomaba su sonrisa, aunque no era frecuente en esa época, el arco delator de sus cejas. Esa mujer hablando con esa llana indiferencia no era la madre que yo conocía.

Tío Mayo nos llevó hasta la cama en el extremo de la habitación, junto a la ventana. Mientras caminábamos a lo largo de la sala, casi no vi a los pacientes en las demás camas porque toda mi atención estaba enfocada en mi madre y nuestro amenazante destino. Nada se me iba a escapar, aunque no tenía idea de qué esperar, ni siquiera de lo que debería estar preguntándome. ¿Lo saludaría con un beso? ¿Cómo tratas a un padre que no conoces?

Él tenía los ojos claros de Mami. Enmarcados por el blanco del cabello, el bigote y las sábanas, su color verde mar lucía más claro, más azul, más fascinante. Era guapo, pero jalado. Sus brazos como palillos se asomaban por las mangas de la bata de hospital. Miles de preguntas se agolpaban en mi mente, pero no me atreví a decir ninguna en voz alta: ¿Por qué abandonaste a Mami? ¿Quién eres? ¿Estás casado? ¿Tienes otros hijos? ¿Dónde has estado viviendo?

Me subí a la silla a observar. Mi madre se acercó a la cama y se paró a mirar al anciano. Con voz fría como el hielo dijo:

—Yo soy Celina.

Eso fue todo. Él no dijo nada. No preguntó cómo había sido su vida, cómo era entonces. No hubo lágrimas ni revelaciones.

Titi Aurora, quien iba con frecuencia a Puerto Rico a visitar amistades y resolver problemas familiares, me llevó de la mano hasta la cama y me presentó. Él sólo asintió con la cabeza. Yo me retiré, volví a subirme a la silla y observé cómo Titi Aurora chachareaba y acomodaba sus almohadas. Tío Mayo iba y venía, hablaba con las enfermeras, se encargaba de los asuntos. En medio de esa nada, comprendí que mi madre había sufrido tanto como puede sufrir un ser humano.

Cuatro

Fue en abril del año en que cumplí los nueve. Un día regresaba a casa, derechito de la escuela porque Papi estaba enfermo y no había ido a trabajar. Generalmente, Junior y yo íbamos primero a casa de Ana y jugábamos afuera hasta que Papi regresaba del trabajo. No necesitaba avisarle a Ana porque ella seguro sabía que Papi estaba en casa. Mi madre tomaba café con Ana cada mañana antes de ir a trabajar; no había nada sobre la vida de una que la otra no supiera al instante.

Cuando doblamos la esquina, vi a Moncho, el esposo de Ana, fuera de la ventana del tercer piso de su edificio, lavándola, pero también atento a las personas que pasaban. Qué extraño, pensé. Cuando me vio, me hizo señas con la mano. Pero no paró. Siguió haciendo señas frenéticamente hasta que gritó: "¡Sonia! ¡Junior! ¡Suban!", con una voz que denotaba urgencia. Junior se me adelantó brincando, feliz de ver a Moncho.

Pero, cuando Ana abrió la puerta, vi que algo andaba mal. Sus ojos estaban hinchados por el llanto y su cara, pálida. No parecía un escándalo rutinario que había llegado a las lágrimas. Algo la había conmocionado profundamente. No nos explicó, comenzó a llorar y nos hizo esperar mientras llamaba a Mami por teléfono, diciéndole a Moncho: "Celina debe decirles". Nunca había visto a Moncho tan callado. Todo era tan extraño que estaba asustada, pero también pasmada, observando qué iba a pasar. Ana dijo: "Vamos". Bajamos las escaleras y cruzamos a nuestro edificio. Era una caminata muy corta, pero parecía eterna. Era difícil mover las piernas, como si el pánico las paralizara.

Alfred abrió la puerta de nuestro apartamento. Sus ojos también estaban rojos. Tío Vitín estaba allí, y podía oír otras voces. Miré a la sala y vi muchas caras que me observaban con la misma mirada lagrimosa. Mami estaba sentada en la silla al lado del teléfono del pasillo, con la mirada perdida, los ojos grandes y húmedos.

—¿Dónde está Papi? —le preguntó Junior.

—Dios se lo llevó.

Me di cuenta de que Junior no había entendido. Yo sí. Quería decir que Papi había muerto. Pero, ¿qué significaba *eso*? ¿Se había convertido en un espíritu? No sabía qué se suponía que sintiera, dijera o hiciera. Como si estuviera muy lejos, pude oír mi propia voz uniéndose a las demás voces que lloraban. Corrí por el pasillo y me tiré en la cama. Estaba sollozando, golpeando con mis puños, cuando Ana entró al cuarto.

—Sonia, tienes que ser una niña grande ahora. Tu madre está muy alterada, no puedes seguir llorando. Tienes que ser fuerte para tu Mami.

¿Así que eso es lo que se supone que haga? Dejé de llorar.

—Estoy bien, Ana.

Me dejó sola. La quietud de la habitación era más fuerte que el ruido al final del pasillo. Recordé que esa mañana Papi había pregonado desde el baño que, como no iba a trabajar, quería hacernos un desayuno de domingo, aunque fuera un día entre semana.

—Vuelve a la cama si estás enfermo, los niños no tienen tiempo, tienen que llegar a la escuela. Y ¿por qué tardas tanto afeitándote? —le gritó mami.

Llevábamos horas en la funeraria. Parecía eterno, pero mi madre, Abuelita y mis tías llevaban más tiempo... días. Era importante no dejar el cuerpo solo, y todos tenían que acompañarse mutuamente. Mami no quería que Junior y yo viniéramos, pero Titi Aurora insistió, porque las monjas y monseñor Hart venían de Blessed Sacrament. Sería una falta de respeto que Junior y yo no estuviéramos cuando ellos llegaran.

La habitación olía a flores, colonia y perfume que enmascaraban el enmohecimiento. La gente hablaba en susurros, mirando al piso, moviendo la cabeza. Hablaban de premoniciones, de saludos o palabras casuales intercambiadas con mi padre en los últimos días, que ahora adquirían un mayor significado, del por qué se afeitó y se vistió esa mañana, si estaba en casa enfermo. Como si lo hubiera sabido. Todos coincidían en que era una buena persona, un hombre de familia, y que era una tragedia morir tan joven, a los cuarenta y dos años. ¡Y Celina tan joven también, con treinta y seis años, viuda y con dos hijos pequeños!

Mis tías lloraban por turnos. Abuelita no paraba de llorar. Me senté a su lado en el sofá y le tomé la mano. Me daba una pena terrible ver llorar a Abuelita. Ni siquiera sabía si yo tenía tristeza propia, porque me llenaba la tristeza de Abuelita. Me preocupaba que su espíritu estuviera tan quebrantado por el dolor de la muerte de Papi que nunca más pudiera ser feliz. ¿Qué sería de mí si ella también moría?

Las monjas y monseñor Hart entraron y salieron. El doctor Fisher también vino, y algunas personas de la fábrica donde Papi trabajaba. Todo el tiempo Mami permaneció sentada, con los ojos abiertos, pero ausente. Ni siquiera respondía a la gente que le hablaba. Titi Aurora tuvo que decirle que le diera las gracias a monseñor Hart.

Entonces llegó el momento en el que, según Titi Aurora, debía despedirme de Papi. Ella quiere que lo bese. Yo quiero gritar "¡no!", pero me aguanto porque no quiero alterar a Abuelita más de lo que está.

—No tengas miedo, Sonia. Tócale la mano.

Yo no tengo miedo, pero tampoco estoy bien. Esa cosa con la cara empolvada de blanco se parece a mi padre, pero no es él, y no es algo que yo quiera tocar. Pero cierro los ojos y lo hago de una vez.

Una parte de mí no se sorprendió con lo que ocurrió entonces. Un nudo que tenía fuertemente atado en mi interior, por más tiempo del que podía recordar, comenzó a soltarse. En el fondo, hacía algún tiempo que sabía que Papi terminaría así. Mirando esa cosa que no era Papi, me di cuenta de que no regresaría. De ahora en adelante, Mami, Junior y yo seguiríamos adelante sin él. Quizás sería más fácil así.

Habíamos estado durmiendo en casa de Abuelita todas las noches desde la muerte de Papi, porque mi madre no podía soportar la idea de regresar a nuestro apartamento. Eso significaba levantarnos muy temprano para que Mami pudiera llevarnos a tiempo a la escuela, después de lo cual ella iba a casa de Ana. Tomaban café y hablaban y lloraban juntas hasta la hora de terminar las clases. Entonces, nos llevaba de vuelta a casa de Abuelita. Afortunadamente, el administrador del edificio en las casas Bronxdale dejó que nos mudáramos a otro apartamento bastante rápido. Estaba en la avenida Watson, en el segundo piso —mucho mejor que el séptimo si no quieres ver lo que pasa en las escaleras. También estaba mucho más cerca de Blessed Sacrament. Pero lo mejor de todo fue que mi madre pudo cambiar su horario en el hospital. Ya no tenía que trabajar por la noche, así que podía estar en casa cuando llegábamos de la escuela.

Tío Vitín y mi primo Alfred nos ayudaron con la mudanza. Limpiaron el cuarto de Papi y se llevaron una bolsa grande de botellas vacías y ruidosas. Encontraron esas botellas planas de media pinta, sin una gota de Seagram's Seven, debajo de los colchones, en el clóset, detrás de las gavetas, en los bolsillos de su abrigo, sus pantalones, sus camisas, en cada chaqueta. Había una, incluso, escondida dentro del forro de un abrigo.

Me di cuenta de que todos los días, cuando llegaba del trabajo y nos regalaba centavos para comprar dulces y quince minutos más para jugar, mi padre nos dejaba afuera el tiempo suficiente para tomarse un trago antes de cenar. Junior, quien dormía en el mismo cuarto con Papi, en la otra cama individual, y muchas veces fingía estar dormido, confesó que él siempre supo que había botellas debajo del colchón. Yo siempre dormí con mi madre en el otro cuarto y nada me despertaba cuando me quedaba dormida. Me preguntaba qué más me habría perdido.

Yo sé que mi padre nos quería. Pero, por mucho que nos quisiera, no era suficiente para dejar de beber. Abuelita y mis tías pensaban que mi madre tenía la culpa de que Papi bebiera. Es verdad que Mami podía decir siempre las palabras equivocadas; ninguno de los dos sabía cómo ponerle fin a una pelea después de comenzada. Pero yo sabía también que, así como mi madre no podía hacer que dejara de beber, tampoco era la causa. Sabía que él se lo había provocado; aun siendo una niña, sabía que él era el único culpable.

Pasaba horas sentado mirando por la ventana... Yo atesoraba esos momentos en los que me quedaba de pie a su lado, inhalando la fragancia de Old Spice en primer

plano, y del arroz y las habichuelas que hervían en la olla
en el fondo, y él me decía cómo imaginaba que sería el
futuro: las tiendas que construirían en las parcelas vacías
alrededor nuestro, y que algún día un cohete llevaría a
un hombre a la luna llena que se alzaba amarilla y cercana sobre el sur del Bronx. Sin embargo, la verdad es
que, por cada uno de esos momentos, había muchas más
horas de tristeza en las que se quedaba mirando en silencio los solares vacíos, la autopista, las paredes de ladrillo,
una ciudad y una vida que lo ahogaba lentamente.

El día que nos mudamos, olía a pintura fresca. La
vista desde el apartamento de la avenida Watson era diferente. Desde nuestra ventana se veía el patio de Blessed Sacrament. Los niños ya habían salido, pero todavía
quedaban dos muchachos practicando en la cancha de
baloncesto. Más lejos, una de las monjas paseaba cerca
de los edificios, pero no podía saber quién era debajo
de su toca negra... Mirando por la ventana, recordé algo
que pasó el día que Papi murió, que casi había olvidado
en medio de la conmoción que siguió. Estaba en el patio
durante el recreo, de pie junto a la verja, mirando hacia
los proyectos, y pensé en él. No fue un pensamiento
normal que se te ocurre de momento, ni nada conectado
a un pensamiento anterior. Fue más una emoción que
un pensamiento, ni siquiera una emoción: una mínima
sombra de una sensación pasajera, o una brisa tan perfectamente suave que nada mueve. En ese momento, no
sabía todavía lo que había ocurrido, pero quizás era Papi
diciéndome adiós.

Cinco

Durante los días y semanas que siguieron al funeral, la liberación y el alivio que sentía por el final de las peleas dio paso a un desconcierto agobiante. A los nueve años, estaba preparada para comprender la pérdida, hasta la tristeza, pero no el desconsuelo de los demás, ni mucho menos el mío. No podía entender qué le pasaba a Mami, y eso me aterraba.

Todos los días, cuando Junior y yo regresábamos de la escuela, encontrábamos el apartamento oscuro y en silencio, con las cortinas cerradas. Mami solo salía a preparar la comida y volvía al cuarto de atrás, donde pasaba hora tras hora con la puerta cerrada y las luces apagadas. (Junior y yo compartíamos el primer cuarto en el nuevo apartamento de la avenida Watson, utilizando las camas individuales que solían estar en el cuarto de Papi en el apartamento anterior.) Después de servir la cena como un zombi, prácticamente sin pronunciar palabra, regresaba a su cuarto. Así que, aunque trabajaba el turno de día y llegaba a casa antes que nosotros, no la veíamos más que cuando trabajaba de noche. Nosotros hacíamos las tareas y mirábamos televisión.

Los fines de semana, lograba despertar a Mami para ir a comprar comida, repitiendo los pasos de mi padre. Recordaba las cosas que Papi compraba y eso era lo que ponía en la cesta, aunque no estaba segura de que Mami supiera qué hacer con todo. Extrañaba la comida de Papi. Extrañaba a Papi. De alguna manera, cuando murió di por sentado que nuestras vidas serían mejores. No contaba con esta melancolía.

Yo no era la única preocupada por mi madre. Escuché por casualidad a algunas de sus amigas hablando con Ana, y decidieron que una de ellas pasaría por Blessed Sacrament para pedirle al padre Dolan que viniera a visitarla. La negativa de este, reportada a la hora del café en casa de Ana, me enfureció, sobre todo por la razón: mi madre no iba a la iglesia los domingos.

Era cierto, pero enviaba a sus hijos a la iglesia, siempre con dinero para la ofrenda. Y trabajaba largas horas en el hospital para que pudiéramos ir a Blessed Sacrament. ¿No debería el padre Dolan ser indulgente si ella necesitaba ayuda? Aun si pensaba que ella no era lo suficientemente cristiana, razonaba yo, ¿no debería ser él más cristiano?

Pasó otra semana en oscuridad y silencio. Otra amiga de mi madre, Cristina, le pidió al pastor de su iglesia que visitara a Mami. Ni siquiera la conocía y, por supuesto, ella nunca había asistido a su iglesia, que era bautista. Pero fue. Hablaron tranquilamente durante horas. Me impresionó que hablara español; no importa si lo que tenía que decir la ayudaba, por lo menos se preocupó por intentarlo. Eso lo respeto.

La primavera dio paso al verano y Mami seguía encerrada en su cuarto oscuro y yo, de vacaciones, añorando que comenzaran las clases. No tenía deseos de jugar afuera. No podía expresar exactamente a qué le temía, pero sabía que debía quedarme cerca y vigilar.

Mi único consuelo y distracción ese verano fue la lectura. Descubrí el placer de los libros de colecciones y me devoré un montón de ellos. La biblioteca Parkchester era mi refugio. Inspeccionar las tarjetas del catálogo era como tocar un tesoro infinito, más libros de los que jamás podría leer. Mis elecciones eran más o menos al azar. No había nadie en la familia que pudiera indicarme cuáles eran los clásicos para niños, ninguna maestra se interesaba y nunca se me ocurrió pedir orientación a la bibliotecaria. Mi madre estaba suscrita a *Highlights*, para Junior y para mí, y al *Readers' Digest* para ella, pero ya yo leía los números completos del *Digest* de principio a fin.

Mi libro favorito me lo había prestado el doctor Fisher. Lo había visto, encuadernado en cuero rojo, en la tablilla de su oficina y le pregunté qué era. Él sacó el pesado volumen y me dijo que podía conservarlo todo el tiempo que quisiera. Eran historias de dioses y héroes griegos y me acompañaron ese verano y más allá.

Para un niño ávido por escapar, los héroes eran admirables con todas sus imperfecciones, tan fascinantes como cualquier superhéroe de cómics y sus luchas eran de tal esplendor que no podían compararse con *Flash*. Desgarrados por impulsos opuestos, los inmortales parecían más reales y más accesibles que el excepcional, misericordioso, inmutable Dios de mi iglesia. Fue en ese libro del doctor Fisher donde aprendí también que mi nombre es una versión de Sofía, que significa sabiduría. Resplandecí con ese descubrimiento. Y nunca devolví el libro.

Generalmente, cuando no comprendía lo que ocurría con alguien, escuchaba atentamente y observaba hasta que lo resolvía. Pero con mi madre, todavía sentada en la oscuridad detrás de su puerta cerrada, no tenía pistas. Hasta donde sé, cuando Papi vivía todo lo que hacían era pelear. Si no estaban gritando, estaban construyendo un muro de piedra de amargo silencio entre ambos. No recordaba haberlos visto felices juntos. Por eso, su tristeza, si era eso, me parecía irracional.

El terrible dolor de Abuelita parecía menos misterioso, aunque quizás fuera porque yo estaba más compenetrada con sus sentimientos. Sin embargo, hacía muchos años que no la veía hablar de Papi como su adorado primogénito, con ese destello de adoración que le iluminaba el rostro. En los días festivos, cuando nos acompañaba a casa de Abuelita, él se sentaba en silencio a mirar por la ventana, de la misma forma que lo hacía en casa. Se animaba un poco si había un juego de béisbol en la televisión. Antes de que tuviéramos nuestro televisor, a veces venía solo para ver el juego, uno de sus pocos placeres. Esos juegos de béisbol, con sus buenos gritos, para variar, eran momentos tan escasos de aparente vida familiar normal que yo me quedaba dormida con una sonrisa imborrable.

Aun así, mirándolo de manera racional —y yo era una niña muy racional— ¿por qué deberían parar las fiestas si Papi, de todos modos, nunca iba? ¿Por qué su ausencia haría alguna diferencia cuando no la hacía antes? ¿Por qué Titi Carmen estaba tan abrumada por la pena que durante el entierro trató de saltar a la tumba y hubo que llevársela a rastras? Nunca la vi ansiosa por pasar tiempo con Papi cuando él vivía.

¿De qué se trataba todo ese sufrimiento adulto? Yo tenía mi teoría. Todos debían sentirse culpables. Si Papi se envenenó lentamente hasta morir, por supuesto debía pensarse que era culpa de Mami (como se dijo durante mucho tiempo), o quizás Abuelita se culpaba a sí misma y al fracaso de los poderes de sus espíritus. Titi Carmen puede haberse sentido culpable también por no haber intercedido. Cuántas veces criticaron a Titi Judy porque Tío Vitín no visitaba a la familia con más frecuencia, a pesar de que Tío Vitín era el hijo de Abuelita y Titi Judy solo su esposa. Así era como funcionaban sus mentes: Si un hombre hacía algo mal, alguna mujer tenía la culpa, ya fuera la esposa, madre, hermana o cuñada. Reconocí que debe ser terriblemente doloroso imaginar que se pudo haber hecho algo para detenerlo, pero no se hizo. Pero también sabía que nada de eso tenía sentido. No había manera de salvar a Papi de sí mismo.

Es un día como cualquier otro y la puerta permanece cerrada. Mi yo racional no se ha dado cuenta todavía, pero ya no aguanto un minuto más. Antes de saber qué está pasando, golpeo con ambos puños la estúpida puerta blanca y, cuando ella abre, le grito en la cara:

—¡Ya basta! ¡Tienes que acabar con esto! Te sientes miserable y nos estás haciendo sentir miserables a nosotros.

Hace meses que no se oyen gritos así en casa. Ella está ahí parada y solo parpadea. Yo no puedo evitarlo, sigo gritando:

—¿Qué pasa contigo? Papi murió. ¿Te vas a morir tú también? ¿Y qué va a pasar con Junior y conmigo? Ya para, Mami, ¡para!

Me volteo y camino por el pasillo hasta el primer cuarto y tiro la puerta con todas mis fuerzas. Agarro un libro y me acuesto en la cama. Pero no puedo leer, me tiemblan las manos y tengo los ojos llenos de lágrimas. Cierro el libro y sollozo durante un largo rato. Hacía mucho tiempo que no lo hacía, llorar como una estúpida bebé.

Seis

Cuando me desperté la mañana siguiente de haberle gritado a mi madre, ya ella se había ido a trabajar, como de costumbre. Ana nos preparó el desayuno a Junior y a mí y nos alistó para ir a la escuela, como todos los días. Pero, cuando regresamos a casa esa tarde, sentí el cambio tan pronto abrí la puerta. Por primera vez en muchos meses, las persianas de las ventanas estaban enrolladas y se escuchaba Radio WADO.

—¡Llegamos, Mami! —gritó Junior, y ella apareció.

Llevaba puesto un vestido negro con lunares blancos, y se veía tan llena de vida que no me di cuenta de que técnicamente todavía vestía de negro. Estaba maquillada y perfumada. Sentí que mi sonrisa se extendía, y un alivio invadió todo mi cuerpo.

El silencio del luto finalmente terminó y, más importante aún, el amargo y constante conflicto que había llenado nuestras vidas también se acabó. Por supuesto,

Junior y yo todavía encontrábamos miles de razones para gritarnos, provocando la conocida señal de advertencia de mi madre, su *la la la la* que iba subiendo de tono, paso a paso, hasta que entendíamos el mensaje de que nos habíamos pasado de la raya y la justicia llegaría rápidamente si no nos esfumábamos. Todavía no éramos como una familia de la televisión, pero las peleas a gritos que me agobiaban de tristeza ya no existían.

Mi madre aún trabajaba con frecuencia seis días a la semana, pero ya no trataba de escapar de nosotros. Ahora la casa era un lugar agradable, así que trabajaba el turno temprano en el Hospital Prospect, se iba a las seis de la mañana para estar en casa a la hora que llegábamos de Blessed Sacrament. Ana venía por la mañana a prepararnos el desayuno y alistarnos para la escuela. Yo podía arreglármelas sola, pero Junior era tan dormilón que nunca habríamos llegado a clases a tiempo sin ayuda.

El apartamento estaba siempre inmaculado, pero ya no era obra mía. Dejé de limpiar compulsivamente y se lo dejé a mi madre, que ahora se ocupaba de la casa. Con un poco del dinero del seguro que quedó después del funeral de Papi, hasta compró un espejo para cubrir una pared de la sala, haciéndola ver más espaciosa y luminosa.

Yo no confiaba plenamente en esta nueva realidad, incluida la transformación de mi madre. De vez en cuando, aunque no mucho, ella tenía una cita: el hermano de un amigo o el hijo divorciado de alguien. Me preguntaba qué pasaría con Junior y conmigo si ella se volvía a casar. ¿Nos abandonaría? ¿Se reanudarían las peleas con un nuevo contrincante? Yo todavía estaba enojada por lo que, por tanto tiempo, percibí como su abandono y su frialdad hacia nosotros. Me tomó muchos años deshacerme por completo de esa ira, así como a ella le costó perder los últimos vestigios de frialdad. En ese momento, no era parte de la naturaleza de mi madre mostrar afecto, dar un abrazo o sentarse en el piso a jugar con un niño. Ella careció de la seguridad formativa que nutre esos impulsos. Además, habría arruinado su ropa.

Mi madre siempre tuvo un buen gusto innato para vestir, lo cual parecía casi mágico considerando sus limitados recursos. Aun ahora, en sus ochenta años, se ve impecable, lista para las fotos, siempre regia. Nunca entendió por qué yo carecía de ese talento tan natural en ella. Siempre había alguna falla en mi apariencia que era evidente para ella e invisible para mí, y me fastidiaba constantemente porque andaba desaliñada.

Aunque fuera poco expresiva, Mami se preocupaba por la gente y era la enfermera a domicilio extraoficial, de guardia las veinticuatro horas, para parientes, amigos y vecinos de todo Bronxdale y más allá. Tomaba la temperatura, ponía inyecciones, cambiaba vendajes y llamaba al médico si surgía alguna pregunta que no podía responder ella. Se quejaba solo cuando la gente se aprovechaba ("¡Titi Celina! ¡Necesito supositorios para las hemorroides!"). Quizás pensaban que ella podía llevarse gratis los suministros del hospital. El personal de allí muchas veces se llevaba las cosas, pero a mi madre jamás se le ocurrió.

—¿Tú crees que me voy a robar un frasco de aspirinas o una caja de agujas desechables, siquiera para ti, Sonia?

Raras veces tenía dinero extra para pagarlas y le asustaba ver mis agujas viejas, reutilizadas hasta el punto de doblarse cuando trataba de inyectarme yo misma.

Mi madre no se limitaba a curar los dolores y achaques físicos. Una de sus mejores medicinas era escuchar los problemas de los demás, cosa que podía hacer con atención y simpatía, sin emitir juicio. Su compasión me impresionaba. El papel de confidente de mis amistades es innato en mí y lo atribuyo al ejemplo de mi madre, quien, si la dejaran sola en el banco de un parque, probablemente conseguiría que los árboles le contaran sus penas.

Hay un recuerdo de mi madre cuidándome que me asalta a veces por la noche. El cuarto que yo compartía con Junior en la avenida Watson, con su pequeña ventana, no solo era diminuto, sino insoportablemente caluroso en el verano. Teníamos un pequeño ventilador eléctrico sobre una silla, pero no servía de mucho. Algunas veces me despertaba agobiada en medio de la noche, con la almohada y las sábanas empapadas en sudor y mi cabello chorreando. Mami me cambiaba la ropa de cama y me hablaba en susurros en la oscuridad para no despertar a Junior. Se sentaba a mi lado en la cama con una olla de agua fría y una toallita que me pasaba por todo el cuerpo hasta que me quedaba dormida. La fresca humedad era tan deliciosa, y sus manos tan firmemente suaves —manos de enfermera experta, pensaba yo—, que una parte de mí trataba de permanecer despierta para prolongar un poco más esa maravillosa sensación de ser cuidada.

Mientras mi madre parecía haber adquirido una nueva seguridad y fortaleza después de perder a mi padre, Abuelita nunca pudo salir del luto. Siempre había vestido con sencillez, pero ahora todo era sencillamente negro, como si los demás colores hubieran desaparecido de su vida. Las fiestas terminaron. Ya no hubo música ni baile, no más dominós ni poesía. No más pollos que comprar. Yo seguía visitándola con frecuencia, particularmente cuando se mudó a los proyectos, a solo una cuadra de nosotros. Pero empezó a perder la vista y ya no salía, a menos que fuera absolutamente necesario. Nuestras visitas eran más sosegadas, solo ella y yo hablando, pasando un rato juntas cómodamente. Yo traía mis tareas o leía un libro mientras ella cocinaba; siempre había más tranquilidad en su casa.

Aquel año de la muerte de mi padre fue increíblemente doloroso para ella. Su madre, mi bisabuela, murió poco después que Papi. Abuelita ni siquiera fue a Puerto Rico para el funeral, ya que estaba demasiado abrumada por la pena de su hijo. Nunca habló de mi padre después de su muerte, por lo menos, nunca que yo lo oyera, pero mis tías y tíos entendieron su transformación: Juli era el primogénito, el protegido. Si pudieron arrancarlo de su lado, nada en el mundo era seguro. Algo en el tejido de su universo se había desgarrado irreparablemente.

Durante mucho tiempo, el mal de Parkinson había estado consumiendo progresivamente a su esposo. Cuando mi padre murió, Gallego estaba perdiendo el habla y en pocos meses estaría postrado en cama, otra razón por la cual Abuelita casi nunca salía de la casa. Mi madre iba todas las semanas, durante su día libre, para bañarlo y ayudar a cambiar las sábanas. Quizás mi abuela estaba guardando luto por adelantado también por su esposo, la tristeza tirando de un lado a otro entre Papi y Gallego como una ola atrapada. Cuando Gallego murió, varios años después, ella se mudó a los pocos días al hogar de ancianos de Castle Hill. De la misma manera que mi madre se negó a volver al viejo apartamento después de la muerte de mi padre, Abuelita no pudo soportar quedarse en ese espacio donde los recuerdos chocaban con el vacío. Así que rezamos el rosario para Gallego en un hogar de ancianos nuevo y subvencionado.

En la escuela también hubo cambios. Mi maestra de cuarto grado, sor María Rosalie, se esforzaba por ser más amable y yo disfruté de un respiro de los regaños desde la muerte de Papi, en abril, hasta las vacaciones de verano. No fue una coincidencia que al empezar el quinto grado por primera vez tuviera ganas de ir a la escuela. Hasta ese momento, había estado luchando por descifrar qué ocurría, especialmente desde mi regreso del hospital. Ahora, de repente, las lecciones parecían más fáciles. Claro que haberme pasado todo el verano con la cabeza metida en un libro para esconderme de la melancolía de mi madre ayudó algo, pero había otra razón. En esa época, mi madre hizo un esfuerzo por hablar inglés en casa.

Mami me contó una vez que cuando estaba en kindergarten, una maestra le había enviado una carta diciendo que deberíamos hablar inglés en la casa. Pero del dicho al hecho hay un gran trecho. Mi madre hablaba inglés con acento y a veces vacilaba, pero se las arreglaba bien en el hospital; incluso trabajaba de vez en cuando un turno de fin de semana contestando el teléfono. En casa, sin embargo, se sentía incómoda hablando en presencia de Papi en un idioma que él no conocía bien.

Yo no sé si mi padre hablaba algo de inglés. Puede que haya sido muy tímido para hablarlo mal frente a nosotros. Me imagino que habrá aprendido algunas frases para sobrevivir durante sus días en la fábrica, aunque nunca lo oí decir una palabra. Yo sé que Abuelita no sabía inglés, porque mi madre le servía de intérprete cada vez que tenía que lidiar con la burocracia. En cualquier caso, nuestra vida familiar transcurría totalmente en español.

Sonaba raro oír a mi madre cuando empezó a hablar inglés en casa, dirigiéndose a Junior y a mí como si hablara con un médico en el hospital. Pero en cuanto encontró las palabras para regañarnos, comenzó a sentirse natural. Con el tiempo, casi no me daba cuenta en qué idioma estábamos hablando. Aun así, para Junior y para mí resultaba fácil hacer el cambio al inglés con la flexibilidad de la juventud, pero a los treinta y seis años, a mi madre le costaba un gran esfuerzo. Solo su devoción hacia nuestra educación pudo darle la fuerza de voluntad necesaria. "¡Tienen que obtener una educación! Es la única manera de salir adelante en el mundo". Ese era su estribillo constante, y a mí me daba vueltas en la cabeza como un comercial que uno ha oído miles de veces.

Un día sonó el timbre y mi madre le abrió la puerta a un hombre que llevaba dos maletines. No era el hombre que visitaba los proyectos vendiendo seguros. Tampoco era el anciano que venía los sábados a cobrar dos dólares por las cortinas que nos había vendido meses atrás. Mi madre se sentó en la cocina con el vendedor y hablaron por largo rato, mirando libros, haciendo cálculos. Yo estaba en la otra habitación, escuchando algunas palabras sueltas: "incalculable regalo de conocimiento... como una biblioteca con miles de libros... bajos pagos mensuales...".

Cuando llegaron los dos cajones etiquetados *Encyclopaedia Britannica*, fue como si se hubiera adelantado la Navidad. Junior y yo nos sentamos en el piso rodeados de libros como exploradores al pie del Everest. Cada uno de los veinticuatro tomos era capaz de aguantar una puerta, la clase de libro que esperarías ver en una biblioteca, nunca en casa de alguien, y menos veinticuatro de ellos, ¡incluyendo un libro completo dedicado solo al índice! Al hojear al azar las finas páginas de la apretada encuadernación, viajé por la geografía mundial, ponderé moléculas encadenadas, me maravillé ante la fisiología del ojo. Conocí la flora y la fauna, las microscópicas estructuras de las células, la mitosis, la meiosis y el jardín de guisantes de Mendel. El mundo se abrió frente a mí en miles de direcciones diferentes, más o menos como había prometido el vendedor y, cuando resultaba abrumador, solo tenía que cerrar el libro. Allí esperaría mi regreso.

Había otra razón, aparte del placer de la lectura, la influencia del inglés y las diversas intervenciones de mi madre, para que yo finalmente comenzara a salir bien en la escuela. La señora Reilly, nuestra maestra de quinto grado, desató mi espíritu competitivo. Colocaba una estrella dorada en la pizarra cada vez que un estudiante hacía algo realmente bueno y ¡yo no podía resistirme a esas estrellas doradas! Estaba decidida a coleccionar tantas como pudiera. Cuando las primeras "A" comenzaron a aparecer en mi informe de calificaciones, prometí solemnemente que, de ahí en adelante, cada informe tendría por lo menos una "A" más que el anterior.

Una promesa por sí misma no era suficiente; tenía que averiguar la manera de lograrlo. Las destrezas de estudio no eran algo que nuestras maestras en Blessed Sacrament abordaran explícitamente. Obviamente, algunos niños eran más inteligentes que otros; algunos niños se esforzaban más que otros. Pero también me fijé que un puñado de niños, siempre los mismos, obtenía rutinariamente las mejores notas. Ese era el grupo al que yo quería unirme. Pero, ¿cómo lo hacían?

Fue entonces, en la clase de la señora Reilly, bajo la seducción de las estrellas doradas, que hice algo un poco inusual para un niño, aunque me pareció una cuestión de sentido común en aquel momento. Decidí acercarme a una de las niñas más inteligentes de la clase y preguntarle cómo estudiar. Donna Renella pareció sorprendida, quizás hasta halagada. De cualquier modo, generosamente me divulgó su técnica: cuando iba leyendo, subrayaba los datos importantes y tomaba notas para condensar la información en fragmentos más pequeños que fueran más fáciles de recordar, y la noche antes de un examen releía el capítulo importante. Estas son cosas obvias una vez que las conoces pero, en ese momento, descifrarlas sola hubiera sido como inventar la rueda. Me gustaría creer que incluso las escuelas en los vecindarios pobres han progresado en la enseñanza de destrezas básicas de estudio desde mis tiempos en quinto grado. Pero la lección más fundamental que aprendí ese día es una que muchos niños todavía no conocen: no seas tímido en convertir en maestro a cualquier persona que esté dispuesta a enseñar y que sepa lo que está haciendo. Mirando hacia atrás, puedo ver lo importante que fue ese patrón para mí: con facilidad buscaba mentores, pedía orientación a profesores o colegas, y de cada amistad asimilaba con avidez cualquier cosa que esa persona pudiera enseñarme.

En ese momento, lo único que sabía era que mi estrategia funcionaba. En poco tiempo, la señora Reilly me mudó a la fila al lado de la ventana, reservada para los estudiantes más destacados. Mi satisfacción se diluyó, sin embargo, cuando me enteré de que la maestra de Junior lo había enviado a la fila más lejos de la ventana, donde sentaban a los niños más rezagados. Naturalmente, Junior estaba molesto, y la injusticia me irritó a mí también. Es verdad que yo le decía estúpido, pero esa era mi prerrogativa como hermana mayor, y yo sabía que no era cierto. Él estudiaba casi tanto como yo. Era callado, pero escuchaba y prestaba atención; no se le escapaba nada.

"Es un niño", decía Mami. "Ya llegará su momento". Las Hermanas de la Caridad tenían una visión pesimista de los niños varones: la mayoría eran problemáticos, muchas veces necesitaban una buena paliza y era poco probable que llegaran a hacer algo con sus vidas. Había más sabiduría en el estímulo abierto de mi madre. Ella nunca nos forzó ni a Junior ni a mí a mejorar las notas, nunca nos trató con mano dura para que hiciéramos las tareas ni nos sermoneó acerca de establecer metas altas, como hacía Tío Benny con mi primo Nelson. Cuando llevaba mi informe de calificaciones a la casa para que lo firmara, me daba cuenta de lo feliz que era al ver que estaba obteniendo "Aes". Con esa misma sonrisa de orgullo recibió años más tarde la noticia de que yo era la mejor de la clase, o de que me graduaba *summa cum laude*. No importaba si ella no entendía exactamente lo que yo había logrado para hacerla sentir orgullosa. Ella confiaba en mí y también en Junior. "Solo estudien", decía. "No me importan las notas, solo estudien. No me importa si trabajan lavando baños. Lo importante es hacerlo bien". El éxito estaba muy bien, pero lo más importante era el proceso, no la meta.

En esa primera Navidad sin Papi, Alfred me ayudó a llevar el arbolito a casa. Él sostenía la base y yo aguantaba la parte superior, llevándolo por todo el camino, repitiendo las expediciones de mi padre en años anteriores. La gente siempre lo paraba para preguntarle dónde había encontrado un arbolito tan perfecto. Nadie nos detuvo a Alfred y a mí. Pero no fue hasta que subimos ese triste ejemplar en el ascensor y lo metimos en el apartamento que nos fijamos en lo inclinado que estaba hacia un lado. Siempre recordaré esa lección, aunque sea por temporadas: asegúrate de que el tronco esté derecho.

Ahora yo estaba a cargo de la decoración. Recordaba que Papi siempre decía que no puedes tener dos luces del mismo color juntas, ni dos adornos iguales uno al lado del otro, y que tienes que colgar cada lágrima plateada por separado en una rama. No puedes tirar puñados de lágrimas de manera agrupada, lo cual descalificaba a Junior como ayudante, porque él no tenía la paciencia necesaria para hacerlo bien. Pero lo que no podía descifrar era cómo Papi siempre se las arreglaba para colgar las luces tan hábilmente que los cables fueran invisibles. Yo pasaba horas sin ningún éxito. Él siempre pasaba un gran rato fajándose, así que yo sabía que no era fácil, pero obviamente él tenía un truco que nunca me enseñó.

Mientras las guirnaldas de luces se convertían en mis manos en una maraña de hilos sin remedio, Mami entró y yo la miré angustiada, pero ella solo movió la cabeza.

—Juli era el que siempre adornaba el árbol. Yo no sé hacerlo —dijo.

Finalmente, de una forma u otra, terminamos de decorar el arbolito. La falda de algodón alrededor de la base se convirtió en un marco nevado para el Nacimiento, con su diminuto pesebre. El cuadro estaba completo: suaves destellos, colores centelleantes y luces asomando tímidamente por detrás de un velo de oropel, con la estrella resplandeciente como broche de oro.

En ese momento me hubiese gustado recibir un abrazo de Papi. No podía negar que nuestra vida era mejor ahora, pero lo extrañaba. A pesar de todo el sufrimiento que causó, yo estaba segura de que nos amaba. Esas cosas no se pueden medir ni pesar. No puedes decir: esta cantidad de amor equivale a esta cantidad de sufrimiento. No son opuestos que se cancelan mutuamente; ambos son verdaderos al mismo tiempo.

Siete

La doctora Elsa Paulsen me intrigaba. Era alta y muy refinada, y hasta parecía de la realeza con su bata blanca. Al hablar, tenía un ligero acento que no era de Nueva York, pero tampoco del extranjero. Cuando entraba en la clínica de diabetes pediátrica del Centro Médico Jacobi todos los internos, residentes y enfermeras prestaban atención. Era obvio que querían complacerla, que ella era la jefa, aun cuando también fuera simpática y amigable. Cuando me examinaba, no solo se dirigía a mi madre, también hablaba conmigo.

La doctora Paulsen fue la primera mujer que conocí que tuviera una posición de poder en el mundo real. En el Hospital Prospect, donde trabajaba mi madre, todos los médicos eran hombres. Las supervisoras de enfermería eran mujeres, pero de ahí no pasaban. Aun en Blessed Sacrament, las monjas ejercían su poder solo sobre los niños. Ante el monseñor Hart y el padre Dolan, las hermanas se doblegaban.

En la clínica, la enfermera me pesaba y me tomaba muestras de orina. Si era mi día de suerte, también me sacaba sangre. De lo contrario, tenía que soportar que uno de los internos hiciera el trabajo por primera vez. Viéndolo en retrospectiva, sentirme de vez en cuando como un conejillo de Indias era poco sacrificio a cambio del beneficio del tratamiento innovador que desarrollaba allí la Escuela de Medicina Albert Einstein. Tenían un programa de investigación sobre la diabetes juvenil y, teniendo en cuenta lo poco común que era la enfermedad en ese momento, fue una suerte extraordinaria que la clínica estuviera en el Bronx, aunque tuviéramos que viajar un gran trecho en el metro y luego tomar el autobús para llegar allí.

Con un sólido enfoque en la educación del paciente, la clínica fue pionera en diversas prácticas que ahora son habituales, tales como clases para niños sobre cómo vivir con diabetes, sobre nutrición y sobre lo que ocurre en tu cuerpo. Desde el comienzo de mi tratamiento, la enfermedad había avanzado hasta el punto de que mi páncreas ya no producía insulina. Sin las inyecciones, en pocos días, si no antes, hubiera muerto. La insulina disponible en ese momento era de acción prolongada, por lo que necesitaba una sola dosis en la mañana. Pero algunas veces durante el día tenía fluctuaciones inesperadas en el nivel de azúcar en la sangre. Así que tenía que llevar un horario estricto de comidas y tener a mano meriendas o jugos por si tenía bajones de azúcar. No era cierto que no podía comer dulces o que los mangós me matarían, como advertían mis tías. Afortunadamente, mi madre era más avanzada en sus conocimientos y ambas celebrábamos después de cada visita a la clínica compartiendo un pedazo de *cheesecake* con cerezas en la cafetería del hospital.

La moderación con los dulces para mí era natural porque me desagradaba la sensación que me causaba la subida del azúcar. Reconocía las primeras señales: una pesadez en cámara lenta, la sensación de tratar de levantarme de la silla con una pesa de mil libras en la falda. Un bajón en el nivel de azúcar también se sentía mal, pero de otra manera. Empezaba a sudar y a marearme, perdía la paciencia y se me nublaba el pensamiento. Para complicar las cosas, en aquel entonces no había una forma precisa de hacerse la prueba de azúcar en la sangre, no había glucómetros, sólo tiritas de prueba de orina que reflejaban únicamente cómo estaban los niveles de azúcar horas antes. Así que, para llevar cuenta de mis niveles de azúcar, desarrollé una conciencia constante de cómo se sentía mi cuerpo. Aun ahora, cuando la tecnología es mucho más precisa, todavía compruebo mentalmente a cada minuto del día las sensaciones físicas. Junto con la disciplina, el desarrollo de una conciencia interna sobre mi diabetes fue probablemente otro beneficio fortuito de mi enfermedad. Creo que esa conciencia interna se encuentra atada a la facilidad con la que puedo recordar emociones ligadas a mis memorias, y también con mi alta sensibilidad al estado emocional de los demás, lo cual ha sido muy útil en los tribunales.

Pero aun cuando me inyectaba puntualmente y vigilaba cuidadosamente mi dieta, en aquel momento todavía pesaba la sombría realidad de mi enfermedad: probablemente moriría más temprano que tarde de alguna complicación. Con los avances en materia de tratamientos que se han venido dando desde mi infancia, un promedio de vida más corto ya no es tan probable como antes. Pero esa era la realidad en aquel momento y eso explica por qué mi familia recibió mi diagnóstico como una catástrofe de proporciones trágicas. El principal temor de mi madre era el riesgo de amputación, ceguera y una colección de otras complicaciones típicas en esa época. Tan serena, profesional y calmada que era en la sala de emergencia, tan segura y tranquila cuando auxiliaba a un vecino enfermo, si la paciente era yo, se desmoronaba. Si me golpeaba el dedo del pie, empezaba a gritar que me iba a dar gangrena. A veces yo me desahogaba haciendo travesuras imprudentes en el patio de recreo solo para asustarla. Y siempre, desde aquel primer día, reafirmé mi independencia poniéndome yo misma mis inyecciones de insulina.

Mi primo Alfred era el único que se negaba a creer que la diabetes era una terrible incapacidad. Quizás eso explicaría su determinación de sargento instructor a enseñarme a ser fuerte. Fue Alfred quien me puso un par de esquíes y hasta me montó en un caballo dos o tres veces. Cuando nos llevó a Junior y a mí a la Estatua de la Libertad, nos hizo subir las escaleras hasta la corona. Cuando llegamos al pedestal, yo estaba agotada.

—¡Adelante y hacia arriba! ¡Hasta la cima! —me ordenaba Alfred.

Los últimos tramos fueron una tortura, las piernas me dolían tanto que se me salían las lágrimas. Pero de ninguna manera iba a dejar que Alfred me viera llorar, para lo cual debía caminar delante de él, y fue así que llegué hasta la parte superior de la estatua.

Con el tiempo, traduciría el fatalismo de mi familia a una perspectiva que se adaptaba mejor a mi temperamento: probablemente no iba a vivir tanto como la mayoría de las personas. Así que no tenía tiempo que perder. En la escuela, nunca consideré perder un semestre o un año. "Más tarde" puede que nunca llegue, así que mejor me pongo a trabajar ahora mismo. Esa urgencia siempre se ha quedado conmigo, aun cuando el peligro haya pasado.

Sentada en la sala de espera de la clínica, me preguntaba: "¿Nunca se le ha ocurrido a nadie en la Escuela de Medicina Albert Einstein que los niños con una expectativa de vida corta se merecen algo mejor que esperar interminables horas con nada que leer aparte de las pilas de *Highlights* viejas? Debí haber traído mi libro de Nancy Drew", refunfuñaba.

Pero cuando llegó mi turno, me dieron algo más para leer: un folleto sobre cómo escoger una profesión. Tengo diez años, pensaba. ¿No es muy temprano para preocuparme por eso? "Puedes ser una actriz famosa", aseguraba el folleto, "como Mary Tyler Moore. Puedes ser un atleta profesional. Puedes ser:

"médico
abogado
arquitecto
ingeniero
enfermera
maestra..."

La lista de posibilidades para una persona con diabetes no parecía muy larga. Y peor aún, había una lista de profesiones que estaban fuera de los límites. No podías ser piloto de aviones ni conductor de autobuses. "Tiene sentido, pensaba yo: nadie quiere un piloto que se pueda desmayar en medio de un vuelo". No podías entrar al servicio militar. "Muy bien: ya he tenido suficiente entrenamiento en mi vida gracias a Alfred", pensaba. Y no podías ser policía... ¡Ea rayo! Eso sí que fue una bofetada.

¿Cómo que no puedes ser policía? Eso quiere decir que no puedes ser detective. ¡Eso era una catástrofe! Es verdad que Nancy Drew se las ingenió sin ser oficial de la policía, pero ella era la excepción. También era un personaje de ficción. Yo conocía suficiente del mundo real como para saber que los detectives generalmente son policías y no jovencitas de dieciocho años con vidas afortunadas. Pero Nancy Drew tenía un gran poder sobre mi imaginación. Todas las noches, cuando terminaba de leer y cerraba los ojos, yo continuaba la historia, conmigo en el papel de Nancy, hasta que me quedaba dormida.

Estaba convencida de que sería una detective excelente. Me decía a mí misma que mi mente funcionaba de una manera similar a la de Nancy Drew: era una observadora minuciosa y escuchaba atentamente. Captaba las pistas. Resolvía las cosas a base de lógica y me gustaban los enigmas. Me encantaba la sensación de claridad y enfoque que lograba al concentrarme en resolver un problema, mientras todo lo demás alrededor mío se desvanecía. Y podía ser valiente cuando tenía que serlo.

Podría ser una detective excelente, si tan sólo no tuviera diabetes.

—¡Junior, cambia el canal! *Perry Mason* está empezando.

Muy bien, no podía ser policía ni detective, pero se me ocurrió que la solución a mi dilema aparecía en blanco y negro en esa pantalla chica todos los jueves por la noche.

Perry Mason era abogado de la defensa. Trabajaba con un detective, Paul Drake, pero aun así era Perry Mason el que descifraba la verdadera historia detrás del crimen, que nunca era lo que parecía. Y era cuando comenzaba el juicio que las cosas se ponían interesantes. Claro está, se supone que Perry Mason es el héroe. Su nombre era el nombre del programa, era él a quien le hacían las tomas en primer plano, el que ganaba casi todo el tiempo, y el que recibía los abrazos y las lágrimas de gratitud al final. Pero Perry Mason no monopolizaba mis simpatías. Le tenía cariño también a Burger, el fiscal. Me gustaba que fuera buen perdedor, que estuviera más comprometido con descubrir la verdad que con ganar el caso. Si el acusado era en realidad inocente, explicó Burger una vez, y el caso se desestimaba, él había cumplido con su trabajo, porque se había hecho justicia.

Lo que más me fascinaba era la figura del juez. Una presencia mínima, pero vital, una imagen más abstracta que cualquier personaje: la personificación de la justicia. Al final del episodio, cuando Perry Mason decía: "Su Señoría, solicito que se desestimen los cargos en contra de mi cliente y que sea puesto en libertad", era el juez el que tomaba la decisión final. "Caso desestimado" o "aprobada la moción", así concluía el episodio. Había que estar muy atento porque ocurría muy rápido, pero yo sabía que ese era el momento más importante del programa. Y aun antes de la decisión final, era el juez quien mandaba, quien decidía "no ha lugar" o "ha lugar", cuando el abogado decía: "¡Objeción!".

Era un vocabulario totalmente nuevo. Y aunque no estaba segura de lo que significaba cada detalle, seguía la esencia del argumento. Era como los acertijos que tanto me gustaban, un complicado juego con sus propias reglas, uno en el cual se intersecaban los grandes conceptos del Bien y del Mal. Estaba intrigada y determinada a descubrirlo.

Decidí que podría ser una excelente abogada. Pero estaba segura de que una parte de mí preferiría ser el juez más que ser Perry Mason. En ese momento, sin nociones de lo que cada aspiración conllevaría, una no parecía más descabellada que la otra.

Ocho

Apenas comenzaba a encontrar mi lugar en la escena social de la escuela intermedia. Carmelo tenía mucho que ver con ello, particularmente por el apodo con el que me había bautizado: "Cabeza de computadora", o "Compy", para abreviar. Su intención era halagarme: yo era racional y metódica. Cuando mi mente se ponía a trabajar, él imaginaba bombillas que se encendían, cintas grabadas que se rebobinaban, hombres con batas blancas y portapapeles que me alimentaban dándome tarjetas perforadas como desayuno. Carmelo comprendió las ventajas de ser amigo de una "estofona" y se sentaba a mi lado en todas las pruebas y exámenes, aunque yo no se lo hacía fácil. Se debe de haber lesionado algunos músculos del cuello tratando de obtener buenas notas. Pero era agradecido. A cambio, me cuidaba y no dejaba que ningún abusador me acosara.

Carmelo era uno de los chicos más populares en la

escuela. Tenía la desenvoltura del muchacho guapo: era alto, con el cabello rizo y muy corto, y se le hacía un hoyuelo en un lado de la cara cuando sonreía. Él y Eileen, otra de las muchachas *cool*, eran muy buenos amigos míos, lo que mejoró mucho mi estatus social. Ambos vivían en Rosedale Mitchell-Lama Co-op, al otro lado de la autopista, un barrio de más nivel que las casas Bronxdale. (Varios niveles por encima, según Titi Judy y Tío Vitín, quienes también vivían allí.)

Al grupo le gustaba pasar el rato en mi casa porque mi madre, feliz de tener niños a su alrededor bajo su cuidado, los hacía sentirse en casa. Nunca hubo el más mínimo indicio de desaprobación hacia alguien que yo invitara a mi casa: todos era bienvenidos con bastante arroz y habichuelas. Muchas veces, las hermanastras de Eileen, Solangela y Myra, también venían, aun cuando eran mayores y estaban en secundaria. Eran tan amigas de Mami como mías, y hablaban incesantemente con ella sobre sus vidas amorosas.

—Mami, si invito a algunos muchachos mañana, ¿puedes hacer tus chuletas?

Yo metía la cabeza en el refrigerador para hacer el inventario de lo que teníamos y lo que había que comprar. Mi madre me miraba como si le acabara de pedir que se dirigiera a la Asamblea General de las Naciones Unidas en cinco minutos. A pesar de su buena disposición para recibir a mis amistades, estaba convencida de que era una terrible cocinera, desde el Día de Acción de Gracias después de la muerte de Papi, cuando asó su primer pavo dejándole dentro la bolsita de los menudos. Era un misterio cómo alguien a quien nunca le gustó cocinar preparaba unas chuletas tan divinas.

Para mí era un placer encargarme de las compras y del resto de los preparativos. Yo era una anfitriona innata. Me encantaba que el apartamento se llenara de risas, conversaciones, música y aromas de la cocina. Me recordaba a las fiestas de Abuelita, aunque fuéramos solamente un grupo de muchachos de escuela intermedia. Intentaba recordar cómo lo hacía Abuelita y lo adaptaba a estudiantes de séptimo grado. No había ron, pero sí mucha Coca Cola, montañas de arroz y habichuelas y las chuletas de Mami.

Junior asomaba la cabeza por la puerta de la cocina y decía burlonamente: "Sonia está enamorada de Ringo, na na na na na na...".

Junior era mi cruz, la plaga perpetua de un inquebrantable hermano menor. Cuando mis amigos venían de visita, él escuchaba cada palabra que decían, fingiendo que hacía las tareas o que miraba la televisión. Tarde o temprano, cualquier cosa que yo dijera, hasta la confesión de cuál era mi Beatle favorito, era usada en mi contra.

A esa edad, peleábamos rutinariamente y nuestras peleas eran físicas. Por lo menos, en casa funcionaba así. Fuera, en la escuela o en la calle, yo todavía era la protectora de Junior y tomaba muy en serio esa responsabilidad, recibiendo muchos golpes y moretones en su defensa. Después, en privado, me las arreglaba con él. Seguimos así hasta el día en que me percaté de un estirón de Junior que yo no iba a poder igualar. Siempre sería tres años menor, pero era varón, con todas sus consecuencias hormonales, y un varón que pasaba varias horas, todos los días, en la cancha de baloncesto. Había llegado el momento de hacer la guerra por otros medios: "Junior, ya estamos muy grandes para esto. Seamos civilizados, podemos arreglar las cosas hablando", le decía —aunque no recuerdo haber usado tantas palabras— "y siempre podemos chantajearnos". De ahí en adelante, ese fue el rumbo que tomaron nuestras hostilidades. Llevábamos cuenta de las ofensas del otro, íbamos con el cuento a Mami o amenazábamos con hacerlo, lo que nos diera mayor ventaja. Nuestras acusaciones muchas veces implicaban llamadas al hospital que deben haber vuelto loca a mi madre, sin mencionar a sus supervisores, bendita sea su tolerancia. Siempre he pensado que se deben permitir las llamadas de los hijos para que las madres se sientan a gusto en sus lugares de trabajo, y cualquiera que haya trabajado en mi oficina puede atestiguarlo. Más tarde, en la secundaria, Junior y yo superamos nuestras batallas y, con el tiempo, acabamos siendo muy unidos. Aunque no hablamos con mucha frecuencia, cuando se trata de algo importante, acudimos el uno al otro antes que a cualquier otra persona. No obstante, mi hermano alega que me guarda rencor por haber pasado su niñez esperando crecer lo suficiente para poder vencerme físicamente, solo para que yo le cambiara las reglas cuando él estaba al borde del triunfo.

Cuando el Papa Pablo VI visitó Nueva York en el otoño
de 1965, monseñor Hart hizo los arreglos para que un
grupo de estudiantes de Blessed Sacrament lo viera. Yo
quería que me incluyeran, más que nada en el mundo.
No era solo una excursión —realmente, nunca íbamos
de excursión en Blessed Sacrament. Era parte de la historia, la primera vez que un papa visitaba los Estados
Unidos. Y Pablo VI no era un papa común y corriente.
Había sido elegido el verano después de morir mi padre,
época en la cual yo pasaba mucho tiempo leyendo. Todo
lo que leía sobre él me inspiraba, y casi todos los días
salían artículos en periódicos y revistas describiendo los
planes de su visita y las ideas que tenía: sobre terminar la guerra de Vietnam y usar el dinero del desarme
para ayudar a los países pobres, sobre el diálogo entre
religiones y sobre continuar el trabajo del Concilio
Vaticano II para que la Iglesia fuera más receptiva y
abierta a la gente común.

Era común que los libros me emocionaran y entusias-
maran, pero ¿qué tan a menudo un artículo de prensa te
estremece? Tuve que buscar en el diccionario palabras
que no conocía (ecumenismo, vernáculo), pero que re-
sonaban dentro de mí. ¡Yo amaba a ese papa!

Así que me dio un gran disgusto y desilusión que
no me dejaran verlo, aunque no me sorprendió: solo los
niños que iban a la iglesia con regularidad fueron inclui-
dos. Desde que el padre Dolan había rehusado visitar

a mi madre durante su sufrimiento, mi asistencia a la iglesia Blessed Sacrament no había sido la misma. Muchas veces iba con Titi Aurora a San Atanasio. Pero eso no contaba en Blessed Sacrament. Así que concluí que tendría que averiguar por mí misma lo que en realidad importaba.

"¿Cómo fue? ¿Les dio la mano? ¿Habló con ustedes?", les pregunté a mis compañeros de clase. A pesar de la amargura de la exclusión, estaba ansiosa por conocer todos los detalles. Así que fue un alivio saber que no me perdí gran cosa. Los niños de Blessed Sacrament estaban entre una multitud de miles y vieron menos de lo que yo vi por televisión. Las cámaras siguieron al Papa por las calles de Manhattan, abarrotadas de gente, hasta San Patricio, a una reunión con el presidente Johnson y a una misa en el Yankee Stadium. Lo mejor de todo fue que transmitieron su discurso ante la Asamblea General de las Naciones Unidas: "No más guerra, nunca más. Paz, es la paz la que debe guiar los destinos de los pueblos y de toda la humanidad". Todo en un día extraordinario.

Se me ocurrió que, si iba a ser abogada —o, quién sabe, juez—, tenía que aprender a hablar de manera convincente y con seguridad frente al público. No podía ser un manojo de nervios. Así que, cuando pidieron voluntarios para leer la Biblia en la misa del domingo, vi una oportunidad de ponerme a prueba. Que las niñas leyeran era algo nuevo, una pequeña ola provocada por el Concilio Vaticano II, dentro del maremoto que cambió la misa de latín a inglés. No podíamos ser monaguillos, sin embargo; eso todavía estaba reservado para los varones.

Leer la Biblia no era lo mismo que ofrecer un discurso, claro, porque no tenías que preocuparte por qué decir, ni siquiera por memorizarlo. Estaba muy lejos de litigar un caso en un tribunal, pero era un pequeño paso en la dirección correcta. Y por algo había que empezar.

Al subir los pocos escalones de piedra hacia el púlpito, me temblaban las rodillas. Vi cómo mi mano temblaba al apoyarla en el pasamano, como si fuera de otra persona. Si ni siquiera podía mantener quietas las manos, ¿qué pasaría cuando abriera la boca para hablar? Todos los escaños estaban repletos, hileras y más hileras de personas mirándome a la cara, esperando, me parecía, que yo hiciera el ridículo. Sentí náuseas. "Imagínate vomitar aquí, ahora, sobre la Biblia", pensé. Había practicado la noche anterior, había leído en voz alta el pasaje muchas veces, ¿todo eso sería en vano?

Mi voz, al principio temblorosa, se estabilizó y también mis rodillas. Las palabras empezaron a fluir. Sabía que era importante levantar la vista al final de cada oración, pero no me atreví. Las caras me aterraban. Si miraba a sus ojos, estaba perdida, quizás hasta me convertiría en una estatua de sal. Así que, al final de cada oración, miraba al techo: las vigas de madera demarcando arcas rectangulares, bordes en espiral dorado, lámparas colgando de aros de metal negros. Sin embargo, la rareza de mirar hacia arriba me hizo sentir, de pronto, aun más cohibida y empecé a preocuparme por cómo los feligreses podrían interpretar mi mirada al techo: "¿Acaso esta niña cree que le está leyendo a Dios?". Afortunadamente, después de uno o dos versículos, tuve una inspiración: para no caer en la trampa de los ojos de los feligreses, me enfocaría en las frentes...

Antes de darme cuenta, estaba bajando los escalones y regresando a mi asiento. Lo había logrado y sabía que lo haría de nuevo.

Había pasado ocho años en Blessed Sacrament School, mucho más de la mitad de mi vida, cuando sonó la última campana de octavo grado. Ted Shaw, un amigo de la secundaria que más tarde se convirtió en el director legal del Fondo para la Educación y Defensa Legal de la NAACP, describe la escuela católica como su salvación y su perdición: moldeó su futuro y aterrorizó su corazón. Me identifico con esa descripción. Las Hermanas de la Caridad me ayudaron a moldear mi carácter, pero hubo muchas otras cosas que no me dio tristeza dejar atrás.

En el folleto mimeografiado que era nuestro anuario de octavo grado, cada estudiante escribió una "última voluntad y testamento" sobre la vida que dejábamos atrás en Blessed Sacrament; las hermanas respondieron con algunas palabras "proféticas" sobre cada muchacho. Mirando esas páginas, me impresionan las expectativas tan bajas que tenían de los jóvenes a su cargo. De una muchacha, por ejemplo, dicen: "Tiene esperanzas de ser diseñadora de modas, pero pensamos que sería mejor que se convirtiera en madre de seis niños". Lamentablemente, ese desaliento, dirigido incluso a muchas niñas que aspiraban a profesiones más tradicionales, como la de secretaria, no era raro. Sin embargo, para ser una pequeña escuela con recursos muy limitados en un vecindario pobre donde muchas vidas jóvenes terminaban fatalmente seducidas por el alcohol y las drogas, o interrumpidas por la violencia, Blessed Sacrament impulsó a muchos de mis compañeros de clase a una vida productiva y valiosa, a alcanzar un éxito mucho más allá de esas profecías mimeografiadas. No se puede negar que hay que dar crédito a las Hermanas de la Caridad y a la disciplina que nos inculcaron, a pesar de su dureza.

Mi propia inscripción me sorprende por la seguridad en mí misma. Ya para ese entonces estaba segura de mi intelecto:

Yo, Sonia Sotomayor, en pleno uso de mis facultades mentales, por la presente dono mi cerebro para ser dividido equitativamente a la clase entrante de 8-1, de manera que nunca tengan que conocer la ira de sor Mary Regina por la falta de conocimientos.

Y aquí, con menos seguridad, pero todavía con esperanzas, lo que escribió sor Mary Regina:

> Las ambiciones de esta niña, por extraño que parezca, son convertirse en abogada y casarse algún día. Ojalá pueda tener éxito en ambos campos. Predecimos una nueva vida de retos en Cardinal Spellman, donde asistirá a la secundaria, esperemos que pueda cumplir con estos nuevos retos.

Recientemente fui a visitar la escuela Blessed Sacrament. Tiene muchos menos estudiantes y clases más pequeñas que cuando yo estudiaba allí. Es evidente que las maestras, ahora tanto laicas como monjas, dejaron de creer que la letra con sangre entra y han optado por un enfoque más enriquecedor. Cada generación tiene su propio estilo para demostrar que se interesa por el bienestar de los alumnos.

Nueve

La secundaria Cardinal Spellman quedaba a una hora de camino de las casas Bronxdale, asumiendo que los trenes y autobuses fueran puntuales. El edificio de la escuela estaba dividido a la mitad por una grieta en la pared, las niñas en un lado, los varones en el otro. En cada piso, una monja hacía guardia en la grieta para asegurarse de que ni las niñas ni los varones cruzaran al otro lado sin permiso de una maestra. Las monjas eran Hermanas de la Caridad, la misma orden de Blessed Sacrament, pero para cuando entré a la secundaria, en 1968, muchas ya habían dejado las tocas negras y los largos hábitos negros, por lo que se veían menos amenazadoras que antes.

Se permitía que las niñas y los varones se mezclaran en el comedor, pero teníamos clases separadas, salvo religión y algún que otro curso superior, la mayoría de nivel avanzado. Otra excepción era el español de primer año.

Todos los estudiantes que hablaban español en sus hogares estaban en la clase avanzada que daba una monja recién llegada de España. Su plan era, según nos dijo, condensar tres años de español de secundaria en un mes de "repaso" y entonces comenzar a enseñarnos literatura.

A una semana de haber comenzado el semestre, ya la clase estaba a punto de motín. Una turba desesperada nos rodeó a Eddie Irizarry y a mí —los dos más bocones— para pedirnos que representáramos a la clase.

—Díganle que no somos españoles, somos americanos.

—¡Cuarenta y cinco minutos y nadie entendió ni una palabra de lo que dijo!

Nuestra maestra no tenía idea de que los niños puertorriqueños criados en el Bronx no tenían educación formal en su lengua materna. En cuanto a la lengua adquirida, muchos de nosotros luchamos en nuestros primeros años por sobrevivir la transición en escuelas que no daban ningún apoyo a los niños que entraban con poco o ningún conocimiento del inglés. Así que empecé la secundaria sin haber estudiado nunca la gramática española, ni haber conjugado un verbo, ni haber leído más que unas cuantas oraciones seguidas: un anuncio, un titular de periódico, quizás un artículo muy corto. Nunca había leído un libro en español, por supuesto. Ninguno de nosotros podía entender el acento castellano correcto de la maestra o su elegante dicción. Nos quedábamos con la mirada extraviada, incapaces de seguir sus instrucciones, y mucho menos de completar las tareas.

Mi español era tan deficiente que ni siquiera pronunciaba bien mi nombre. Ella me llamó la atención al respecto.

—Tienes el más noble de los apellidos españoles —me dijo—. No dejes que nadie lo pronuncie mal. Eres Sonia Sotomayor —Soh-toh-mah-yor— y cualquier otra cosa es vergonzosa. Pronúncialo correctamente y llévalo con orgullo.

Me di cuenta de que tenía un buen corazón. Y, como era de esperarse, cuando Eddie y yo le explicamos la situación, fue comprensiva y complaciente. Al día siguiente, empezó la clase con una disculpa y un plan nuevo mucho más realista: iríamos, de todos modos, el doble de rápido que la clase de español normal, pero cubriríamos lo básico y aprenderíamos gramática primero, y luego empezaríamos con la literatura en español durante el segundo año. Fue una buena lección sobre el valor de aprender a expresar tus necesidades básicas y confiar en que serás escuchado. Finalmente, me di cuenta de que las maestras no eran el enemigo.

Por lo menos, no la mayoría. Estaba la maestra de geometría, apodada Rigor Mortis. Se decía que estaba en la escuela Cardinal Spellman desde antes de que inventaran el triángulo, parada frente a miles de clases de primer año, como un espantapájaros prehistórico, flaca y arrugada, con una mata de pelo rojo brillante.

Me indigné cuando me llamó a su oficina y me acusó de hacer trampa. La base de su acusación era mi calificación perfecta en el examen de geometría Regents.

Nadie, en todos sus siglos de experiencia, había obtenido 100 en los exámenes Regents, las pruebas estandarizadas del estado de Nueva York.

—¿Entonces de quién copié? —le pregunté molesta—. ¿Quién más obtuvo cien, de quien yo haya podido copiar?

Por un momento, pareció paralizarse.

—Pero nunca habías tenido una calificación de más de 80 o 90 en los exámenes de práctica. ¿Cómo pudiste obtener 100?

La verdad, según le expliqué, es que nunca tuve una respuesta incorrecta en los exámenes de práctica; me había restado puntos solo porque no seguí los pasos que ella había indicado. Yo había seguido mis propios pasos, los que tenían sentido para mí, y ella nunca me había explicado qué tenían de malo. En el examen Regents solo había que dar la respuesta, nadie verificaba los pasos.

Lo que sucedió después realmente me maravilló. Ella buscó mis exámenes anteriores y los revisó. Reconociendo la validez de mi evidencia, cambió mis calificaciones. Resultó que hasta Rigor Mortis no era en realidad tan rigurosa.

Tal vez este fue el más inverosímil giro de acontecimientos en esos primeros meses: Miriam y yo nos inscribimos en los *maritime cadets*, un programa después de clase en el vecindario. Los viernes por la noche, íbamos a P.S. 75 en Hunts Point y marchábamos alrededor del gimnasio. Usábamos uniformes. Memorizábamos térmi-

nos náuticos y aprendimos a hacer nudos. Nunca llegamos a poner un pie en un bote, pero marchamos en el
desfile nacional de Puerto Rico en Nueva York.

Nuestro verdadero motivo para unirnos a los cadetes
era escoltar a Nelson, el hermano de Miriam, que tocaba
la trompeta en la banda. Nelson, mi cómplice en la niñez,
mi genial compinche, se había convertido en un imán para
las chicas. Era increíblemente guapo, tan inteligente como
siempre, con un retorcido sentido del humor. Además, se
había convertido en un músico talentoso. De hecho, estaba desesperado por dedicarse a esa pasión, aun cuando
Tío Benny siempre había deseado que fuera médico. La
única razón por la que permitió que Nelson se uniera a
la banda de música fue porque pensó que la disciplina le
vendría bien, y eso lo alejaría de la calle.

La seducción de las chicas y la música no era el único
motivo por el cual Tío Benny quería que alguien vigi-
lara a Nelson. Nelson había empezado en el Bronx High
School of Science el mismo año en que yo entré en la
escuela Cardinal Spellman, y ya estaba en apuros. De su
capacidad científica no había dudas. Cuando llegó a la
secundaria ya había ganado varios premios importantes
por sus proyectos en las ferias científicas, y sus maestras
lo distinguían como un prodigio, con el mismo talento
para la ciencia que para la música. Las dificultades reales
de Nelson no eran intelectuales, sino emocionales: Tío
Benny y Titi Carmen se estaban separando.

Yo no podía imaginar cómo se sentían Nelson, Miriam y el pequeño Eddie con esa separación.

Especialmente Nelson.

Cuando éramos pequeños, Miriam siempre tenía miles de razones para decir que no a cualquier juego nuevo o plan que yo sugiriera. A la larga accedía, pero convencerla requería un gran esfuerzo. En la secundaria la pasamos muy bien juntas, pero de niña era recatada. Nelson, por el contrario, nunca me dijo que no. Estaba dispuesto a lo que fuera, arriesgándose a cualquier cosa por un amigo, sin pensarlo dos veces. Esas cualidades, que yo adoraba de él cuando éramos pequeños, fueron las mismas que lo hicieron vulnerable a las peores tentaciones, particularmente en un vecindario que se ahogaba en las drogas.

Algunas veces, cuando veía a Nelson practicar con la banda, lo imaginaba de pie en la proa de un barco tocando la trompeta con todo su corazón, el barco flotando sin rumbo hacia el mar y dejándome a mí parada en el muelle.

En el verano entre el primer y el segundo año de secundaria, cumplía con la asignación de lecturas de verano hasta que *El señor de las moscas* me hizo parar en seco. No estaba lista para empezar con otro libro después de terminarlo. Nunca había leído algo con tantas interpretaciones. Me obsesionaba y tenía que darle más pensamiento. Pero no quería pasarme todo el verano nada más leyendo y mirando televisión. Junior era feliz tirando bolas al canasto todo el día, pero no había mucho más que hacer en los alrededores de los proyectos si ya eras muy grande para el patio de recreo y no estabas metido en drogas. Orchard Beach todavía me atraía, a pesar del tráfico abrasador, pero no se podía hacer ese viaje todos los días.

Así que decidí buscar empleo. Mami y Titi Carmen estaban sentadas en la cocina de Abuelita tomando café cuando anuncié mi plan. En los proyectos no había tiendas ni negocios, pero quizás podría buscar quien me contratara en el viejo vecindario de Abuelita. Titi Carmen todavía vivía en Southern Boulevard y trabajaba en United Bargains. Los negocios familiares al lado del tren elevado, o "El", como lo llamábamos, no contrataban niños —preferían el trabajo de los parientes antes que pagarle a un desconocido—, pero las tiendas más grandes a lo largo de Southern Boulevard quizás lo harían. Les propuse caminar por toda la calle y preguntar en cada tienda.

—No hagas eso —dijo Titi Carmen—. Déjame preguntarle a Angie.

Angie era la jefa de Titi Carmen.

Mi madre estaba afectada y se mordió los labios. No dijo nada hasta que Titi se fue. Entonces, por primera vez, me contó algo de su niñez: sobre cómo cosió y planchó pañuelos para Titi Aurora desde que tenía uso de razón, todos los días, durante horas.

—Me molestaba, Sonia. No quiero que crezcas sintiendo lo mismo que yo sentí.

Se disculpó por no poder comprarnos más cosas,

pero insistió que sería peor si la culpara algún día por haberme privado de mi infancia.

Me sorprendió. Nadie me estaba obligando a trabajar. Claro que un poco de dinero para los gastos no vendría mal, pero esa no era la motivación principal.

—Mami, yo *quiero* trabajar —le dije.

Ella trabajó tanto durante toda la vida que no podía entender que el tiempo libre podía ser aburrido, pero aburrimiento era lo que me esperaba si me quedaba en casa todo el verano. Le prometí que nunca la culparía. En ese momento, comencé a entender lo dura que había sido la vida de mi madre.

Titi Carmen me dijo que Angie estaba dispuesta a contratarme por un dólar la hora. Eso era menos que el salario mínimo pero, como de todos modos yo no tenía edad para trabajar legalmente, me pagarían por debajo de la mesa. Tenía que tomar el autobús para encontrarme con Titi Carmen en su casa, y entonces caminar juntas hasta United Bargains. Esa se convirtió en nuestra rutina. No era un vecindario para caminar sola.

United Bargains vendía ropa de mujer. Yo ayudaba donde hiciera falta: surtiendo mercancía, arreglando, vigilando los vestidores. Tenía que estar atenta a las señales que delataban a una ladrona cuando trataba de desaparecer detrás de los percheros para enrollar la mercancía y meterla en una cartera.

Los sábados por la noche la tienda abría hasta tarde, y ya estaba oscuro cuando bajábamos las puertas metálicas. Dos policías nos esperaban en la puerta y nos escoltaban hasta la casa. No sé cómo llegaron a este arreglo, o si era cierto que una de las vendedoras salía con uno de los policías, pero de todos modos me alegraba. Por el camino, veíamos el equipo de SWAT en las azoteas por todo Southern Boulevard, sus siluetas abultadas por los chalecos antibalas, los rifles de asalto listos. Una por una se iban oscureciendo las tiendas y oíamos las puertas de metal cubiertas de grafitis bajar estrepitosamente, los camiones saliendo, hasta que éramos las únicas caminando. Donde vivía Titi Carmen no te topabas con ningún vecino. Pasaba la noche en su casa, conversando con Miriam. Me hubiera gustado que Nelson también estuviera presente, pero ya nunca estaba en su casa.

A la mañana siguiente, a plena luz del día, Southern Boulevard era menos amenazante. Los vendedores ambulantes estaban afuera, las fachadas de los negocios abiertas, la gente entrando y saliendo. De camino a casa, me detuve en un kiosco de frutas a comprar un guineo para la merienda. Estaba pelando mi guineo cuando vi a un carro de patrulla subirse a la acera. El policía se bajó, señaló aquí y allá lo que deseaba —no hablaban el mismo idioma— y el vendedor llenó a capacidad dos bolsas grandes con frutas. El policía hizo el ademán de buscar la billetera, pero solo era un gesto; y el vendedor le dijo con la mano que no pagara. Cuando el policía se fue con sus frutas, le pregunté al hombre por qué no le había cobrado.

—Es el precio de hacer negocios. Si no le doy las frutas, no puedo vender las frutas.

Me dio un vuelco el corazón. Le dije que lamentaba que las cosas fueran así.

—Todos tenemos que vivir —dijo, encogiéndose de hombros. Parecía más avergonzado que ofendido.

¿Por qué me molestó tanto? Sin los policías, nuestro vecindario hubiera sido una zona de guerra peor de lo que era. Trabajaban duro en un empleo peligroso con poco agradecimiento de las personas que protegían. Los necesitábamos. ¿Acaso estaba furiosa porque tenía un concepto más alto de la policía, tan alto como el del padre Dolan y las monjas? Había algo más, más allá del abuso de confianza, más allá de la corrupción de alguien cuyo uniforme es símbolo del orden cívico.

¿Por qué fracasan las cosas? En *El señor de las moscas*, los niños más maduros comienzan a construir en la isla donde se hallan perdidos una sociedad moral y funcional, con las mejores intenciones, basándose en lo que recuerdan: cuidando a los pequeños, construyendo refugios, manteniendo la fogata encendida. Su pequeña comunidad fracasa, destruida por los que son más autoindulgentes, los que se dejan llevar por su ego y por el miedo.

¿De qué lado estaba el policía?

Los niños necesitan reglas, ley y orden para mantener a raya sus peores instintos. El caracol que soplan para convocar una reunión o adquirir el derecho a hablar representa el orden, pero no tiene poder por sí solo. Su único poder es el que ellos aceptan honrar. Es hermoso, pero frágil.

Cuando era más joven, algunas veces acompañaba a Titi Aurora en el verano al lugar donde trabajaba de costurera. Debe haber sido cuando Mami trabajaba el turno de día y, por algún motivo, no podía ir a casa de Abuelita. Aquel salón con máquinas de coser zumbando era para mí una visión del infierno: el calor sofocante, la oscuridad, la falta de aire, las ventanas pintadas de negro y la puerta herméticamente cerrada. Era muy pequeña para ser útil, pero trataba de ayudar de todas maneras, para pasar el rato. Titi Aurora me daba una caja de zippers para desenredarlos, me pedía que agrupara ganchos de ropa, organizara retazos de tela según el color o buscara cosas para las costureras. Todo el día velaba si alguien se dirigía a la puerta. Tan pronto la abrían, salía corriendo y asomaba la cabeza buscando un poco de aire, hasta que Titi me veía y me azuzaba para que volviera a entrar. Le pregunté por qué no dejaban la puerta abierta. "Porque no pueden", decía.

Detrás de las puertas cerradas y las ventanas ennegrecidas, todas esas mujeres estaban violando la ley. Pero no eran criminales. Solo eran mujeres trabajando duro, durante largas horas y en condiciones deplorables para mantener a sus familias. Hacían lo que tenían que hacer para sobrevivir. Fue mi primer indicio de la vida dura que había tenido Titi Aurora. Titi nunca recibió la educación que tuvo Mami, y tuvo que soportar la carga del padre que Mami se libró de conocer. Su vida de casada tuvo muchos retos y pocas recompensas. El trabajo era la única manera que conocía de seguir adelante, y no faltó un solo día. Y aunque Titi era la persona más honesta que yo conocía —al punto que, si encontraba una moneda de diez centavos en el teléfono público, llamaba a la operadora para preguntar a dónde podía enviarlo— violaba la ley todos los días cuando iba a trabajar.

Una tarde en United Bargains, las mujeres estaban haciendo llamadas de broma, marcando números al azar extraídos del directorio telefónico. Si respondía una voz femenina, actuaban como si tuvieran amoríos con el esposo y entonces se reían a carcajadas ante la respuesta de la pobre mujer. Titi Carmen se les unía, tomando su turno al teléfono, y se reía tan fuerte como las demás. Yo no podía entender cómo alguien podía ser tan arbitraria e inútilmente cruel. ¿Qué placer le encontraban?

—Titi, ¿te imaginas el dolor que están causando en ese hogar? —le pregunté de camino a casa.

—Es una broma, Sonia. Nadie tiene intenciones de herir a nadie.

¿Cómo es posible que no lo imaginara? ¿Cómo era posible que el policía no entendiera que dos bolsas de compras grandes repletas de frutas representaban en la vida de un pobre vendedor quizás los ingresos de todo un día? ¿Era tan difícil ponerse en el lugar del otro?

Yo tenía quince años cuando comprendí por qué fracasaban las cosas: las personas no podían imaginar el punto de vista de los demás.

Diez

Tres días antes de Navidad, a mediados de mi primer año en la secundaria Cardinal Spellman, nos mudamos a un nuevo apartamento en Co-op City. Una vez más, mi madre nos llevó a lo que parecía el fin del mundo. Co-op City era un pantano, donde no había nada, salvo un parque de diversiones llamado Freedomland, hasta que llegaron las concreteras y los camiones de volteo un año antes que nosotros. Nos mudamos a uno de los primeros edificios de los treinta que se habían planificado para un complejo diseñado para cincuenta y cinco mil personas. Para ir de la escuela a casa, tenía que caminar una milla por la avenida Baychester, cruzar el paso elevado de la autopista y atravesar la inmensa obra de torres a medio construir, con el barro arrasado y descubierto, aún inhabitables. Un viento helado que podía levantarte del suelo soplaba desde el río Hutchinson. Las grúas de construcción, bajo el cielo opaco, se veían borrosas por las ráfagas de nieve, y todo se parecía a Siberia, pero en el Bronx.

Por lo menos, ahora vivíamos lo suficientemente cerca de la escuela como para caminar y eso me alegraba. El viaje de una hora por autobús y tren desde la avenida Watson era tedioso. El pobre Junior, que todavía estaba en sexto grado cuando nos mudamos, tuvo que viajar de Co-op City a Blessed Sacrament, en sentido contrario, durante otros dos años. Ningún conocido nuestro había oído hablar de Co-op City. Mi madre se enteró por un artículo en el periódico sobre los planes que tenía el ayuntamiento de la ciudad de construir viviendas asequibles. Allí, el costo de vida se ajustaba al ingreso. Al mismo tiempo, comprabas acciones en una cooperativa. Así que, en teoría, era una exención de impuestos.

Mi madre estaba ansiosa por mudarnos a un lugar más seguro, porque los proyectos Bronxdale iban cuesta abajo. Las pandillas se dividían el territorio y se enfrentaban entre sí, añadiendo a la amenaza de la violencia gratuita al flagelo de las drogas y la pobreza. Una plaga de incendios se extendió por los vecindarios de alrededor cuando los propietarios de los edificios en ruina buscaron cobrar el seguro. Nuestro hogar se empezaba a ver como una zona de guerra.

Fue el doctor Fisher quien hizo posible la mudanza. Cuando murió, le dejó en el testamento cinco mil dólares a mi madre, la última y la menos esperada de las innumerables atenciones que nunca pudimos corresponderle, aunque lo intentamos. Cuando el doctor Fisher fue hospitalizado después de la muerte de su esposa, Abuelita hizo que Gallego pasara todas las mañanas, de camino al trabajo, a recoger la ropa sucia del doctor Fisher y llevarle piyamas limpios.

Sí, Co-op City era el fin del mundo, pero cuando vi el apartamento, todo tuvo sentido. Tenía pisos de parqué y un ventanal en la sala con una vista abarcadora. Todas las habitaciones eran el doble de amplias que los cuchitriles de los proyectos, y la cocina era tan amplia que te podías sentar y comer allí. Lo mejor de todo, Willy, el amigo de mi madre, que era músico y hacía trabajos de obra, dividió el dormitorio principal en dos habitaciones pequeñas, pero con suficiente espacio para una cama individual y un escritorio, de manera que, al fin, Junior y yo pudimos tener cuartos separados. Cada uno tenía su puerta y Willy hasta nos dejó escoger a cada uno el empapelado. Junior escogió algo neutral, en un sobrio tono crema. El mío tenía constelaciones, planetas y signos zodiacales en un estilo antiguo, como si un cartógrafo renacentista hubiera dibujado un mapa para viajes espaciales.

Yo leía mucha ficción y fantaseaba con viajar a otros mundos o escabullirme a través de un túnel del tiempo. Apenas el verano anterior, en julio de 1969, dos astronautas habían caminado por la luna. Yo estaba atónita de que eso hubiese ocurrido estando yo viva, particularmente porque recordaba la predicción de Papi.

☆

Empecé un nuevo trabajo en Zaro's Bakery, en el pequeño centro comercial al frente de nuestro edificio en Co-op City. En los días que hacía el turno de la mañana, abría el negocio junto con la gerente y su asistente, ponía en marcha la máquina que hervía los *bagels* y llenaba las vitrinas de pastelillos y panes. Entonces, mientras esperábamos el momento de abrir, nos sentábamos juntos a tomar café y a comer una merienda, que para mí era siempre un buñuelo francés cubierto de chocolate, balanceado luego por un almuerzo bajo en almidones, por supuesto. Me encantaban esos ratitos diarios, reírme de los cuentos que se contaban, envuelta por el aroma del café y el pan recién horneado. Me transportaban a la panadería de Tío Mayo en Mayagüez.

En poco tiempo, los clientes estaban haciendo fila para el ritual familiar de recibir el cambio y charlar. Yo movía la cabeza cuando trataban de hablarme en yídish. "*¿What, no yídish?* ¿Una linda jovencita judía como tú?". Oía esa frase con tanta frecuencia que ya conocía la rutina de lo que mi jefa explicaba, con el poco de yídish que yo reconocía. '*Shiksa*' era técnicamente peyorativo, pero ella lo decía con afecto, así que no le ponía reparos. Por lo menos, no era '*spic*' —en otros lugares recibía ese insulto con más frecuencia.

Co-op City se fue transformando gradualmente de una obra en construcción en una comunidad. Al terminar los días más duros del invierno, se veía a las parejas jóvenes paseando, los niños jugando, los ancianos observando desde los bancos. Una gran cantidad de residentes eran judíos, como evidenciaba la clientela de la repostería, pero había personas de todos los orígenes imaginables, provenientes de los cinco distritos, una población ligeramente más próspera que la que acostumbrábamos a ver en los proyectos: maestras, oficiales de policía, bomberos y enfermeras como mi madre. Los edificios eran impecables y perfectos en aquel momento, por lo que todavía se mantenía oculta la mala calidad de su construcción. Los jardines estaban sembrados con árboles y flores, y todo el lugar se iluminaba de noche.

Una vez que Mami plantó bandera en Co-op City, a todos los demás les pareció buena idea. Alfred, que para entonces ya se había casado y tenía hijos, se mudó a un edificio cerca del nuestro. Más tarde llegó Titi Carmen con Miriam y Eddie; Charlie con su nueva esposa, Ruth; y, finalmente, Titi Gloria y Tío Tonio. Titi Aurora les ganó a todos. Tan pronto nos instalamos, la hermana de mi madre se mudó con nosotros.

Con todo el cariño que le tenía a Titi Aurora, esas no fueron buenas noticias. Acabábamos de adquirir suficiente espacio para respirar y ya estábamos otra vez sobrepoblados. Titi dormía en un sofá cama en el vestíbulo. Ella se levantaba temprano y protestaba si Junior y yo nos quedábamos despiertos después de las diez. Si teníamos visitas, se retiraba a la habitación de mi madre. Titi lo guardaba todo. Yo no podía abrir un clóset para buscar una toalla sin que me cayera en la cabeza una avalancha de cosas. Y me quedaría corta si dijera que Titi Aurora era austera. No creo que haya gastado nunca un centavo en algo para su disfrute, o comprado algo que no fuera estrictamente necesario. Usaba la misma ropa año tras año y la remendaba como una experta hasta que ya no aguantaba más. La sola idea de comer en un restaurante o gastar un dólar en huevos y tostadas la perturbaba. A su vez, la austeridad de Titi molestaba mucho a mi madre, que se enorgullecía de vestir bien y disfrutaba derrochando el dinero en pequeños place- res. Mami nunca ahorró, nunca guardó dinero y daba el máximo por lo que consideraba importante, como haber comprado la enciclopedia o mantenernos en una escuela católica. Muchas veces tuvo que endeudarse, pero traba- jaba sin descanso para pagar esas deudas.

Estas dos hermanas eran una pareja dispareja. Aun- que ninguna de las dos demostraba afecto, y Titi podía ser austera y severa, era claro que tenían un vínculo que yo no acababa de comprender. Eran como dos árboles con raíces profundas tan enredadas que inevitablemente se apoyaban una en la otra, pero también se sofocaban entre sí. Los dieciséis años de diferencia entre ellas las hacía parecer más madre e hija. Así fue como empeza- ron y así continuaron.

Al igual que en los proyectos, nuestra casa seguía siendo el lugar de reunión favorito de mis amistades. Y aun con las protestas de Titi, la fiesta continuaba. Mi madre aparecía a intervalos regulares a buscar una taza de café, solo para recordarnos su presencia. Si hacíamos mucho ruido, no obstante, algún vecino llamaba a la seguridad de Co-op City. La primera vez que ocurrió y un guardia uniformado golpeó a la puerta, salimos en desbandada, buscando dónde esconder dos paquetes de seis cervezas. Antes de que me diera cuenta, Mami salió de un salto de su habitación como una tigresa, con los ojos ardiendo. Abrió la puerta de par en par y gritó en el pasillo:

—¡Díganles a esos vecinos que se trata de jóvenes pasándola bien en mi casa! ¡Por eso los muchachos se meten en problemas, porque la gente no deja que se diviertan en su hogar! —Y, todavía más fuerte—: ¡Si alguien tiene problemas con eso, que venga a hablar conmigo! ¡No llame a seguridad!

Cuando terminó de gritar, invitó al guardia a tomar café y les dijo a los muchachos, quienes ya estaban recogiendo sus cosas, que se podían quedar, pero que hablaran más bajito, por favor.

Y así, gracias a Mami, nuestra casa fue centro de fiestas y cuartel general para las elecciones del consejo estudiantil. Celebrábamos fiestas para preparar afiches, pintando consignas en cruzacalles que extendíamos a todo lo largo de los pasillos. Hacíamos fiestas de victoria si ganábamos y fiestas de consuelo si perdíamos. Durante mis años en la secundaria, el apartamento 5-G en 100 Dreiser Loop, era el mejor lugar.

☆

Marguerite Gudewicz y yo estábamos loquitas por Joe. Él jugaba con ambas y no tomaba en serio a ninguna. ¿Qué pensaba, que las muchachas no hablábamos? Cuando nos dejó a las dos por otra, Marguerite y yo nos hicimos mejores amigas.

Cuando iba a casa de Marguerite, había algo que me traía recuerdos de la casa de Abuelita en mi niñez. El lugar era como un pueblo, sus abuelos vivían en la planta baja, Marguerite, su hermano y sus padres arriba, y el tío Walter en un apartamento en el sótano. Me sentía como en casa.

El padre de Marguerite, John Gudewicz, no medía sus palabras, pero por lo menos hacía un esfuerzo por suavizar sus comentarios cuando yo estaba cerca. Tenía sus opiniones sobre "esos puertorriqueños", pero su risa amable hacía imposible ofenderse. En 1971, cuando por primera vez apareció Archie Bunker en *All in the Family*, todos bromeábamos diciendo que el señor Gudewicz podía demandar a CBS por no respetar los derechos de autor. No obstante, si lo presionaban, se ponía de mi lado. Una noche, su hermano le preguntó explícitamente:

—¿Quién es la *'spic'*?

—Es nuestra invitada, y si no te gusta puedes irte al infierno —dijo. No sólo estaba siendo un buen anfitrión.

Me enteré de que, cuando los padres de Marguerite se casaron, en sus comunidades la unión entre una alemana y un polaco era vista prácticamente como un mestizaje. La madre de Marguerite, Margaret, una mujer modesta que nunca hablaba sobre sí misma, había escondido judíos en Alemania en los tiempos de la guerra. Los Gudewicz no necesitaban lecciones sobre la vileza de los prejuicios.

Más allá del mundo limitado de mi familia y unas cuantas calles del sur del Bronx, un mundo mucho más amplio se iba abriendo ante mí, aunque solo fuera al estilo de Nueva York. Si creces con salsa y merengue, las polkas y el *jitterbug* te parecen salidos de las páginas de *National Geographic*. Para el gusto puertorriqueño, la comida alemana, polaca e irlandesa resulta sosa, pero parecía que teníamos mucho que aprender al preparar los vegetales. Noté también que las *mishigas*˙ en los pasillos de Co-op City o en Zaro's eran similares a la locuacidad de la vida familiar puertorriqueña. Sin embargo, de habernos lanzado la clase de insultos que nuestros vecinos judíos se decían regularmente, la deshonra y la mortificación habrían durado generaciones. Siempre me maravilló oírlos reír juntos minutos después de un altercado.

Las diferencias eran evidentes, pero no eran nada en comparación con lo que teníamos en común.

De la misma manera en que mi mundo emocional estaba creciendo en Co-op City, mis horizontes intelectuales comenzaban a expandirse en la escuela. La señorita Katz, que nos enseñó historia en tercer año, era distinta a todas las maestras que había tenido antes, distinta, en

---

˙ Una palabra Yídish que significa "locura".

realidad, a todas las personas que había conocido. Comparada con las monjas, se veía joven y vibrante. Ella nos advirtió que no nos quedáramos atrapadas aprendiendo las cosas de memoria, que necesitábamos dominar el pensamiento conceptual y abstracto. El significado de todo eso se revelaría cuando escribiéramos nuestros primeros ensayos. ¿Nuestros primeros qué? Ahí estábamos sentadas, con los rostros en blanco, en nuestras reglamentarias faldas azul marino, blusas blancas y chalecos de suéter. Once años de memorización habían moldeado nuestras mentes de la misma manera uniforme. ¿Ensayos? De alguna manera, habíamos llegado al tercer año de secundaria sin haber escrito nada, aparte de informes sobre libros. Las monjas siempre nos dieron los datos y nosotras solo los repetíamos como papagayos. Yo era muy buena en eso. Me enorgullecía saber que podía absorber vastos océanos de datos. Ninguna maestra me pidió nunca nada más a cambio de una "A".

La señorita Katz pedía algo más. Sus pronunciamientos y retos me intrigaban. ¿Qué quería decir pensar de manera crítica sobre la historia? ¿Cómo se analizan los datos? Por lo menos, yo había aprendido ya el valor de pedir ayuda. Si iba a hablar con ella después de clases, no me tiraría la puerta en la cara.

De hecho, la puerta estaba abierta de par en par y tuvimos varias conversaciones largas y fascinantes. Me habló de su novio, un brasileño que describió como luchador por la libertad y que trabajaba a favor de los pobres y oprimidos por la dictadura militar. Le pregunté cómo, siendo judía, había venido a trabajar a una escuela católica, y me dijo que la inspiraron las monjas y los sacerdotes que encontró en Latinoamérica. Ellos arriesgaban sus vidas para ayudar a los pobres.

La señorita Katz era la primera progresista con la que me topaba de cerca. Claro que no había muchas más en la secundaria Cardinal Spellman en aquellos tiempos, y ella solo permanecería un año. Recuerdo que me preguntaba qué la hacía tan enigmática. ¿Cómo alguien se convierte en una persona interesante? No era únicamente por tener un novio que describía como un héroe, aunque eso, por supuesto, me llamó la atención. Tenía que ver más con su manera de cuestionar el significado de su existencia, con pensar en términos de su propósito en la vida. Era maestra, pero se educaba a sí misma, aprendía sobre el mundo y participaba activamente. Yo comencé a tener un presentimiento de que la educación podía ir más allá de abrirte las puertas para una oportunidad de empleo, como insistía el estribillo perpetuo de mi madre.

Me gustaría decir que el mismo tipo de reflexión que iluminaba mis conversaciones con la señorita Katz había arrojado alguna luz sobre el problema de escribir un ensayo de historia. Su receta para el pensamiento crítico y el análisis seguía siendo abstracta, pero fascinante. Aunque me fue bastante bien en su clase, tendría que esperar hasta la universidad para entender realmente lo que ella quería decir.

Físicamente, estaba claro que Sonia Sotomayor no era nada espectacular. Yo tenía la nariz regordeta. Era torpe y carecía de gracia. Corría a todo dar por los pasillos de Cardinal Spellman, a diferencia de otras chicas que sabían cómo pavonearse con sensualidad. Mi propia madre me decía que tenía un gusto terrible al vestir.

De vez en cuando, me invitaban a salir. Casi siempre el novio de una amiga tenía un amigo y tenían necesidad de una cuarta persona para un *double date*. Algunas veces el muchacho me volvía a invitar, y otras veces duraba por un tiempo, pero nunca tanto como para que fuera algo estable. En una ocasión, fui yo la que puse el punto final: como aporte a una comida que incluía sándwiches y que algunas amistades íbamos a preparar en mi casa, mi *date* decidió robarse la tocineta. Para hacer las cosas peor, si Mami hubiera tenido dinero para prepararnos la comida ese día, eso jamás habría ocurrido. Ella estaba muy apenada, pero se hubiera horrorizado de haberse enterado del robo. No quise tener nada más que ver con ese tipo.

Esencialmente, me sentía como el plato de segunda mesa de todos. Por eso, cualquier cumplido me tomaba por sorpresa, particularmente si no eran los tradicionales. Por ejemplo, de acuerdo con Chiqui, la hija de Ana y Moncho, que era unos años mayor que yo, yo tenía "piernas como bates de béisbol". Gracias, Chiqui.

—¡No, eso es bueno! ¿Ves cómo tus tobillos son pequeños y tus batatas curvean? Tienes buenas piernas.

Los oí peores: Kevin me dijo que el padre de Scully

decía que yo "tenía la estructura de una letrina de ladri-
llos".

—Es un cumplido, Sonia.

—¿Qué clase de cumplido es ese?

—Es solo una expresión —insistía Kevin—. Quiere
decir que eres fuerte. No como una débil construcción
de madera. —No podía creer lo que estaba oyendo. ¿A
eso se refieren al hablar del humor irlandés?

Aparte de los halagos dudosos, la verdad era que
Kevin Noonan me hacía sentir atractiva de una manera
nueva y agradable. Por mi parte, yo estaba embelesada
con sus ojos azul grisáceos, hasta el punto de espiar el pasillo al otro lado de la grieta divisoria de Cardinal Spellman hasta alcanzar a ver los rizos color arena que hacía
resaltar su delgada figura entre la multitud uniformada.

En nuestra primera cita, tomamos el tren a Manhattan. Caminamos por toda la ciudad, durante horas, hablando mientras me mostraba sus lugares favoritos. El
primer sitio adonde me llevó fue un pequeño parque en
la calle 53 este, donde una cortina de agua todavía baja
por una pared de piedra. El sonido de la fuente hace que
la ciudad se sienta lejana y convierte el parquecito en un
refugio privado.

Desde esa primera cita nos hicimos inseparables. Durante el primer mes, Kevin me traía una rosa cada día. Un
día después de clases, caminábamos a la parada donde
él tomaba el autobús a su casa en Yonkers. Cuando pasamos por casa de Titi Gloria, arrastré a Kevin adentro
para que conociera a Titi y a Tío Tonio. En realidad, yo

solo quería posponer nuestra despedida pero, tan pronto llegamos, Kevin se puso pálido y se quedó callado. Pensé que quizás le había molestado que Titi Gloria y Tío Tonio hablaran en español, aun cuando estaban haciendo un gran esfuerzo, recibiéndonos con bizcocho y galletitas y refrescos. Pero Kevin permaneció inmóvil y yo me molesté bastante.

Al día siguiente, cuando llegué a la escuela, no recibí una rosa. Empezó a preocuparme que la relación hubiera terminado. Pero Kevin finalmente me confesó: las rosas que yo recibía diariamente ¡se las había estado robando del jardín de Tío Tonio! Me lanzó una mirada de vergüenza que no combinaba con sus chispeantes ojos y dijo:

—Hay muchas, Sonia.

Era cierto: los rosales de Tío Tonio eran espectaculares. Me reí tanto que casi me ahogué. Acepté con alegría que la fase color de rosa de nuestro romance había terminado. Ahora éramos una pareja.

Kevin prácticamente se mudó con nosotros, salvo que mi madre lo obligaba a irse a su casa por la noche, por supuesto. No podíamos darnos el lujo de tener muchas citas aparte de ir a la pizzería del vecindario. Así que nos quedábamos en casa, estudiando o viendo televisión. A él le gustaba leer tanto como a mí y podíamos quedarnos horas en silencio, uno al lado del otro, pasando las páginas. Salíamos a caminar, visitábamos a mi familia o trabajábamos en el auto de Kevin. Y hablábamos constantemente sobre todo lo imaginable.

No íbamos mucho a su casa, ya que a su madre le

costó trabajo aceptarme. No me lo dijo directamente, pero el mensaje llegaba claramente cuando apretaba los labios, levantaba la ceja o tiraba la puerta. Habría sido más feliz si yo hubiera sido irlandesa o, por lo menos, no puertorriqueña. Ya había pasado por eso. Un muchacho con el que salí antes de Kevin logró esquivar una taza que su madre le lanzó a la cabeza al descubrir que yo era puertorriqueña. La mamá de Kevin no expresaba su disgusto con tanta vehemencia, sino que buscaba consejo en su sacerdote. Este, o compartía su opinión sobre mi gente, o sencillamente no tenía agallas para decirle que discriminar no era una actitud muy cristiana. Kevin defendía al sacerdote. La parroquia de Yonkers era ciento por ciento irlandesa y el sacerdote no tenía otra opción que afirmar los valores de su comunidad. Yo no estaba de acuerdo. Los prejuicios no son valores.

Después de un tiempo, le presenté a Kevin a Abuelita, lo cual hizo oficial la relación. De ahí en adelante, se dio por sentado que nos casaríamos. A pesar de las diferencias entre puertorriqueños e irlandeses, nuestros familiares y amigos compartían la misma expectativa: te casas con tu primer amor. La única pregunta era si nos casaríamos al terminar la secundaria o esperaríamos hasta terminar la universidad.

Once

La Cerveza Schaefer es la mejor cuando se toma más de una...

Kenny Moy estaba sentado al lado de Titi Aurora frente a la televisión, cantando a toda voz el jingle de la cerveza. Hasta ahí llegaba su español, pero eso no evitó que hiciera buena liga con Titi Aurora. Tenían estramboticas conversaciones bilingües mientras veían juntos la lucha libre. Titi se balanceaba de arriba abajo, gritándole al referí, vitoreando a su luchador favorito del momento. Me encantaba mirarla: la lucha era lo único que la hacía relajarse y disfrutar. Me recordaba los períodos en que Papi salía de su silencio lúgubre para apoyar a los Yankees frente al pequeño televisor en blanco y negro de Abuelita. Pero, ¿The Sheik? ¿The Crusher? ¿Killer Kowalski? ¿Gorilla Monsoon? ¿Cómo podía Titi creer que eso era de verdad?

Ken Moy era el tutor estudiantil del equipo femenino

del Club de Oratoria y Debates de Cardinal Spellman. Me inscribí como parte de mi autoimpuesto programa pre-profesional para hablar en público, que adelantaba cada vez que se presentaba una oportunidad. Cerca de doce chicas componían el equipo, un grupo interesante de estofonas altamente funcionales y autoseleccionadas. Kenny nos asesoraba en debate y discurso improvisado. Él era brillante debatiendo. Su mente era una máquina analítica capaz de desmantelar implacablemente la posición de un oponente, paso a paso. Un búnker cedía como una casa de naipes ante sus argumentos. Y las emociones no lo contaminaban. Yo aspiraba a tener la serenidad imperturbable y racional de Ken, aunque temía parecerme más a Titi Gloria con su habitual nerviosismo vacilante que acompañaba toda decisión mundana: ¿el vestido rojo o el azul?

—¡Sonia, no me importa si te tienes que cortar las manos, pero elimina esos movimientos de tu repertorio!

Ese era Kenny, en primera fila del ring. ¿Decirle a un puertorriqueño que no hable con las manos? Es como pedirle a un pájaro que no alce el vuelo.

Ken debió haber ido a Bronx Science, pero su madre lo envió a Cardinal Spellman para que pudiera estar pendiente de su hermana. Janet era una individualista radical y sin autocensura, una bomba de tiempo en una escuela católica. Una vez hasta maldijo al director en su cara cuando este la encontró agarrada de manos con su novio. Ken puso a prueba su poderosa retórica para conseguirle un indulto. Pero la verdad es que, si hubieran expulsado a Janet, Ken también se habría ido y la escuela habría perdido un alumno estelar.

Ellos vivían en East Harlem, donde sus padres tenían una lavandería china. Nunca visité la casa de Ken ni conocí a sus padres. Según Ken, su padre tenía tres problemas —la heroína, las apuestas y un temperamento violento— y, como vivían a casi una hora en metro, pasábamos el rato en mi casa. Ken me aseguraba que ellos eran la única familia china en el barrio, que él era un chico de barrio de la cabeza a los pies y que jugaba al dominó con los mejores. Era flaco como un fideo, pero de una sentada podía comer más arroz con habichuelas y chuletas de Mami que el resto de nosotros juntos.

En la clase de filosofía, estábamos estudiando lógica. No estoy segura de qué esperaba de la filosofía, pero la lógica formal me tomó por sorpresa. Me encantaba. Percibía su belleza, la idea de un orden que se mantenía sin importar las circunstancias. Lo que más me entusiasmaba era cómo podía aplicarla inmediatamente cuando practicaba debates. Estaba maravillada de cómo algo tan matemáticamente puro y abstracto podía transformarse gracias a la persuasión humana en palabras poderosas capaces de hacer cambiar la opinión de la gente.

El Club de Oratoria y Debates era, de diversas maneras, un buen adiestramiento para un abogado, aunque apenas lo entendiera así en ese momento. Te asignaban un tema y el lado que te tocaba defender, a favor o en contra. No importaba lo que opinaras del asunto; lo que importaba era que lo defendieras bien. No solo tenías que considerar ambos lados, sino también prepararte como si fueras a defender ambos, para así poder anticipar los movimientos de tu oponente. En los cinco minutos que te asignaban, tenías que usar cuidadosamente las palabras para pintar un argumento ante los que juzgaban el encuentro. Entonces, tenías que escuchar a tu oponente. "La mitad del debate es escuchar lo que dice la otra persona", explicaba Ken. Exponer tus puntos era fácil, pero escuchar bien a tu oponente para responderle con eficacia era muy difícil.

Siempre he sabido escuchar. Mis amigos confiaban en mí, me contaban sus problemas y dependían de mis consejos, de la misma manera en que las amistades de mi madre confiaban en ella. Cuando yo era pequeña, escuchar y esperar las señales era la clave para sobrevivir en un mundo frágil. Me doy cuenta cuando alguien titubea o se pone a la defensiva, cuando lo que dicen les importa más de lo que admiten o cuando se apresuran en restar importancia a un asunto. Se comunican tantas cosas con el tono de voz, las sutilezas de la expresión y el lenguaje corporal.

Ken nos enseñó una manera distinta de escuchar, más formal que mi destreza intuitiva. Nos enseñó a prestar atención a los eslabones vulnerables en una cadena de lógica, a las premisas equivocadas y las suposiciones que sabes que puedes atacar cuando llega tu turno. Pero, aunque absorbía las estrategias lógicas de Ken, sabía por instinto que las emociones no desaparecían. De la misma forma en que mantenías las tuyas a raya, tenías que considerar también las de tus oyentes. Una línea de razonamiento puede persuadir, pero también puede hacerlo de igual manera una secuencia de sentimientos. Construir una cadena lógica era una cosa; elaborar una cadena de emociones requería un entendimiento diferente.

Llegué a la competencia final de oratoria improvisada. El cronómetro arrancó y escogí a ciegas un papelito. Tres temas basados en acontecimientos de actualidad: elige uno. Tengo quince minutos para pensar en todo tipo de ideas y organizar un discurso de cinco a siete minutos. Varios de los tres temas habían sido abordados por las noticias de la noche: la matanza de My Lai, la masacre en Kent State University, la guerra de Vietnam extendiéndose a las fronteras, las protestas en los recintos universitarios. Se me hace difícil oír mis pensamientos. El tercer tema me llama más la atención: el asesinato a sangre fría de Kitty Genovese y los vecinos que lo presenciaron sin hacer nada. Más cerca de casa —Queens en lugar de Camboya— y me toca una fibra sensible.

El tiempo está corriendo. ¿Qué recuerdo sobre los reportajes que vi en las noticias? ¿Adónde quiero llevar esto? ¿Cuál es mi propósito? ¿Cuál es la mejor manera de empezar? Comenzaré presentando un panorama... y recordaré mantener mis manos quietas.

—En una fría noche de comienzos de primavera, hace seis años, una joven regresaba del bar donde trabajaba, conduciendo su auto hasta su apartamento en Queens. Eran alrededor de las tres de la madrugada. Estacionó su auto en un *parking* cercano y, cuando caminaba por el callejón hacia su edificio, un desconocido salió de entre las sombras y se le acercó. Asustada, salió corriendo, pero el hombre la alcanzó y la apuñaló por la espalda. Ella gritó y pidió ayuda. Varios vecinos oyeron sus gritos y el forcejeo que ocurrió cuando Winston Moseley asaltó a Kitty Genovese.

Los miré y observé la sala silenciosa y cautivada. Los tenía en el bolsillo.

—Pero la noche estaba fría y las ventanas cerradas. Los que oyeron los gritos probablemente pensaron que era una pelea de enamorados o un par de borrachos ruidosos. Kitty Genovese gritó y gritó, pidiendo ayuda mientras su agresor la golpeaba repetidamente en la cabeza, la apuñalaba una y otra vez y le hacía heridas por todo el cuerpo. Finalmente, la violó mientras agonizaba tirada sobre el pavimento. Cuando todo terminó, uno de los vecinos llamó a la policía. Llegaron en pocos minutos, pero Kitty Genovese murió en la ambulancia, camino al hospital.

Winston Moseley se escapó esa noche. Fue detenido más tarde por robo y confesó el asesinato. Está encerrado por el resto de su vida. Eso no es lo que me preocupa hoy. No, lo que me preocupa es esto: treinta y ocho vecinos también confesaron. Cada uno de ellos oyó o presenció algo del ataque, que duró más de media hora. Treinta y ocho vecinos no hicieron nada para intervenir. Fueron espectadores y dejaron que esta joven sufriera una muerte espantosa.

Hago una pausa para mirar las caras frente a mí y veo una oportunidad: me imagino que ellos son los vecinos, sentados justo aquí, en el auditorio. ¿Cómo supero lo que los paraliza? ¿Cómo logro que den un paso adelante y asuman la responsabilidad?

—Treinta y ocho vecinos no hicieron nada. ¿Cómo ocurre esto? Ocurre cuando nos tornamos apáticos a nuestro papel en la sociedad. Ocurre cuando olvidamos que somos una comunidad, que estamos conectados los unos a los otros y que tenemos la obligación de relacionarnos con otros seres humanos. —Muy bien. Ahora tengo que elaborar un poco, cubrir las bases y concluir el argumento—. Kitty Genovese fue víctima de un crimen que pudo haber sido el acto de una persona perturbada. Otros crímenes pueden tener causas diversas que apuntan hacia fracasos más amplios de la sociedad. Pero, llegado el caso, cuando un criminal aprovecha la ocasión y la víctima sufre, nuestra responsabilidad es clara. Cuando el criminal encuentra a su víctima en un callejón oscuro, el espectador también puede elegir. ¿Verán ustedes a la víctima como una extraña, una mera estadística o un ser humano igual que ustedes? ¿Serán ustedes completamente humanos en ese momento y sentirán la obligación de preocuparse, de actuar y de involucrarse? ¿Serán ciudadanos en todo el sentido de la palabra y asumirán la responsabilidad?

Todavía los tengo, todos están atentos. Así que empiezo a recapitular y me acerco para el aterrizaje...

—Había una joven en el umbral de su vida, una flor en ciernes, lista para abrir —Y ahí está mi mano, casi como si no fuera mía, los dedos se ahuecan y se abren como floreciendo para luego cerrarse abruptamente en un puño—: Destruimos esa flor.

Los aplausos me acompañan al bajar los escalones. Ken sonríe ampliamente, orgulloso. ¡Anuncian que gané el primer lugar! Un poco engreída, le digo a Ken que algunas veces está bien hablar con las manos. Es lo que soy, de donde vengo.

Estaba haciendo las tareas en la mesa de la cocina mientras Junior hacía las suyas, como de costumbre frente a la televisión, cuando la puerta se abrió. Mami hizo una entrada dramática, tirando al piso el montón de libros que traía en los brazos.

—¡No voy a volver! —anunció con voz temblorosa—. Es demasiado para mí. Lo siento, no puedo hacerlo.

—¡Junior, ven acá! —grité. Enseguida apareció en la puerta—. Si tú no puedes, Mami, nosotros tampoco. Junior, descansa, no vamos más a la escuela. —Con ambas manos cerré de un golpe el libro que estaba leyendo, un sonido muy satisfactorio. Primero me fijé en el número de la página, claro.

Ese motín surgió unos cuantos meses después de que mi madre se sentara con Junior y conmigo en esa misma

mesa de la cocina para preguntarnos si estábamos dispuestos a hacer algunos sacrificios para que ella pudiera
estudiar y así obtener el título de Enfermera Graduada.
Hacía años que deseaba continuar sus estudios, pero esa
esperanza se había esfumado con la muerte de Papi. Con
el tiempo, el sueldo que ganaba como enfermera práctica se fue quedando muy lejos de lo que ganaban las enfermeras graduadas. Le preocupaba que, cuando dejara
de recibir los beneficios del Seguro Social para sobrevivientes cuando Junior y yo termináramos de estudiar, no
pudiera arreglárselas sola. Por supuesto, ella no quería
depender de nosotros para su sustento. Tendríamos que
apretarnos los cinturones por un tiempo mientras ella
dejaba el hospital para volver a estudiar.

El dinero no era un problema insuperable. Mi madre
aceptó un turno sabatino en una clínica de metadona
para compensar un poco la pérdida de ingresos. Yo había
trabajado el verano anterior en la oficina administrativa
del Hospital Prospect y me dejaron continuar los fines
de semanas durante el año escolar. Junior también estaba trabajando en Prospect, en la recepción, y tenía un
segundo empleo como sacristán en la catedral de San
Patricio. Todo iba cayendo en su lugar.

No, el problema no era el dinero. El problema era
que mi madre estaba muerta de miedo. No importaba
que fuera una mujer muy inteligente y ambiciosa. No
importaba que el Hostos Community College, donde
se matriculó, hubiera sido creado especialmente para
atender a la comunidad hispana del sur del Bronx con

un programa bilingüe para estudiantes como ella. No importaba que ella hubiera estado haciendo la labor de una enfermera graduada extraoficialmente durante años porque el Hospital Prospect era muy pequeño y todos confiaban en ella. No importaba, incluso, que ella hubiera atendido a la mitad de los residentes de Hunt's Point, Bronxdale y Co-op City en algún momento. ¿Exagero? No mucho.

Mi madre estaba atormentada por la falta de confianza en su propia habilidad mental. Se aterrorizaba particularmente tan pronto algo se asemejaba a un problema matemático, en vez de verlo como un asunto tan sencillo como calcular una dosis. La palabra *quiz* era para ella una pistola de aturdimiento. La mayor parte del tiempo, combatía sus temores con un frenético esfuerzo. Abría los libros tan pronto entraba por la puerta y la medianoche la sorprendía estudiando. No obstante, ocasionalmente la ansiedad la invadía y entonces se imponía la psicología inversa; algunos dirían un chantaje emocional. La idea de que Junior y yo también nos rindiéramos, aunque fuera improbable, era más aterradora que cualquier examen.

Volver a ver a mi madre estudiando era la mejor evidencia de que a veces las emociones logran persuadirnos mejor que cualquier lógica. Pero lo más importante era su ejemplo de que un exceso de esfuerzo puede vencer un déficit de confianza. Yo recordaría eso muchas veces al pasar los años, cada vez que me enfrentara a temores que no era lo suficientemente inteligente para superar.

Doce

Por más que yo ambicionara tener el pensamiento racional, desapasionado y frío de Kenny, *Love Story* me cautivó, igual que a todas las demás jóvenes de secundaria en los Estados Unidos. Pero hubo algo en la pantalla que me hipnotizó más que la conmovedora historia de la enfermedad de Ali MacGraw o los ojos azules de Ryan O'Neal. El campus universitario escenario de la película de 1970, supuestamente Harvard, se parecía al país de las maravillas. Entre campos nevados inmaculados, se levantaba una catedral del conocimiento donde los habitantes vivían en una especie de fantasía de antaño, debatiendo bajo arcos góticos y paredes forradas de libros, y descansando en sofás de cuero. Aparte de Camden, Nueva Jersey, y la realidad alterna de Puerto Rico, yo nunca había viajado lejos del Bronx, y por supuesto nunca había visto nada como eso. Si hubiera sabido entonces que muchas de las escenas de *Love Story*

en realidad habían sido filmadas en la Universidad de Fordham, que se hallaba en el distrito donde vivíamos, puede ser que mi futuro hubiera sido distinto.

Antes de que viviera esas horas oscuras dentro del cine, nunca había pensado mucho en cómo sería la vida universitaria o en qué se diferenciaría de la secundaria. Fue entonces, en el otoño de mi último año, que sonó el teléfono. Era Kenny, con su característica voz profunda y firme, que me llamaba a larga distancia desde Princeton, donde cursaba su primer año. A medida que depositaba monedas en la caja cada varios minutos, me iba describiendo el nuevo mundo en el que ahora navegaba. Me aconsejó que ya era tiempo de que fuera pensando en solicitar admisión a la universidad, y algo que me dijo se quedó grabado claramente en mi memoria, porque no tenía idea de qué hablaba:

—Trata de entrar en una Ivy League.

Ken era el primer estudiante de Spellman que había cruzado a ese mundo, y el término Ivy League nunca antes había surgido en una conversación. Me explicó que esa era la mejor educación disponible y que me abriría todas las puertas. Anoté los nombres de las universidades, según él las iba recitando de un tirón, y añadí Stanford, por si acaso.

Al día siguiente, la consejera académica me hizo solo una pregunta mientras hojeaba el grueso catálogo que había tomado de la tablilla:

—¿Has pensado en Fordham?

El libro dedicaba un par de páginas a cada universidad: un resumen de su misión, un insípido código inspirador, unas cuantas estadísticas, y fotos genéricas en blanco y negro de estudiantes que aparentaban estar seriamente ocupados. Cuando dije que no a Fordham, me ofreció nombres de otras universidades católicas.

Le dije que no estaba interesada en colegios universitarios parroquiales; yo quería solicitar a Harvard, Yale, Princeton, Columbia, Stanford...

Me miró y dijo:

—Muy bien.

Y hasta ahí llegó su orientación. En ese momento, no se me habría ocurrido pedir consejos. En una secundaria católica que se nutría de los hijos de inmigrantes irlandeses e italianos, tenía sentido el enfoque en universidades parroquiales: entrar a la universidad representaba más que lo que la mayoría de los padres de los estudiantes había logrado. Yo me gradué en el umbral de un cambio, cuando muchos de los graduados de Spellman llegarían a las universidades más competitivas. Pero aquel otoño, Kenny Moy en Princeton era esencialmente el primer estudiante de Spellman que caminó sobre la luna.

Conseguí las solicitudes y escribí mis ensayos, garabateando en la oscuridad, sin idea alguna de cuál podría ser un tema meritorio ni de cómo darle forma. Encaré el SAT de igual manera. El folleto que acompañaba la solicitud era la única clave que tenía sobre qué esperar del examen. En cualquier caso, no hubiera tenido el dinero para pagar un curso preparatorio, aunque hubiera sabido que tal cosa existía.

Calificar para recibir ayuda financiera fue la parte más fácil. Mi madre era estudiante en el Hostos Community College en ese entonces. Vivíamos básicamente de los beneficios del Seguro Social para sobrevivientes, complementados a duras penas con el trabajo parcial de Mami en la clínica de metadona, su sueldo de verano en el Hospital Prospect y lo poco que aportábamos Junior y yo con nuestros empleos a medio tiempo y durante el verano. No teníamos bienes que reportar, ni siquiera una cuenta de banco. Los días de cobro, caminaba cinco cuadras desde el Hospital Prospect al lugar donde cambiaban los cheques cerca de la estación del tren, igual que lo había hecho siempre mi madre, igual que lo hacía el resto del personal del hospital. Allí también podías comprar un giro postal para pagar el teléfono. El dinero en efectivo te servía para todo lo demás.

Desconocer lo selectivas que eran las universidades a las que estaba solicitando fue lo mejor. De haberlo sabido, quizás habría vacilado. Pero entendía lo suficiente como para cubrir mis apuestas: la Universidad de la Ciudad de Nueva York (CUNY) sería mi apuesta segura, porque era de admisión pública. Entre las alternativas, pensé que lo más probable era que terminara en la universidad estatal en Stony Brook, adonde quería ir Kevin. Había descartado Stanford porque estaba muy lejos. Volar a través de todo el país para echar un vistazo ya habría costado más de lo que podía pagar, sin añadir la visita a casa durante Navidades.

En noviembre, recibí una postal de Princeton con

tres casillas, un mensaje codificado al lado de cada una: "probable", "posible" e "improbable". La primera estaba marcada con una x. Parecía más un mensaje de la Bola Mágica número 8 que el de una universidad. No estaba segura de qué debía hacer con esta clave secreta, así que me dirigí a la oficina de la consejera académica.

Más allá de la expresión de absoluta sorpresa que contorsionó sus facciones, el oráculo anunció:

—'Probable' significa eso mismo, que hay grandes probabilidades de que te acepten.

Y yo pensé: "¿En serio?"

Todavía estaba asimilándolo cuando, un par de días después, pasaba por la oficina de la enfermera de la escuela.

—Oí que recibiste un 'probable' de Princeton —me gritó al verme.

Me paré en seco.

—Sí, así es.

—Bueno, ¿me puedes explicar cómo obtuviste un 'probable' y las dos niñas con mejor promedio solo consiguieron un 'posible'?

Solo la miré. ¿Qué quería decir con eso? ¿Y el tono acusatorio? Mi perpleja incomodidad bajo su mirada funesta no fue suficiente; ciertamente, ella esperaba que mi reacción fuera sentirme avergonzada.

A veces, en ese tipo de situaciones, la respuesta acertada solo se te ocurre unas horas después: "Por mis logros en el equipo de oratoria y debates, y en el consejo de estudiantes. Porque trabajo por horas durante el año escolar y tiempo completo en los veranos. Puede que mi promedio no esté a la altura del promedio de ellas, pero estoy entre las primeras diez de mi clase y *hago* mucho más que ellas". Pero incluso esa respuesta tardía se quedaba corta. Su pregunta seguiría dándome vueltas no solo ese día sino durante muchos años, mientras vivía la realidad cotidiana de la "acción afirmativa". Cuando solicité a la universidad, apenas entendía cómo funcionaba el proceso de admisiones en general, ni hablar de cómo la acción afirmativa podía influenciar dicho proceso. Escasamente había pasado una década desde la implementación de la acción afirmativa en la contratación gubernamental. Se encontraba en la etapa experimental con respecto a las admisiones a las universidades Ivy League, y los estudiantes de minoría que se beneficiaron de dicha política apenas se habían graduado.

Poco después, aquellos sobres gruesos que ya reconocía como paquetes de aceptación comenzaron a llenar mi buzón casi a diario. Ahora que el momento de la decisión era real e inminente, tenía que sentarme a pensar en serio. A la Universidad de Columbia podía ir en el metro. Demasiado cerca para mi gusto: tendría que vivir en casa, incapaz de justificar el gasto adicional de una residencia universitaria. Me quedaban Radcliffe, la institución hermana de Harvard, Yale y Princeton. Cada una merecía una visita.

Con el recuerdo de *Love Story* todavía fresco en mi mente, programé primero la visita a Radcliffe. Me dijeron que, después de una entrevista en la oficina de admisiones, un grupo de estudiantes me mostraría los alrededores. Pero primero tenía que llegar a Massachusetts. A pesar de lo cerca que había vivido siempre de Manhattan, solo la había visitado en ocasiones especiales: la primera cita con Kevin; espectáculos navideños y de Pascua en el Radio City Music Hall; la marcha de la muerte con Alfred hasta la cima de la Estatua de la Libertad. El día que estaba programada mi visita, uno lluvioso y deprimente, los pasillos lúgubres de la estación de trenes de Grand Central parecían un refugio del frío, con su bóveda oscurecida por décadas de suciedad. Los ferrocarriles estaban resurgiendo después de una larga decadencia, rescatados apenas recientemente gracias a Amtrak y, en Nueva York, a la larga transformación de Penn Station en lo que sería el Madison Square Garden. Mis nueve dólares y noventa centavos me sirvieron para comprar un asiento en un vagón destartalado y lleno de colillas de cigarros.

Una lluvia tiznada me acompañó durante el viaje de Nueva York a Boston. Cuando llegué a la oficina de admisiones, después de navegar el metro de Boston y caminar las últimas calles, estaba empapada como una rata de alcantarilla. También estaba sintiéndome un poco decepcionada. La arquitectura neogótica era abundante, pero el campus no era un paraíso idílico apartado del mundo. Harvard y Radcliffe se habían unido a Cambridge, de naturaleza densamente urbana y enredada con el tráfico de los autos tocando la bocina.

En la sala de espera, cuando la puerta interna finalmente se abrió, me encontré cara a cara con una criatura como nunca había visto: una mujer con un peinado de plata esculpida, con un vestido negro hecho a la medida, collar y pantallas de perlas, y zapatos cerrados preciosos. "¡Esto sí que es diferente!", pensé.

Seguí a esa aparición a su oficina, y nuevamente me quedé boquiabierta por lo que tenía ante mis ojos. Nunca había visto una alfombra oriental con su elaborado patrón, el más hermoso rompecabezas serpenteando el piso. Y nunca antes había visto un sofá blanco. Para ser franca, probablemente nunca había visto un sofá que no estuviera cubierto de plástico. Me ofreció asiento en un elegante sillón de orejas que parecía un trono, en donde me sentía diminuta, sorprendida de que mis pies tocaran el suelo. Nunca había estado en una habitación así, pero me daba cuenta: eso era buen gusto. Y eso era el dinero.

Los ladridos de los perros me sacaron del trance. Probablemente habían estado ladrando desde que entré, pero ahora me saltaban encima, enseñándome sus dientes y sus garras. Realmente eran solo perritos falderos, uno blanco y otro negro, pero me asustaban. Ella los llamó y se subieron al sofá blanco a su lado, y allí completaron un retablo surrealista, tres pares de ojos mirándome fijamente, una visión en blanco y negro.

Esa debe haber sido la entrevista más corta de mi vida, quizás unos quince minutos en total. Las palabras que siempre me fluían –y aún me fluyen– de manera natural cuando conozco a una persona, prácticamente se secaron. Cuando regresé a la sala de espera, demasiado temprano para encontrarme con los estudiantes que venían a buscarme, el letargo se disolvió en un pánico sofocante: ¡Yo no encajo aquí! Por primera y, hasta ahora, última vez en mi vida, hice lo inimaginable: escapé. Le pedí a la recepcionista que informara a los estudiantes que venían a buscarme que lo sentía, pero tenía que irme.

Era temprano en la noche cuando retomé mi camino de vuelta a casa. Mi madre levantó su mirada de la tarea sobre la mesa de la cocina.

—¿Qué pasó? Se suponía que ibas a estar fuera un par de días.

—Mami, ese no es el sitio para mí.

Me pareció que su mirada iba a cuestionar mi decisión pero, después de pensarlo un minuto, me dijo:

—Tú sabes lo que es mejor para ti, Sonia.

Eso lo diría muchas veces de ahí en adelante, a manera de confesión sobre las limitaciones de su juicio en el mundo en que yo estaba entrando, y reconociendo que yo había alcanzado la etapa adulta de la autodeterminación. Y esa fue la última palabra que hablamos sobre Radcliffe. Estaba convencida de que retirarían la oferta. No lo hicieron, pero mi lista tenía un nombre menos.

Mi visita a Yale fue totalmente diferente. Cuando llegué a la estación de New Haven, ya una veterana de Amtrak, los dos estudiantes latinos enviados a recogerme me dijeron que venían de una protesta en el campus. Ansiosos por volver a la lucha, me pidieron disculpas y me explicaron que por el momento solo me dejarían allí y me mostrarían los alrededores más tarde... a menos que, quizás, ¿quisiera acompañarlos a la protesta?

Mi experiencia en protestas en contra de la guerra se limitaba a lo que había visto por televisión. Aunque mis amigos se preocupaban mucho por la suerte que correrían en el sorteo del servicio militar, y aun cuando Vietnam fuera un tema del Club de Oratoria, el comedor de la secundaria no ardía en debates espontáneos.

Eso no quiere decir que yo no entendiera los motivos detrás de la causa, pero alzar la voz y el puño contra la intervención de Yale en la guerra no parecía ser una manera inteligente de prepararse para una entrevista. Decidí caminar. El centro de la ciudad de New Haven en esa época era pobre, deprimente e intimidante, nada mejor que el sur del Bronx, y con menos vida. Realmente, hacía que Co-op City pareciera un paraíso.

Cuando mis guías se encontraron conmigo de nuevo, estaban agitados por la protesta y ansiosos por charlar. Nos reunimos con un grupo más grande de muchachos hispanos, algunos de Nueva York, otros del suroeste, todos más radicales que cualquiera que yo hubiera conocido antes. Acampé en la residencia estudiantil durante dos días y recorrí el campus con ellos, escuchando cuentos sobre la revolución, Cuba, el Che Guevara, y sintiéndome desinformada en general. Por lo menos, el nombre de Fidel Castro me resultaba familiar, y las noticias de la crisis de los misiles en Cuba habían penetrado incluso la burbuja de mi niñez en la escuela católica, donde el comunismo se consideraba una amenaza impía, más cósmica que política. Podía reconocer las diferencias entre el limbo y el purgatorio mejor que las distinciones entre socialismo y comunismo que estimulaban los argumentos durante esos dos días en Yale. Estaba tan avergonzada de mi ingenuidad que, cuando regresé a casa, fui a la biblioteca a leer sobre el Che Guevara.

Estaba avergonzada también de toda la conversación sobre "abajo los blancos". Yo no compartía esa actitud y no estaba dispuesta a adoptarla. Muchos de mis amigos, la mayoría de mis compañeros de clase y casi todas mis maestras eran blancos. Ya fuera por el color indefinido de mi piel o por mi altamente definida personalidad, me movía con facilidad entre mundos diferentes sin usar disfraces. Por supuesto que había experimentado prejuicios específicamente dirigidos hacia mí, desde las burlas descaradas de mis días de peleas callejeras hasta los desaires de la mamá de Kevin y las más recientes pullas no tan sutiles de la enfermera de la escuela. Pero yo no veía esa estrechez de mente como el mecanismo de las fuerzas sistémicas de la historia, y tampoco veía cómo encajaba en el plan original de la perpetua lucha de clases, como lo veían estos muchachos de Yale. Esas cosas simplemente no me definían de ninguna manera importante. Si alguien me llamaba *spic*, eso me decía mucho sobre la persona, pero nada sobre mí. ¿Y en qué ayudaba que yo respondiera lanzando otro insulto?

Me resultaba difícil verme inmersa durante cuatro años en ese ambiente, especialmente con las visitas de Kevin los fines de semana. Salí de Yale pensando: "Aquí no", aunque no sentía la misma urgencia aterradora de escapar que sentí en Radcliffe. Aun cuando no compartía sus actitudes, sabía de dónde venían esos muchachos, y cuando hablaban de la familia y el hogar, reconocía cuánto teníamos en común.

Para cuando fui a visitar Princeton ya me encontraba buscando menudo para pagar el autobús porque carecía del presupuesto para costear Amtrak. Cuando Kenny me recibió en la parada de autobuses, me sorprendió verlo con el cabello muy largo, expresión de su nueva libertad. Dejamos mis cosas en su dormitorio antes de irnos a recorrer el campus.

Cuando entramos por la puerta principal de la calle Nassau, la luz del sol de aquel agradable día de primavera danzaba mágicamente sobre la arenosa arquitectura neogótica universitaria, el césped esmeralda y los bosques circundantes, un paisaje que ha encantado a generaciones de estudiantes de Princeton, pero que a mí me tomó totalmente por sorpresa. Incluso los tigres de bronce que flanquean la entrada del edificio cubierto de hiedra de Nassau Hall, aunque me recordaron a los leones de piedra que custodian la Biblioteca Pública de Nueva York, se veían más pensativos y elegantes.

Kenny había reunido a un grupo pequeño de amigos. Al igual que él, eran muchachos de los barrios pobres de la ciudad, excepcionalmente brillantes, pero ligeramente excéntricos, radicales en sus políticas, aunque pacíficos, quienes se mantenían a distancia de la mayoría de los niños *preppy* de Princeton. Nos quedamos hablando cómodamente hasta tarde en la noche en un dormitorio de la residencia.

—Socialmente, esto es un pueblo fantasma —me dijo Kenny, su opinión validada por solemnes gestos de aprobación de los otros estudiantes de primer año—. Son seres humanos privilegiados, muy extravagantes, que no vas a entender. Pero desde el punto de vista intelectual, puedes lidiar con esta gente. No son *tan* inteligentes.

En mi entrevista a la mañana siguiente, me sentí igual de cómoda conversando con el oficial de admisiones en su pequeña oficina esquinera. Tenía apariencia de catedrático, con sus coderas de cuero y sus lentes con montura de carey, pero era franco y accesible.

Antes de concluir el fin de semana, mi decisión era final y una beca completa la coronó.

Cuando, a fines del verano, finalmente llegó el momento de decir adiós, las mujeres del Hospital Prospect hicieron una colecta.

—Sonia, ve a comprarte unos zapatos para la universidad. ¡Por favor!

—Pero estos zapatos que tengo son cómodos —contesté con las palabras de siempre. No era la primera vez que me rogaban que actualizara mi calzado. Los zapatos nuevos frecuentemente me ocasionaban ampollas, así que cuando finalmente había domado un par no había manera de que los remplazara. Todos en la oficina me habían oído defender ante mi abuela, por teléfono, mis zapatos maltrechos. "¡Ya cómprate unos zapatos nuevos! Haz feliz a tu abuela", siempre venían con la misma historia, cuyo último giro era comprar zapatos nuevos para la universidad.

Siguiendo el consejo de Kenny, hice planes para conseguir una bicicleta tan pronto llegara a Princeton. El otro artículo que me recomendó fue un impermeable. Mami se ofreció a comprarlo y fue de compras conmigo. Buscamos de arriba abajo por Fordham Road sin encontrar nada que me gustara. Hasta fuimos a Loehmann's, la primera vez que entraba allí. Aunque era una tienda de descuentos popular en Co-op City, para nosotros los precios eran sorprendentes. Así que seguimos —¿adónde más?— a la Tercera, el centro de compras latino del sur del Bronx, en la Tercera Avenida.

No tuvimos suerte en Alexander's. No es que yo fuera quisquillosa; me costaba trabajo imaginarme en esa tierra mágica de arcos y césped impecable usando algo de lo que veía en esos percheros. Al otro lado de la calle, dividida por la línea elevada del tren que rugía en las alturas, estaban las tiendas de ropa un poco más exclusivas, lugares en donde podías comprar un vestido para una boda u otra ocasión muy especial. En ese caso, nuestro último recurso.

Ahí estaba: blanco brillante con botones alargados, el frente y los bordes de la capucha ribeteados con un delicado toque de piel sintética. Tan improbablemente blanco como un sofá blanco, blanco como un manto de nieve sobre el césped universitario.

—¿Te gusta, Sonia?

—Me encanta, Mami.

Esa era otra novedad. A diferencia de mi madre, Chiqui, mi prima Miriam y muchas de mis amigas, yo nunca me había enamorado de una prenda de vestir. Pero sabía que envuelta en esa no me sentiría extraña. Desafortunadamente, era muy pequeña. Me probé otros abrigos, pero aquel me había robado el corazón y Mami lo sabía.

Estaba lista para irme a buscar en otra parte, pero ella me dijo:

—Espera, Sonia, quizás puedan pedirlo.

Fue al mostrador y esperó en silencio mientras la vendedora atendía a otra clienta. Y luego a otra y a otra. Mi madre es una mujer muy paciente, sabía lo que le había costado decir, finalmente:

—Señorita, necesito ayuda.

—¿Qué desean? —contestó bruscamente, sin voltearse.

—¿Tiene este en talla doce?

—Si no está en el perchero, no lo tenemos.

—¿Tienen en otra tienda? ¿Lo pueden encargar?

La mujer finalmente se giró y la miró.

—Bueno, eso sería mucha molestia, ¿no cree?

Ya yo estaba llegando a la puerta, esperando que mi madre se diera por vencida, pero ella se mantuvo firme.

—Yo sé que es mucha molestia, pero mi hija se va a la universidad y a ella le gusta este abrigo. Quiero regalárselo. Así que le agradecería si puede buscar este abrigo para mi hija.

Su silencioso gesto de desdén decía a gritos: "Cómo joroba esta señora". Pero, cuando se alejaba, preguntó con indiferencia:

—¿Y a qué universidad va?

—A Princeton.

Vi la cabeza de la vendedora girar como en los muñequitos, con acción retardada. La transformación fue impresionante. De repente era toda cortesía y respeto, llena de halagos hacia Princeton. Con mucho gusto haría la llamada para buscar mi abrigo, que resultó que llegaría en una semana. Mami le dio las gracias efusivamente y dejó un depósito. Era mucho dinero, pero ese abrigo me duraría los cuatro años de universidad. Tenía que durarme.

Cuando íbamos de regreso a la estación, hice un comentario sobre el cambio de actitud de la vendedora. Mi madre se detuvo a la sombra de las vías elevadas y me dijo:

—Sonia, déjame decirte que en el hospital me tratan como una reina ahora. Los médicos que nunca habían tenido una palabra dulce, que nunca me habían dirigido la palabra, han venido a felicitarme.

En lo alto, el tren rugía con tanta fuerza que tuve que hacer una larga pausa antes de reconocer que nunca había imaginado el efecto que tendría Princeton en la gente.

Me miró fijamente.

—Hija, yo no sé en lo que te estás metiendo. Pero lo vamos a averiguar.

Trece

Durante la semana que comenzó cuando Alfred se alejó en el auto con Mami, diciendo adiós por la ventanilla, el cuento de hadas universitario se convirtió en uno de ciencia ficción. En parte era el calor sin precedentes del verano de 1972, que plateaba las vistas frondosas de Princeton, dotando todo de un aura más sobrenatural de lo que podía recordar. En parte era, también, que estaba descubriendo que muchos compañeros de clase parecían venir de otro planeta, y que esa impresión era recíproca.

Mientras esperábamos afuera del Dillon Gym, donde teníamos que reunirnos con nuestros consejeros, entablé conversación con otra muchacha de primer año que estaba sentada a mi lado. Era de Alabama, me dijo. Nunca había escuchado un acento como el de ella en la vida real. Escuché embelesada cómo me explicaba que su padre, su abuelo y su hermano mayor habían estudiado en Princeton. Ella no podía estar más encantada de representar a su generación.

—Y es el lugar más amigable y acogedor que puedes encontrar —me dijo efusivamente—. Quiero decir, ¡mira toda la gente rara que viene aquí! Se refería a un par de jóvenes que se acercaban, con las cabezas unidas, riéndose a carcajadas.

Reconocí a mi compañera de cuarto, Dolores, y a nuestra amiga Teresa. Dolores tenía una apariencia remotamente mexicana, con la piel trigueña y el pelo lacio negro. Teresa era de piel un poquito más oscura que yo y sus facciones eran latinas. A mí me parecían muy normales. Sin premeditación, las saludé con efusividad, disparando frases en español, aunque generalmente hablábamos en inglés entre nosotras. No lo hice con mala intención hacia la joven de Alabama, pero mi pulso se aceleraba con determinación. No hizo falta decir nada más.

Dolores Chávez era de Nuevo México. Probablemente nos asignaron la misma habitación porque alguien supuso que dos hispanas tendrían mucho en común. Pero lo único que Dolores sabía de los puertorriqueños provenía de *West Side Story*, y sospecho que al principio estaba un poco asustada, pensando que yo la apuñalaría mientras dormía. Yo sabía menos de Nuevo México de lo que ella sabía de Nueva York. Dolores me parecía una chica de campo, de temperamento dulce y tímida, que se encontraba muy lejos de casa. Una noche, poco después de llegar, buscó su guitarra y cantó suavemente por un rato antes de irnos a dormir, con una profunda nostalgia en su voz.

Con lo sociable que soy, en esos primeros días me encontraba callada, tratando de entender las conversaciones a mi alrededor. Una tarde, me encontraba con un grupo de chicas sentada en la habitación de nuestra consejera residente. Una de ellas mencionó que la habían invitado a una boda y había decidido escoger un regalo del registro. ¿Qué rayos era un registro?, me preguntaba. Nuestra consejera, que estaba en cuarto año, admitió que su padre algunas veces recibía invitaciones de personas cuyos nombres no reconocía, probablemente desconocidos que esperaban que él, achacando el olvido a su mala memoria, les enviara un regalo de todos modos, creía ella. ¿A quién se le ocurre invitar desconocidos a su boda? Peor aún, ¿quién querría enviarles regalos?, pensaba. En donde yo vivía, se le entregaba un sobre con dinero a la pareja durante la recepción. ¿Era esta gente tan rica que podía pagar una boda sin recibir regalos en efectivo?

Cada vez que me sentía fuera de lugar o nostálgica, me refugiaba en la biblioteca Firestone. Los libros me habían acompañado antes en momentos difíciles y su presencia a mi alrededor era tanto un consuelo como la respuesta a la pregunta de por qué estaba ahí. Desde mis primeros días en el campus, miraba con envidia los cubículos en Firestone, reservados para los mejores estudiantes de tercer y cuarto año. ¡Algún día, uno de esos será mío!, pensaba. Mientras tanto, disfrutaba de la amplitud de la sala principal del catálogo, hojeando las tarjetas que se abarrotaban en las gavetas; filas y más filas de gabinetes que abarcaban casi toda la planta baja. Y sobre ellos, como agujas de catedral, se apilaban los estantes, anaquel sobre anaquel, sosteniendo un libro por cada tarjeta.

Mi apacentamiento en Firestone esa primera semana no fue al azar. La oferta de cursos en Princeton parecía un desconcertante bufet: había muchos temas desconocidos que me despertaban el apetito. Escudriñé el catálogo de la biblioteca para degustar cada materia que me tentaba antes de aventurarme a una cena completa. Al mismo tiempo, era consciente de que, en nuestra clase de novatos, algunos, como yo, éramos mucho más novatos que los demás. Muchos de los estudiantes de los Estados Unidos y del resto del mundo venían de escuelas secundarias que sonaban más como mini universidades, con sus propios edificios de biblioteca y sus clases electivas sofisticadas. Yo había llegado a Princeton con recursos mucho más escasos que la mayoría. No tenía muchas ilusiones de lograr una educación remediadora con solo leer por encima unos cuantos libros de los anaqueles.

Que no hubiese una concentración oficial para aquellos interesados en una carrera en derecho resultó ser una bendición, si se le puede llamar así. Tenía que decidir por mí misma cuál sería la mejor manera de llenar las enormes lagunas en mi preparación académica. Teniendo un insignificante conocimiento previo en casi todas las materias, planifiqué absorber todo cuanto pudiera en cada clase. Los cursos generales parecían perfectos para eso.

Me atraían la sociología y la psicología, pues me interesaban los patrones de conducta individual, así como la estructura de las comunidades; la historia, particularmente la de Estados Unidos, era fundamental y prometía revelar cómo se había desarrollado un universo mayor. La filosofía moral se parecía mucho a lo que yo imaginaba que requería el razonamiento legal. Y nada más leer el periódico desde que entré a Spellman me quedó claro que algún día iba a tener que lidiar con la economía. Un curso general de historia del arte podría darme las respuestas a todas esas preguntas que daban vueltas en mi mente desde que visité de niña el Museo de Ponce. Pero me inclinaría ahora hacia el lado práctico y dejaría el artístico como una recompensa para segundo año.

Mi consejera aprobó mi programa de clases sin discusión y sentí que estaba bien encaminada. Pero cuando regresé a la residencia, flaqueé. Todo el mundo regresaba de la misma misión y el piso de primer año estaba alborotado con conversaciones sobre cursos exóticos y avanzados que mis compañeros de clase tomarían gracias a su trabajo de nivel avanzado en la secundaria, lo que les permitía saltar hacia adelante. En comparación, mi selección de cursos parecía aburrida, hasta perezosa. ¿Estaba desperdiciando la oportunidad de retarme seriamente? ¿Quizás yo no era tan inteligente como los demás?

Esa marea de inseguridad subiría y bajaría a lo largo de los años, varándome a veces por un tiempo, levantándome otras más allá de lo que pensaba que podía lograr. De cualquier modo, se estrellaría contra la piedra angular de mi certeza: en última instancia, me conozco muy bien. En cada etapa de mi vida, he tenido una noción clara de mis necesidades y de aquello para lo que estoy preparada. Los cursos generales introductorios, por ser tan amplios, conllevaban la misma cantidad de trabajo que los cursos avanzados y me permitirían, por primera vez, cultivar el pensamiento crítico que la señorita Katz me había tratado de inculcar: entender el mundo en interacción con los grandes interrogantes en lugar de solo absorber los hechos particulares.

Me faltaba escoger una clase de laboratorio de ciencias para cumplir con un requisito básico. Era bien sabido por todos que los cursos de ciencias naturales eran agotadores, más adecuados para estudiantes de pre-medicina o científicos en ciernes que para una aspirante a la abogacía. Me di cuenta de que Introducción a la Psicología incluía un laboratorio que cumplía con el requisito. Una introducción a Freud y otras escuelas de pensamiento, así como una visión general de la función cerebral, parecían algo que podría ser útil. Solo faltaba un reto por vencer, más sobrecogedor que todos los rigores de los laboratorios de química orgánica o biología molecular: las ratas.

Siempre le he tenido un pánico mortal a cualquier cosa que se escabulla o se arrastre: insectos, roedores, lo que te puedas imaginar. No es el miedo estereotipado de la dama subida a la silla, aunque lo he hecho. El asco se remonta a mi niñez. Las cucarachas gigantescas que infestaron los proyectos una vez —las llamábamos cucarachas de caño— me llevaban a la histeria. ¿Cuántas veces vi a mi madre desarmándolo todo en busca del nido? El mero pensamiento de que se encontraran cerca de mí me mantenía despierta toda la noche. Así que cuando supe que el laboratorio de psicología me obligaría a manipular roedores mientras estudiaba sus reacciones, decidí, contra toda lógica, sacarle provecho. Emprendiendo el camino de lo que los psicólogos llaman terapia de exposición, diseñé un experimento que no solo requería que manipulara ratas sino que les implantara electrodos en el cerebro.

Al principio, funcionó sorprendentemente bien. Me armaba de valor para agarrar las ratas por la cola y sostener sus cuerpos peludos mientras les inyectaba un sedante. Una vez drogadas, implantar los electrodos no era tan malo. Rastrear su conducta no era nada divertido: implicaba observarlas continuamente, sin virar la cara por el disgusto. Pero lo hacía. No fue hasta las últimas semanas del semestre que todo se derrumbó estrepitosamente. Entré un día en el laboratorio y encontré a todas mis ratas arremolinadas en el mismo lugar de la jaula con una extraña determinación. Yo no entendía cuál era la atracción, pero al ver su aglomeración desenfrenada se reavivó mi vieja repulsión: definitivamente, yo no metería la mano en esa jaula. Busqué un palo y empujé a una de las ratas fuera del grupo. Se volteó a mirarme y, en la brecha que abrió, vi la rata que estaban royendo, su abdomen a medio devorar.

El estudiante graduado que supervisaba mis esfuerzos me interceptó cuando salí de la habitación corriendo y gritando. Tratando de contener mi histeria, me explicó que el canibalismo era una conducta normal en las ratas, que había evolucionado como una manera de controlar las enfermedades en la población y que, por lo tanto, era una señal reconocida de la plaga. Claro está que dicha explicación no ayudó en nada. Me sugirió que me calmara y regresara al día siguiente.

Al día siguiente mi estado de ánimo no había mejorado: el trauma me había afectado. Me horrorizaba tanto la idea de manipular una rata del modo en que lo había estado haciendo durante meses, como pensar que había arruinado el trabajo de todo un semestre. Afortunadamente, mi profesor lo tomó filosóficamente cuando le expliqué por qué era completamente incapaz de terminar mi proyecto. Como psicólogo, acreditó mi intención de curar mi fobia por medio de ese experimento y, como maestro, aceptó que yo había sido diligente desde el principio. Mi nota no sufrió mucho por ese fiasco.

—Tu plan se adecuaba perfectamente a lo que el curso pretendía enseñar —reconoció—. No todos los experimentos son un éxito. Esa es la naturaleza de la ciencia.

La naturaleza de hacer muchas cosas, pensé yo: el éxito es una recompensa, pero el fracaso es un gran maestro también, y no se le debe temer.

Parte de mi ayuda financiera requería que yo trabajara varias horas en el programa de estudio y trabajo. Al comienzo del primer año, me asignaron a servir comida en Commons, pero un persistente caso de mononucleosis me sacó de la cafetería. Necesitaba un trabajo de escritorio donde no causara una epidemia. Además, estaba ansiosa por explorar algo nuevo. Servir alimentos era un empleo común para los estudiantes, en un ambiente predecible. Me llamó la atención un puesto de operador del perforador de tarjetas en el centro de cómputo.

Las computadoras eran un mundo nuevo y desafiante cuando comencé a trabajar en el centro en 1972. El acceso estaba restringido a centros universitarios cavernosos. Judith Rowe, jefa de la división de ciencias sociales del centro, fue una de las primeras en visualizar el potencial del análisis cuantitativo en las ciencias sociales y en percibir que las computadoras serían la clave para lograrlo. Para adelantar su visión, alentó a los estudiantes graduados a usar computadoras para analizar los datos de sus investigaciones, un esfuerzo que ella facilitó al contratar estudiantes del programa de estudio y trabajo como yo para la inserción de los datos.

Yo había tomado una clase de mecanografía en secundaria pensando que me podría servir para conseguir un empleo, de ser necesario. Eso fue suficiente para comenzar el trabajo ya que, aparte de los programadores, nadie más tenía destrezas con computadoras. Bajo la tutela de Judith, aprendí un poco de programación y adquirí destrezas digitalizando los datos en la perforadora. Como el trabajo era especializado, ganaba el doble que en la cafetería. Y había otras ventajas: podíamos establecer nuestros horarios y vestir como de costumbre, con camisetas y mahones. Era el empleo ideal para un estudiante y lo conservé los cuatro años que estuve en Princeton, trabajando de diez a quince horas a la semana, además de otros trabajos que se presentaban de vez en cuando.

Más tarde, en mi último año, estaba tomando un descanso de la redacción de mi tesis para ponerme al día con un par de horas de trabajo perforando tarjetas cuando se me ocurrió una idea: ¿por qué no insertar el texto de mi tesis en el mismo tipo de tarjetas perforadas que estábamos usando para analizar datos? De esa manera, podía hacer los cambios necesarios en tarjetas individuales sin necesidad de volver a mecanografiar todas las páginas siguientes. Judith se interesó. Pensó que valía la pena intentarlo y le asignó a otro operador la introducción de los datos. Es difícil asegurarlo, pero puede que yo haya sido la primera en la historia de Princeton en presentar una tesis de cuarto año utilizando un procesador de texto, y ni siquiera tuve que mecanografiarla yo.

En mi primer año, no obstante, tuve mis dudas sobre si llegaría a escribir algún día una tesis de cuarto año. En mi primer ensayo parcial, para la clase de historia de Estados Unidos, recibí una "C", una nota que no recuerdo haber recibido desde el cuarto grado. Estaba devastada, pero lo peor es que no tenía idea de qué había hecho mal. Me había enamorado del tema —la Gran Depresión y el Nuevo Pacto de Roosevelt— y me entregué totalmente. Y la profesora me había inspirado tanto que quería impresionarla. Nancy Weiss era la jefa del departamento, una de las primeras mujeres en todo el país en ocupar ese puesto; más tarde, como Nancy Malkiel, se convertiría en la decana de la universidad con más años de servicio.

La profesora Weiss me dio una explicación conocida: aunque mi trabajo contenía mucha información y hasta ideas interesantes, no tenía una estructura argumentativa, ninguna tesis que respaldar con mi letanía de datos sin organizar.

—De eso se trata el análisis, la estructura de causa y efecto —sostuvo.

Su razonamiento era una variante de lo que había establecido la señorita Katz, pero ahora llegaba de manera más clara y consecuente. Obviamente, yo todavía estaba repitiendo información. Caí en cuenta de que en todas mis clases estaba tan preocupada por absorber los datos de la conferencia, que no los organizaba en un argumento global. Hasta entonces, varias personas me habían indicado a dónde tenía que dirigirme, pero ninguna me había mostrado el camino. Comenzaba a perder las esperanzas de aprender cómo tener éxito en mis asignaturas cuando se me ocurrió que yo ya sabía cómo hacerlo.

Al toparme con Kenny Moy un día fuera de Firestone, recordé mis días en el Club de Oratoria y Debates. De repente, comprendí que lo que me había hecho ganar entonces era precisamente lo que necesitaba aplicar a mis ensayos. No se me hubiera ocurrido abrir la boca en un debate sin haber planeado mi posición, anticipando y atendiendo las objeciones, considerando la mejor manera de persuadir a mis oyentes. Ver la tarea en el contexto de otra ya realizada desmitificaba enormemente el problema. En mis próximos ensayos, empezaría a hacer en prosa lo que había aprendido a hacer en la oratoria. Pero, antes de lograr hacerlo bien, tenía que enfrentarme a otro obstáculo: la deficiencia general de mi redacción en inglés.

Ya sea una pausa elocuente o el hablar con las manos, cuando debates tienes trucos expresivos en tu repertorio, algunos de los cuales pueden ocultar una multitud de pecados contra el idioma. Al escribir, en cambio, las palabras se muestran desnudas en la página. La profesora Weiss no tuvo reparos en informarme que mi inglés era flojo: mis oraciones muchas veces eran fragmentos, mis tiempos verbales erráticos y mi gramática con frecuencia no era correcta. Si yo lo hubiera visto, habría podido corregirlo, pero lo que estaba mal me sonaba bien. No fue hasta el año siguiente, cuando tomé el curso de Peter Winn en historia latinoamericana contemporánea, que quedaron al descubierto las raíces de mi problema: mi inglés estaba lleno de construcciones y usos del español. Yo decía *authority of dictatorship* en lugar de *dictatorial authority*, o *tell it to him* en vez de *tell him*. Las correcciones de Peter en tinta roja fueron una revelación: ¡no tenía idea de que sonaba tanto como mi madre! Pero mi inglés no sería tan fácil de arreglar como la falta de argumento en mis ensayos. Compré algunos libros de gramática y, como parte del mismo esfuerzo, una pila de folletos de vocabulario. En las vacaciones de verano, mientras trabajaba en el Hospital Prospect o, más tarde, en el Departamento de Asuntos del Consumidor en el Spanish Harlem, dedicaba la hora de almuerzo todos los días a ejercicios de gramática y a aprender diez palabras nuevas, que luego practicaba con Junior, tratando de adueñarme de ellas. Junior no se inmutaba con mis retos semánticos. Estaba feliz de estar fuera de mi sombra en sus últimos años en Cardinal Spellman.

Llegué a aceptar durante mi primer año que muchas de las brechas en mi conocimiento y entendimiento eran simplemente limitaciones culturales y de clase, no falta de aptitud o aplicación como me había temido. Esa aceptación, sin embargo, no hizo que me sintiera menos acomplejada e inculta frente a compañeros de clase que habían tenido la ventaja de tener una experiencia más extensa. Hasta que llegué a Princeton, no tenía idea de lo limitada que había sido mi vida, confinada a una comunidad que era en esencia un pueblo a la sombra de una gran metrópolis con tanto que ofrecer y de lo que yo no había probado prácticamente nada. Una vez, traté de explicarle a mi amiga Mary Cadette, que más tarde sería mi compañera de cuarto, lo fuera de lugar que me sentía algunas veces.

—Debe ser como *Alicia en el país de las maravillas* —comentó comprensivamente.

—¿A qué Alicia te refieres?

Fue tan amable que salvó la situación con elegancia:

—Es un libro excelente, Sonia, ¡tienes que leerlo!

De hecho, ella me sugirió gentilmente una larga lista de clásicos que ella había leído mientras yo pasaba las páginas del *Reader's Digest*. ¿Qué sabía mi madre de *Huckleberry Finn* o de *Orgullo y prejuicio*?

Una vez en el centro de cómputo, estaba insertando datos para un proyecto que Judith Rowe describió como un estudio sobre cómo las personas pagaban la universidad. Mis dedos se congelaron cuando leí lo que estaba mecanografiando: información financiera sobre los más acaudalados de Princeton. Ese fue mi primer vistazo a los fondos fiduciarios; a los valores convertidos en pérdidas y las lagunas legales; a los empleos de verano en la firma de 'papi' que pagarían el equivalente de la matrícula de un año; a los ingresos millonarios y los desembolsos de medio millón aquí y unos cuantos cientos de miles para ese pobre tipo allá. Entre su salario en el Hospital Prospect y sus beneficios de sobreviviente, que terminarían muy pronto, el ingreso de mi madre nunca fue más de cinco mil dólares al año. Nada podía haber aclarado de forma más cruda dónde estaba yo parada en relación con algunas de las personas entre las cuales estaba ahora viviendo y aprendiendo.

Nunca me engañé pensando que podría ponerme al día con todo aquello que no tuve mientras crecía. Tampoco dejé de reconocer que tenía mis propias experiencias valiosas y que conocía algunos aspectos de la vida que mis compañeros ignoraban completamente. Basta con decir que Princeton me hizo entender que, mucho después de los veranos que pasé descubriendo los grandes libros de la humanidad, tendría que continuar siendo estudiante de por vida. Ha sido un placer serlo, realmente, mucho después de que la virtud dejó de ser una necesidad.

Catorce

Cada semana, como un reloj, llegaba por correo un pequeño sobre cuadrado garabateado con una letra conocida. Dentro del sobre había una servilleta y, dentro de esta, un dólar. Abuelita no era de mantener correspondencia. A veces firmaba la servilleta, otras, no; pero el gesto de amor era seguro e inquebrantable. Significaba mucho saber que pensaba en mí, y un dólar no era poca cosa, ni para ella ni para mí. Alguna que otra vez enviaba un billete de cinco dólares, y podía ver su sonrisa a setenta millas de distancia.

Kevin venía a visitarme con frecuencia, eso también era seguro. Conducía de SUNY, en Stony Brook, a Princeton todos los fines de semana, desviándose en Co-op City para recoger una caja de frutas y jugos preparada por mi madre. Llegaba cerca de la medianoche, rendido y exhausto, todavía sin acostumbrarse a conducir por la autopista, aunque al pasar las semanas aumentaba su confianza al volante.

Cuando le pregunté a mi compañera de cuarto, Dolores, si le importaba que Kevin durmiera en el piso, ella se ofreció a pasar los fines de semana en la habitación de una amiga. Yo pensaba que su gesto era muy generoso. Ella, en cambio, pensaba que yo era una loca incorregible. Nunca compartió su opinión conmigo, pero más adelante, cuando nos conocimos mejor y nos convertimos en buenas amigas, tuvimos oportunidad de reírnos sobre las primeras impresiones que tuvimos una de la otra.

Realmente yo no era alocada: Kevin y yo pasábamos nuestros desenfrenados fines de semanas estudiando uno al lado del otro. Stony Brook era una fiesta continua y él se alegraba de la oportunidad de ponerse al día con sus estudios. Muchas veces me ofrecí a visitarlo para ahorrarle el viaje, pero no creo que él quisiera que yo presenciara la fiesta continua. Aceptó solo una vez y fue durante un fin de semana de fiesta, cuando el campus se encontraba desierto. Pude entender por qué Kevin prefería a Princeton sobre el concreto institucional e inexpresivo de Stony Brook. Se enamoró del ambiente igual que yo; más tarde, volvería allí para sus estudios de posgrado.

Mi madre me visitaba en el campus una o dos veces al año. La primera vez, mi primo Charlie la trajo, junto con Junior y la novia de Charlie. Kevin también vino, por supuesto. El Nassau Inn, donde se quedaban los parientes de muchos de mis compañeros de clase, era increíblemente caro, así que tuvimos un *"payama party"*. Le dejé a Mami mi cama y pedí prestadas bolsas de dormir, colchones, mantas y almohadas para que los demás estuviéramos cómodos en el piso. Charlie tuvo un momento de conmoción en el baño, porque se le había olvidado que era una residencia de mujeres. Lo envié al dormitorio de varones al lado, pero la conmoción fue mayor al ver la política informal de compartir las duchas con las novias. No dejaba de hablar de eso.

Cuando regresé a casa durante un receso del primer año, Mami estaba en estado de pánico. Estaba en la recta final de sus estudios de enfermería. El programa bilingüe del Hostos Community College incluía como requisito un curso de redacción en inglés. No la aterrorizaba tanto como las matemáticas, pero era oneroso y le costaba mucho trabajo. Se le ocurrió el plan absurdo de que yo escribiera el ensayo.

—¡De ninguna manera! ¡Eso es hacer trampa!

Ante las graves amenazas de que abandonaría sus estudios, llegamos a un acuerdo. Acepté revisar lo que ella escribiera y ofrecerle recomendaciones. Pasamos incontables horas de mis breves vacaciones en la mesa de la cocina, escudriñando sus oraciones.

—Aquí no hay estructura, Mami. Divaga.

—Ay, yo no sé, Sonia, no sirvo para adornar las cosas.

—Olvídate de los adornos. ¿Qué es lo que quieres decir? ¿Cuál es tu punto?

—¡Ay, Sonia, por favor, escríbelo por mí!

No lo dije en voz alta, pero pensé: "Por favor, Mami, no tengo tiempo para tus inseguridades. Ya tengo bastante con las mías".

Sus exámenes finales fueron una tortura peor que los ensayos en inglés. Estudiar no era el problema. Lo había estado haciendo sin tregua durante dos años, estaba acostumbrada. Pero cuando se avecinaban los exámenes, la tensión aumentaba hasta un punto insoportable, aparecían los látigos y las cadenas y comenzaba la verdadera autoflagelación. "Nunca voy a pasar", gemía. Yo la tranquilizaba. Ella se sabía todo el material a la perfección. Había estado haciendo todos esos procedimientos durante años en el Hospital Prospect.

—No, Sonia. Debo haber sufrido algún daño cerebral de niña. Nada se me queda en la memoria.

—¡No seas ridícula! Vas aprobar. ¿Quieres apostar?

—Sí, apuesto a que voy a fracasar.

Apostamos un viaje a Puerto Rico y sellamos, con un apretón de manos, la apuesta más estúpida que he oído: el ganador perdería más. Si Mami aprobaba los exámenes, me compraría un pasaje de avión. Si fracasaba, yo pagaría su viaje.

No sé si la apuesta era psicología inversa o un amuleto retorcido, pero sirvió para enderezar su determinación. Al final, por supuesto, yo gané: mi madre pasó los cinco exámenes en el primer intento, lo que no ocurre con frecuencia.

Al final del semestre de otoño de mi segundo año, presentí que algo no estaba bien. Por dos semanas consecutivas no recibí el sobre en mi buzón. Me preocupé y llamé a mi madre por teléfono:

—¿Dónde está Abuelita? ¿Por qué no he sabido de ella?

Hubo un largo silencio antes de que Mami finalmente respondiera. Un tono de vacilación agitada en su voz me decía que yo era la última en saber la noticia. Nadie había tenido el valor de decírmelo. Abuelita estaba en el hospital, en Flower-Fifth. Tenía cáncer de ovarios. Como muchas mujeres mayores, había dejado de ir al ginecólogo hacía mucho tiempo. Ella pensaba —y quiero enfatizar que estaba totalmente equivocada— que los chequeos rutinarios no tenían sentido o razón de ser porque ya no tendría más hijos. Así que el cáncer estaba demasiado avanzado cuando lo descubrieron. Yo iba a tomar el próximo autobús, pero Mami me dijo:

—No, espera hasta Navidad para venir. Dios mediante, estará en casa para entonces.

Faltaban varias semanas. Yo no tenía experiencia alguna con el cáncer, ninguna referencia, ninguna manera de adivinar cuán grave era la situación. Sabía que había llegado el invierno y el cielo se veía más bajo con cada día que pasaba.

Cuando llegué, Abuelita deliraba y tenía alucinaciones. Pasé los días a su lado, quedándome con ella, estudiando mientras ella dormía. Las tías, los tíos y los primos se apretujaban en la habitación del hospital. Entonces, en algún momento en Nochebuena, la multitud desapareció. La gente estaba nerviosa por el embargo del petróleo causado por la guerra árabe-israelí, lo que significaba largas filas en todas las estaciones de gasolina, y tenían que llenar el tanque antes de que cerraran las bombas durante el día feriado.

—Vamos, se van a quedar aquí varados —nos dijo Titi Gloria.

Mi primo Charlie y yo nos miramos: de ninguna manera nos iríamos de su lado.

Decidimos conseguir un árbol de Navidad para Abuelita —Charlie siempre decoraba el apartamento de Abuelita para la Navidad, así como yo decoraba nuestro arbolito desde la muerte de Papi. Comenzó a nevar cuando caminábamos por la avenida Lexington mientras la luz se desvanecía. Llegamos hasta la calle 96 antes de encontrar una floristería abierta. Escogimos un arbolito de mesa preciosamente decorado y nos turnamos para llevarlo, con las manos congeladas. Hacía tanto frío que hasta la misma nieve estaba pegajosa.

Al lado de su cama, Charlie intentaba que Abuelita probara algunas cucharadas de gelatina, pero ella no quería. Insistía en pedir su ropa, como si se fuera a casa. Yo estaba sentada en la silla al lado de la puerta y miró a través de mí, hablando con alguien que no estaba allí.

—Angelina —dijo.

Sentí escalofríos. Era el nombre de su hermana, fallecida hacía muchos años. Charlie salió de la habitación por algún motivo y Abuelita me dijo:

—Sonia, dame un cigarrillo.

Era la primera vez que decía mi nombre desde mi llegada de Princeton.

—Abuelita, estás en el hospital —le dije suavemente, lamentando tener que negárselo—. Aquí no puedes fumar.

Lo repitió autoritariamente:

—¡Sonia, dame un cigarrillo!

Era la voz de la matriarca. Busqué mi cartera, saqué un cigarrillo, lo prendí y se lo puse en los labios. Le dio una jalada y tosió un poco. Entonces, vi la vida abandonar su rostro.

La abracé.

—Bendición, Abuelita —dije. Y llamé a gritos a la enfermera. Vinieron corriendo, me echaron del cuarto. Fue mejor así. No volví a entrar. Necesitaba estar sola.

En el funeral, mi dolor se transformó en coraje cuando vi a Nelson aparecer brevemente, un espectro al margen de los dolientes. No lo había visto en tres años y ahora estaba ahí, saludando con la cabeza, aturdido por las drogas. Era una falta de respeto presentarse en ese estado, y me hervía la sangre en silencio. Y era desesperadamente triste, más triste de lo que yo podía soportar en ese momento. Nelson se había vuelto adicto a la heroína cuando todavía estaba en la secundaria. Luego se colgó de media docena de universidades, mientras su padre se negaba a aceptar la realidad frente a sus ojos. Sus puntuaciones en los exámenes eran brillantes, sobresalientes, así que entraba con facilidad, pero luego no se presentaba a clase ni hacía el trabajo. Se escabulló del funeral antes de que pudiéramos decirnos una palabra, y no volví a verlo por muchos años.

En las semanas siguientes, comprendí por primera vez la devastación de Abuelita cuando Papi murió, la herida que dejó en su alma. Su muerte me causó el mismo efecto. Me habían amputado un pedazo de mí peligrosamente cercano al corazón. La sensación de pérdida era asombrosa, me sentía físicamente desorientada. Se me ocurrió que el Flower-Fifth era el mismo hospital donde nací. "El círculo se ha completado" es la frase que se me ocurre; como si fuéramos una sola persona. "Mercedes chiquita". Todavía puedo oír su voz algunas veces, a pesar de los años que han pasado. "No te preocupes, mi'jita", me dice, y siento su protección.

Yo, de un año, entre Papi
y Mami

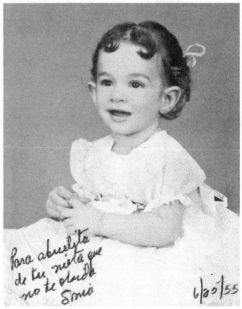

Mi primer cumpleaños. La
foto fue dada a Abuelita
como un recuerdo años más
tarde, con la inscripción:
"Para Abuelita, de tu nieta
que no te olvida, Sonia".

*Para abuelita
de tu nieta que
no te olvida
Sonia*

6/20/55

Celina en el Cuerpo Femenino del
Ejército (Women's Army Corps o
WAC), a los diecinueve años

El joven Juli, al poco tiempo de
llegar a Nueva York

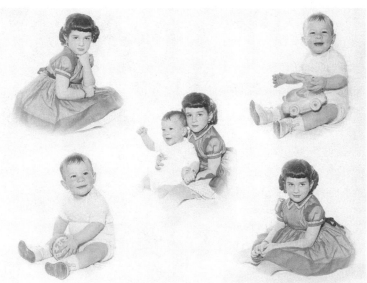

Con Junior, en su primer cumpleaños

Yo, de cumpleañera, con (*de izquierda a derecha*) mi madrina, Carmine; mi madre, Celina; y mi tía materna Aurora.

Celina (*en el centro*) era la Jackie O de Bronxdale, pero Carmen (*a su derecha*) era muy bella también. Abuelita es la segunda, de pie, desde la izquierda, entre sus hermanas. Gloria está detrás de Carmen y, agachados, desde la izquierda, estamos Junior, Nelson, yo, Eddie y Miriam.

Izquierda: En el colegio Blessed Sacrament descubrí por primera vez el amor por la lectura y la pasión por las estrellas doradas.

Derecha: Último año en la secundaria Cardinal Spellman

SONIA MARIA SOTOMAYOR

I am not a champion of lost causes, but of causes
not yet won.
— Norman Thomas

My Princeton experience has been the people I've met.
To them, for their lessons of life, I remain
eternally indebted and appreciative.
To them and to that extra-special person in my life

Thank You — For all that I am and am not.
The sum total of my life here, has been made-up
of little parts from all of you.

En el anuario de Princeton, clase de 1976

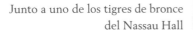

Junto a uno de los tigres de bronce
del Nassau Hall

Izquierda: En la cocina junto a Titi Aurora y Mami en una de mis visitas que hice a casa desde Yale.

Derecha: Cocinaba comida china hecha en casa para mi grupo de amigos en Yale.

Izquierda: Novios de la infancia, justo después de la boda, en la Capilla de la Virgen de la catedral de San Patricio. Elisa, la amiga de Mami, ayudó a diseñar el vestido y Kevin alquiló un esmoquin.

Derecha: Mi primer encuentro con la grandiosidad de los espacios abiertos de Estados Unidos, mientras me esforzaba por determinar la dirección de mi carrera profesional.

Sonia Sotomayor, fiscal auxiliar de Distrito, representando al pueblo del Condado de Nueva York

... y la placa que lo demuestra.

Socios y asociados de Pavia & Harcourt reunidos para celebrar la boda de uno de los suyos, poco antes de convertirme en juez. David Botwinik a la izquierda, y George Pavia, está sentado, a su lado.

José Cabranes, mi mentor de Yale y ahora Juez de la Corte de Circuito, administró el juramento del cargo en mi investidura a la Corte Federal de Distrito para el Distrito Sur de Nueva York. *Recuadro:* Con Robert M. Morgenthau ("El Jefe") el día de mi investidura.

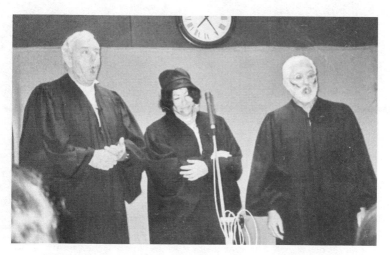

Las locuras anuales de la corte: luego de muchos ensayos, hago de cantante vagabundo junto a los jueces de distrito Charles S. Haight, Jr. y Jed S. Rakoff.

En la Casa Blanca: Mami, Kiley, Conner y Corey escuchan al Presidente Obama anunciar mi nominación a la Corte Suprema.

Los jueces de la Corte Suprema de los Estados Unidos deben tomar varios juramentos. En esta foto, tomo el juramento judicial, administrado por el Jefe de la Corte Suprema John Roberts en la sala de conferencias de los jueces, con mi madre sosteniendo la Biblia y Junior observando.

Quince

Conocí a Margarita Rosa unas semanas después de llegar a Princeton y enseguida nos hicimos amigas. Procedente de un vecindario pobre de Brooklyn y de una familia puertorriqueña tradicionalmente conservadora, Margarita supo instintivamente el camino que yo había recorrido hasta Princeton. Raras veces necesitábamos hablar sobre las incongruencias de estar allí, así que nuestra relación progresó a asuntos más urgentes.

—¡Tres chicos por cada chica y no consigo una cita! ¿Cuál es el problema?

—No lo tomes como algo personal —le decía—. No querían dejar entrar a las mujeres y, ahora que estamos aquí, no saben qué hacer con nosotras.

Hacía sólo tres años que la educación en Princeton era mixta y la presencia de mujeres en el campus todavía era una espina para muchos retrógrados de la vieja guardia.

—No es verdad, Sonia. Si eres rubia de ojos azules, ellos saben qué hacer contigo. Si eres negra, por lo menos tienes algunos hermanos dispuestos a defenderte y decir que eres tan hermosa como ellas. ¿Pero una latina café-con-leche con un afro? Con eso no saben qué hacer.

La mala suerte de Margarita con los hombres me desconcertaba. Ante mis ojos, ella era atractiva, *petite* y vivaracha, así como elocuente y apasionada con convertir el mundo en un mejor lugar. Ella estaba en tercer año cuando yo estaba en primero y yo quería parecerme a ella.

—Por lo menos, no tienes una nariz regordeta —le dije.

—Por lo menos tú tienes a Kevin —me respondió.

Estudiábamos con frecuencia en la biblioteca Firestone hasta que cerraban, y luego caminábamos juntas de regreso a la residencia. Más o menos una vez a la semana, antes de ir a casa, pasábamos por el bar y continuábamos la conversación disfrutando de una copa de sangría y un pedazo de pizza. Margarita insistía en que me uniera a Acción Puertorriqueña, el grupo estudiantil latino al que ella pertenecía, y yo me resistía. No era porque criticara al grupo ni porque fuera distante. Era solo que no quería unirme a nada hasta estar bien orientada y sentirme más cómoda con mi carga académica.

He reconocido desde entonces una tendencia personal. En secundaria no formé parte del consejo estudiantil o del Club de Oratoria y Debates hasta el segundo año. Lo mismo ocurrió en Princeton y en la escuela de derecho. Cuando me enfrento a los retos de cualquier situación nueva, el primer año siempre ha sido una etapa de febril inseguridad, de un terror reflexivo a caerme de frente. En ese autoimpuesto período probatorio trabajo con una intensidad compulsiva y determinada, hasta que gradualmente me voy sintiendo más confiada. Algo de ese pánico amenazante es, sin lugar a dudas, congénito. Con frecuencia, veo en mis reacciones el miedo irracional de mi madre a no estar capacitada para la escuela de enfermería. He pasado por esa misma clase de transición desde que me convertí en juez, primero en la Corte Federal de Distrito, luego en la Corte de Apelaciones y finalmente en la Corte Suprema.

Como era de esperarse, me uní a Acción Puertorriqueña durante mi segundo año. Iba en bicicleta al otro extremo del campus, donde la arquitectura se iba transformando de las alturas neogóticas a una escala colonial más humana y al modernismo industrial menos humano de la vivienda de los estudiantes graduados. Justo antes de que el campus se disolviera en los suburbios de Nueva Jersey, se encontraba el modesto edificio de ladrillo rojo del Third World Center: los cuarteles generales y el centro de fiestas no solo de Acción Puertorriqueña sino de todos los grupos minoritarios de estudiantes del campus. Yo conocía bien el área: cruzando la avenida estaba el centro de cómputo y Stevenson Hall, un comedor relativamente nuevo que era una alternativa a los exclusivos clubes para comer de Princeton. Una vez metí la pata en Stevenson, pidiendo un vaso de leche con la comida en la cantina *kosher*, pero después de esa vergüenza me sentí como en casa. De hecho, esa parte del campus se convirtió en mi vecindario.

Un espacio que te ofreciera sentido de pertenencia, un círculo de amistades que compartieran el mismo sentimiento de ser forastero en tierra ajena, que te entendieran sin necesidad de explicación, era un refugio mental, sutil pero necesario en un ambiente donde un trasfondo de hostilidad contradecía con frecuencia la superficie paradisíaca. El *Daily Princetonian* publicaba rutinariamente cartas al editor lamentando la presencia en el campus de las "estudiantes de acción afirmativa", cada una de las cuales presuntamente había desplazado a un estudiante varón, blanco y acomodado, más merecedor de esa universidad, solo para chocar con la cuneta construida por sus propias aspiraciones poco realistas. Había buitres volando en círculos, listos para lanzarse cuando tropezáramos. La presión por alcanzar el éxito era implacable, aun cuando fuera autoimpuesta como resultado del miedo y la inseguridad. Todas sentíamos que, si fracasábamos, les estaríamos dando la razón a los detractores, y las puertas que apenas habían abierto una rendija para dejarnos entrar volverían a cerrarse de un portazo.

Debido a ese clima incómodo, gran parte del trabajo de Acción Puertorriqueña y otros grupos similares se concentraba en la admisión de estudiantes nuevos. En esos primeros años de la acción afirmativa —la práctica era

tan nueva en las admisiones de la Ivy League que los primeros estudiantes latinos no se habían graduado todavía
cuando yo llegué— no existían muchos de los factores
que complicaron el análisis costo-beneficio una generación después.

Antes de que nacieran nuestros hijos, ningún estudiante de minoría había tenido padres graduados de
Princeton, y eran contados los que no provenían de
comunidades pobres. El estudiante típico había llegado
a Princeton guiado por parientes, por los consejeros de
estudios de su secundaria o por maestros conocedores
del sistema. Los jóvenes de minorías, sin embargo, no
tenían a nadie más que sus predecesores inmediatos:
los primeros en escalar las paredes cubiertas de enredaderas, contra viento y marea, apenas un paso por
delante de nosotros, que aguantábamos con firmeza la
escalera para el siguiente joven con más talento que
oportunidad. Los negros, latinos y asiáticos de Princeton regresaban a sus respectivas escuelas secundarias, se
reunían con los consejeros de estudios y reclutaban a
los estudiantes prometedores que conocían en persona.
Entonces, cada vez que una solicitud de admisión de
minoría caía en la pila de las posibles admisiones, se
comunicaban entre sí para que el solicitante se sintiera
bienvenido o, por lo menos, menos intimidado.

Esa iniciativa era esencial, porque los estudiantes minoritarios muchas veces no tenían idea de que tenían
alguna posibilidad de entrar a un lugar como Princeton, suponiendo que hubieran oído ese nombre. En la

secundaria, yo sabía que existía algo llamado "acción afirmativa", pero no tenía la más remota idea de cómo funcionaba en la práctica ni del alcance que tenía. Cuando los dos estudiantes hispanos me recibieron en la estación de New Haven para llevarme a Yale, pensé que su origen étnico era una afortunada coincidencia más que un esfuerzo programático. A lo sumo, imaginaba que eran amables con los de su origen étnico, de la misma manera que Ken me había animado a considerar Princeton y otras universidades de la Ivy League, no por una agenda política. Mi inocencia era producto de no ser consciente de las pocas latinas que habría en un lugar como Princeton o, aún, de que ser latina tendría tanto peso en mi admisión.

Uno de los objetivos más apremiantes de Acción Puertorriqueña era convencer a la administración de que cumpliera con su compromiso de aumentar la contratación de hispanos calificados. Había casi sesenta de nosotros matriculados como estudiantes, un enorme aumento en pocos años, gracias mayormente a los esfuerzos de grupos como el nuestro. Pero no había ni un hispano en la facultad ni en la administración. Era difícil, alegaban, encontrar académicos calificados, pero ¿ni siquiera podían encontrar un conserje latino? Nunca hubiera imaginado que los puertorriqueños eran el doce por ciento de la población de Nueva Jersey. Para esa época, la Corte Suprema no había declarado ilegal el sistema de cuotas, pero nosotros no estábamos defendiéndolas. Lo único que exigíamos era un esfuerzo de buena fe para corregir la histórica falta de balance.

No fue hasta que presentamos una queja formal ante el Departamento de Salud, Educación y Bienestar que el presidente William Bowen nos prestó atención y se abrió un diálogo. En cuestión de un mes, la oficina de Derechos Civiles del Departamento de Educación envió a alguien a reunirse con nosotros en la oficina del rector. Antes de darnos cuenta, Princeton había contratado a su primer administrador hispano —y no cualquier administrador: el vicedecano de Asuntos Estudiantiles, cuya función era defender a los estudiantes como nosotros.

Cuando ingresé a Acción Puertorriqueña, los méxico-americanos tenían su grupo aparte, la Organización Chicana de Princeton. Evidentemente, grupos tan pequeños como los nuestros no deben estar divididos, así que muchas veces uníamos fuerzas en asuntos de interés mutuo, y casi siempre hacíamos las fiestas juntos. Había un grupo de estudiantes de minoría no alineados —filipinos, indios americanos y otros latinos— así que Acción Puertorriqueña los invitaba a unirse, agregando "y Amigos" al final de nuestro nombre. Me gustaba la indiscriminada amabilidad de su sonido, pero aun más el sentido de inclusión que, en la práctica, representaba. Por más consuelo y fortaleza que encontráramos en la identidad del grupo, era sumamente importante tener las puertas abiertas. Después de todo, la falta de inclusión era nuestra razón de ser.

Los diversos grupos de estudiantes de minoría de Princeton compartían el Third World Center, y entre todos elegían una junta de gobierno para administrar la instalación. Para garantizar el balance, se asignaba igual cantidad de puestos a los estudiantes afroamericanos, hispanos y asiáticos. Además, había una sección "abierta", que generalmente se llenaba con afroamericanos, quienes eran, por mucho, la minoría más grande en el campus. Yo corrí el riesgo de postularme fuera de la categoría hispana y me convertí en la primera persona en ganar uno de los escaños abiertos sin ser negra. Estaba orgullosa de esa victoria y la consideraba un tributo por lo bien que había escuchado y negociado acuerdos entre facciones.

A pesar de la sensación de haber cumplido y de la aceptación que sentía en el Third World Center, no deseaba limitarme a una subcultura de minoría y sus inquietudes. La comunidad latina era mi ancla, pero no quería aislarme de todo lo que me ofrecía Princeton, incluyendo involucrarme con la comunidad en general. Le advertiría a cualquier estudiante de minoría en la actualidad que no caiga en la tentación de la autosegregación: busquen el apoyo y el consuelo de su grupo, pero no se escondan en él.

Mi oportunidad llegó cuando participé en el Comité de Disciplina de Estudiantes y Profesores. El organismo generalmente lidiaba con la mala conducta predecible de los estudiantes: libros robados de la biblioteca, infracciones de las reglas de la residencia, alborotos bajo

los efectos del alcohol. Algunas veces quería desaparecer, como cuando un par de nuestros "amigos", indios nativos-americanos, bebieron de más y empezaron
a tirar muebles por la ventana del Third World Center.
Sacudí la cabeza en señal de desesperación: ¿Indios borrachos? ¡Eso sí que era ponérsela fácil a los viejos gru-
ñones que escribían las cartas en el *Daily Princetonian*!
Un incidente más grave involucró a un estudiante brillante acusado injustamente de hackear el sistema de
computadoras de la universidad. Llegar al fondo de ese
caso representó un reto más técnico que cualquier otro
que hubiéramos enfrentado antes, pero aproveché mi
experiencia en el Centro de Cómputo para aclararlo, y
podría decirse que ese fue mi primer rol judicial.

En muy pocos lugares de este país la historia institucional coexiste con el relato nacional tan conscientemente
como en Princeton. El cañón que está en el medio de la
plaza participó en la Guerra Revolucionaria. Entre los
ex-alumnos más famosos están James Madison, clase
de 1771, autor de la Constitución. El Congreso Continental de 1783 se reunió en Nassau Hall para recibir
las noticias del Tratado de París. Toda la gente segura de
sí misma que había a mi alrededor, que viajaba por el
mundo confiando en que algún día influiría en él, también estaba segura de ser heredera de esta historia. No
era algo de lo que yo pudiera jamás tener la esperanza de
agarrarme. Necesitaba una historia para anclar mi pro-

pio sentido de identidad. La encontré cuando comencé a explorar la historia de Puerto Rico.

Había estudiado historia y política de Estados Unidos, Europa, la Unión Soviética y China, pero prácticamente no sabía nada sobre la historia de mi pueblo. En la oferta de cursos de historia y política de América Latina, Puerto Rico apenas se mencionaba. Afortunadamente, los estudiantes podían desarrollar sus propios cursos. Descubrí que, años antes, un estudiante de Princeton había preparado un curso sobre historia de Puerto Rico y ahora, bajo la dirección del profesor Winn, me disponía a revivirlo, actualizando el plan de estudios y reclutando el *quorum* de estudiantes necesario. No se lo puse fácil a los interesados: mi lista de lectura era, cuanto menos, ambiciosa.

La historia que surgía de nuestras lecturas no era feliz. Bajo el dominio de España, Puerto Rico sufrió el abandono colonial y la carga de políticas diseñadas para enriquecer a terceros distantes, a un alto costo para la isla. Se hicieron pocos esfuerzos para explotar los recursos naturales o la agricultura más allá de lo necesario para abastecer y preparar a los conquistadores que iban camino a México y Suramérica. Los malos manejos se agravaron con la mala suerte —huracanes y epidemias— y la existencia de corsarios británicos, franceses y holandeses. Para los colonizadores españoles, así como para las tribus indígenas esclavizadas y todos los que llegaban de otras partes del Caribe buscando refugio en la isla, era una existencia precaria que no comenzaría a cambiar hasta entrado el siglo xix. La vida cívica era insignificante y la actividad económica, mínima, más allá del contrabando. Cualquier libertad concedida por la corona española era rápidamente revocada.

En 1898, cuando España cedió a Puerto Rico, junto con Cuba y Filipinas, a los Estados Unidos como botín de la Guerra Hispanoamericana, los puertorriqueños pusieron su fe y optimismo en los ideales de libertad, democracia y justicia de los Estados Unidos. Pero ese optimismo dio paso a una sensación de traición para muchos. Gobernados sin representación, y explotados económicamente, muchos isleños sintieron que solo habían cambiado un amo colonial por otro.

Estaba claro que la idea de un "puerto" que era "rico" nunca iba a dejar de ser una fantasía. La isla siempre había sido pobre. Al mismo tiempo, estaba atada a una vieja cultura y a varios continentes. No hay que idealizar el pasado ni sucumbir a la mitología para apreciar el hilo en el tejido de la historia.

Las discusiones en el salón de clases eran apasionadas y, con frecuencia, a gritos.

Una y otra vez, la conversación regresaba al tema del estatus político de la isla. ¿Queríamos quedarnos como Estado Libre Asociado, con alguna autonomía y relación comercial preferencial con la metrópoli? La mitad de la clase opinaba que eso no era mejor que ser una colonia de los Estados Unidos, viviendo como ciudadanos de segunda clase. Pero, con la estadidad los derechos completos de ciudadanía conllevarían obligaciones completas, incluyendo una carga tributaria que algunos argumentaban hubiera afectado nuestra economía en ese momento. Algunos proponían, con apasionada convicción, que la independencia era la única manera de preservar nuestra cultura y la debida dignidad de la autodeterminación. Las repercusiones económicas de cada postura eran tan inescrutablemente complejas como fundamentales para los argumentos.

Cuando mi madre honró su apuesta comprándome un pasaje de avión a Puerto Rico por dos semanas, tuve por primera vez la oportunidad de ver la isla con ojos adultos y con una nueva conciencia de mi identidad en pleno desarrollo. Algunas cosas no habían cambiado desde mis visitas de niña. Hicimos la parada ritual para tomar agua de coco a la salida del aeropuerto, pero esta vez el vendedor le añadió a mi libación un poquito de ron de una botella que mantenía oculta. Todavía el viaje comenzaba con una ronda de visitas a cada miembro de la familia, por orden de antigüedad, todavía saboreaba los mangós acabados de caer del árbol. Pero en vez de imitar a los Tres Chiflados, mis primos y yo jugamos dominó, bailamos y disfrutamos de la omnipresente botella de ron. La amabilidad de los desconocidos todavía era sorprendente: nos arreglaron una goma de auto pinchada y nos ofrecieron café mientras esperábamos.

La impresionante belleza natural de la isla, que apenas había notado de niña, dejó en mí una profunda impresión en ese viaje en el que me sentía turista. En el bosque tropical El Yunque, las cascadas engañan la vista, suspendiendo el movimiento en velos de encaje. La piedra mojada reluce, la niebla retoza entre picos y valles, la neblina filtra el bosque en capas pálidas que se pierden en el misterio. En la playa de Luquillo, cuando el sol emerge debajo de las nubes congregadas en la costa y se refleja en los cocoteros desde abajo, las coronas de hojas estallan como fuegos artificiales de luz plateada. En las noches, hay espirales de polvo de estrellas líquido en las oscuras aguas de la bahía fosforescente. Casi todas las tardes hay puestas de sol de oro blanco donde se unen el cielo y el mar.

Otra revelación de mis viajes de adulta a la isla fue cómo las cuestiones políticas abordadas en mi curso, particularmente acerca del estatus de la isla, permeaban la vida diaria. Se veían los símbolos de los partidos políticos por todas partes: la pava para la facción que apoyaba el Estado Libre Asociado, la palma de coco para los partidarios de la estadidad, la bandera con el fondo verde y la cruz blanca de los que favorecían la independencia. Todo el mundo devoraba los periódicos, analizando minuciosamente las posturas de los candidatos sobre el desarrollo económico, la educación, la salud, la corrupción... Durante una campaña electoral, en la plaza de Mayagüez

—y supongo que en muchos otros pueblos también— las congestiones de tránsito proliferaban cuando los autos de un partido se rehusaban a cederles el paso a los autos del otro partido, todo en medio del ruido de las bocinas y las banderas ondeantes. Era un caos, pero por lo menos la gente se interesaba. Me enteré de que el ochenta y cinco por ciento de la población de la isla había acudido a las urnas en elecciones recientes.

Ese entusiasmo frenético que se apoderaba, y todavía se apodera, de la isla en años de elecciones, era un marcado contraste con la dejadez política que experimentaban los puertorriqueños en la metrópoli en aquellos tiempos. El verano en que le gané la apuesta a mi madre, trabajé como de costumbre en la oficina administrativa del Hospital Prospect antes de viajar a Puerto Rico. Por un par de semanas, no obstante, el doctor Jacob B. Freedman, el dueño principal del hospital, me prestó como practicante, como parte de sus esfuerzos comunitarios, para la campaña, al final fracasada, de Herman Badillo para la alcaldía de Nueva York. Badillo era nuestro congresista, el primer puertorriqueño en ser elegido a la Cámara de Representantes. Fue en esa ocasión que vi por primera vez lo difícil que era alentar a una comunidad que se sentía marginada y sin voz dentro del discurso mayor de una democracia.

Los puertorriqueños en Nueva York sentían en ese momento que sus votos no contaban. Así que, ¿para qué pasar el trabajo siquiera de inscribirse? Habiendo sentido en carne propia la discriminación, sabían que los

veían como ciudadanos de segunda clase, como personas que no encajaban, sin poder aspirar al éxito en la
sociedad de la metrópoli. Sus oportunidades de escapar
de la subclase y el círculo vicioso de la pobreza no eran
mejores que las de sus vecinos negros, igualmente marginados, y probablemente peor para los que no hablaban
inglés.

Los puertorriqueños en la isla, por el contrario, no
tenían completa conciencia de ser una minoría porque
no habían vivido como una de ellas. Había desigualdades
en su mundo, pero la dignidad de nadie disminuía por
el mero hecho de ser puertorriqueño. No importaba si
estaban contentos con el Estado Libre Asociado o si
aspiraban a la estadidad, o incluso a la independencia,
daban por sentado que eran estadounidenses: ciudadanos de Estados Unidos, nacidos de padres estadounidenses en territorio estadounidense. Que los confundieran
con extranjeros —inmigrantes, legales o no— hubiera
creado una conmoción.

Me di cuenta de que, si la comunidad puertorriqueña en Nueva York quería alguna vez escapar de la
pobreza y recuperar su dignidad, tenía que aprender
la lección de la isla. Las dos comunidades —isleños
y metropolitanos— tenían que trabajar juntas para el
beneficio mutuo.

Para el trabajo final del curso de historia de Puerto Rico,
Peter Winn sugirió un proyecto maravilloso, una histo-

ria familiar oral. Era un reto adecuado para cualquier estudiante serio de historia: un mano a mano con mis fuentes principales, mi grabadora de cinta infiltrada en la mesa de la cocina. No todos se animaron con la idea. "¡Estás perdiendo el tiempo! Nunca me pasó nada interesante", decían. Algunos se rindieron a regañadientes al interrogatorio, despacio y titubeando; otros, los cuentacuentos de siempre, se mostraron sorprendentemente entusiasmados y locuaces.

Me asombraba cuántas de esas historias nunca había oído antes. Las personas habían dejado atrás su pasado al llegar a Nueva York. Los recuerdos de las penurias y la extrema pobreza no tenían cabida al iniciar una nueva vida en la metrópolis. Con tantas cosas que atender en el presente, ¿quién tenía tiempo de darse el lujo de vivir en el pasado?

El cambio de suerte de mi familia seguía la corriente económica de la isla: las plantaciones de café se vendían en pedazos hasta que los terratenientes de ayer se iban a trabajar en cañaverales que pertenecían a otros. El trabajo infantil y el analfabetismo eran normales; las niñas se casaban a los trece o catorce años. Nos mudamos de fincas en la ladera de las montañas a pueblos como San Germán, Lajas, Manatí, Arecibo, Barceloneta y, después de un tiempo, a lo que eran entonces los arrabales de Santurce en San Juan; de ahí, la metrópoli hizo un llamado y respondimos abordando el venerable *US Army Transport George S. Simmons*, el barco del ejército que llevó a tantos puertorriqueños a Nueva York, hasta que Pan Am ofreció las primeras tarifas aéreas baratas y nos montamos en *la guagua aérea*, de la metrópoli a la isla. No éramos inmigrantes. Íbamos y veníamos libremente. Nos convertirnos en neoyorquinos sin cortar nuestros lazos con la isla.

De todos los vínculos, el idioma permanece fuerte, un código del alma que nos abre las puertas de la música y la poesía, la historia y la literatura de España y de toda América Latina. Pero es también una prisión. Alfred contaba sobre la mudanza desde Puerto Rico al sur del Bronx, en tercer grado. Su experiencia era común: sin ayuda en la transición, y sin más remedio para su deficiencia que ser retenido. Después de eso, las maestras solo se encogían de hombros y lo pasaban de un grado al siguiente, indiferentes a si había entendido una sola palabra en todo el año. Los muchachos más listos aprendían el idioma por su cuenta y terminaban con solo unos años de retraso.

—Los niños blancos siempre eran los más adelantados —me dijo Alfred—. Detrás de ellos, los niños negros y por último, los puertorriqueños.

Mi prima Miriam estaba escuchando nuestra sesión de grabación, asintiendo con la cabeza. Estaba estudiando educación bilingüe en Hunter College. Hoy en día sigue igual de apasionada con su vocación, tras décadas de experiencia como maestra.

—Quiero convertirme en la clase de maestra que hubiera deseado tener —me dijo.

La pasó mal en las escuelas públicas, donde las

maestras sabían tan poco de la cultura de los latinos que no se daban cuenta de que cuando los niños bajaban la vista al ser regañados lo hacían por respeto, como les habían enseñado. Ese gesto solo les traía más reprimendas: "¡Mírame a la cara cuando te hablo!" les decían.

Sentí escalofríos y me identifiqué. Recordé mis primeros años de sufrimiento como estudiante de "C" en Blessed Sacrament, aterrorizada de las monjas con tocas negras que empuñaban reglas, una tortura que no se mitigó hasta después de la muerte de Papi y del esfuerzo de Mami por hablar inglés en casa. Ahora parece obvio: la niña que pasa sus años de escuela en una nebulosa de semi-comprensión no tiene manera de saber que su problema no es que sea torpe. ¿Qué habría ocurrido si mi padre no hubiera muerto, si no hubiera pasado ese triste verano leyendo, si el inglés de mi madre no hubiera sido mejor que el de mis tías? ¿Hubiera llegado yo a Princeton?

Escogí como tema de mi tesis de cuarto año a Luis Muñoz Marín, el primer gobernador electo por el pueblo de Puerto Rico en vez de ser nombrado por un presidente de los Estados Unidos, cuyos esfuerzos de industrialización llevaron la modernidad a Puerto Rico. Me inspiró cómo logró organizar al jíbaro puertorriqueño (campesinos marginados políticamente) en una fuerza política capaz de ganar las elecciones. Una parte de mí necesitaba creer que nuestra comunidad podía engendrar líderes. Necesitaba un modelo. Por supuesto, sabía que no podía dejar que las emociones permearan el lenguaje y la lógica de mi tesis; esa no es la labor de los historiadores. Pero me daba fuerzas para seguir adelante durante las largas horas de trabajo, y servía de contrapeso al hecho de que la historia de Muñoz Marín no tuvo un final feliz, ya que su éxito inicial engendró otros problemas económicos. ¿Cómo pudo pasar eso? Era difícil imaginar un área de estudio más productiva.

Una mañana, un pequeño titular en el periódico local llamó mi atención. Un hombre hispano que no hablaba inglés estaba a bordo de un vuelo que fue desviado al aeropuerto de Newark. Nadie allí sabía suficiente español como para explicarle dónde estaba o qué había ocurrido y, en medio de la frustración y la confusión, hizo un escándalo. Lo llevaron al Hospital Psiquiátrico de Trenton y allí estuvo recluido por varios días hasta que un empleado que hablaba español lo ayudó a contactar a su familia. Esta situación me dio rabia. Era inaceptable.

Cuando llamé al hospital, luego de hacer algunas preguntas me enteré de que había varios pacientes de cuidado prolongado que no hablaban inglés y que solo tenían acceso intermitente a personal que hablaba español. No podía imaginar nada más cruel que la angustia de una enfermedad mental agravada por la confusión cotidiana y sin poder comunicarte con los que cuidan de tu salud.

El Hospital Psiquiátrico de Trenton estaba fuera del ámbito de influencia de Acción Puertorriqueña. Era imposible ejercer presión sobre sus administradores para contratar más hispanos de la misma manera que lo hicimos en la universidad. Así que me decidí por un enfoque diferente: organizaría un programa de voluntarios bajo el cual nuestros miembros pasarían tiempo en el hospital en continua rotación, de modo que siempre hubiera alguien que pudiera servir de intérprete a los pacientes, e interceder con el personal en caso necesario. También teníamos noches de bingo y canciones en grupo. Descubrimos que muchas mentes atormentadas eran, a pesar de todo, capaces de desenterrar de sus recuerdos el consuelo de las canciones que sus padres les cantaban. Y, antes de ir a casa los días de Acción de Gracias y de Navidad, celebrábamos con los pacientes, reclutando a nuestras madres y tías para preparar las comidas tradicionales que eran demasiado complicadas para intentarlas en la cocina de la residencia estudiantil.

El programa en Trenton fue mi primera experiencia verdadera de servicio comunitario directo, y me sorprendió la satisfacción que encontré en ese tipo de trabajo. Aunque el esfuerzo era modesto, podía visualizarlo funcionando a gran escala, atendiendo a millones. Pero las operaciones complicadas de filantropía estaban lejos de mi imaginación, así que el gobierno parecía ser el proveedor más viable. Y fue así que comencé a pensar que el servicio público era donde probablemente encontraría la mayor satisfacción profesional.

Bajo un letrero de Feliz Navidad colocamos las sillas apilables para los pacientes. En las mesas plegadizas arreglamos un festín de pasteles y arroz con gandules. No esperarías que ese fuera un público que se quedaría tranquilo y escucharía atentamente, pero cuando Dolores rasgó las cuerdas de su guitarra y la dura luz fluorescente pareció suavizarse. Cantamos villancicos en español y aguinaldos estilo *nuyorican*. Sin embargo, fue cuando Dolores cantó viejos éxitos mexicanos que su voz brilló, obsequiando una serenata a esas almas quebrantadas durante una noche de invierno en Nueva Jersey:

> *Dicen que por las noches*
> *no más se le iba en puro llorar...*[*]

Dolores canta la balada mexicana de un amante, cuya alma después de muerto, adquiere la forma de una paloma y continúa visitando la casita de su amada. Hasta mi corazón, aún sin conocer una pasión así, quedó atrapado y me paralicé mientras Dolores cantaba la canción de la paloma solitaria: cucurrucucú...

---

[*] Fragmento de la canción mexicana "Cucurrucucú paloma".

En el público, una anciana mira al infinito, su rostro tan desprovisto de expresión como siempre. Ella es la que siempre está impasible, la que no ha dicho una sola palabra desde que estamos viniendo a Trenton. Esa noche, mientras Dolores canta, hasta ella sigue el ritmo suavemente con el pie.

Dieciséis

Felice Shea estaba sentada en mi escritorio, esperándome para caminar hasta Commons a cenar. Ella tenía esa piel extremadamente blanca de los irlandeses, propensa a sonrojarse con el menor malestar, y yo había aprendido a leer muy bien sus reacciones. Cuando vi la oleada roja, le pregunté qué pasaba.

—Espero de verdad que no pienses que estaba husmeando, Sonia, pero no pude evitar ver esa carta en la basura...

—Es solo propaganda de un club. Quieren que pague la membresía y me están pidiendo más dinero por una baratija grabada con mi nombre. ¡Qué estafa!

Felice lucía más avergonzada que nunca mientras trataba de explicarme que Phi Beta Kappa era una agrupación legítima. Más que legítima era, de hecho, un honor de tanto prestigio que insistió en que yo tenía que aceptar la membresía, aunque ella tuviera que pagarla. Felice no solo era excepcionalmente amable y generosa; siendo hija de una pareja de profesores universitarios, conocía todos los detalles del mundo académico y me sirvió de guía a través de muchos puntos ciegos. Después de cuatro años en Princeton pensé que conocía el terreno muy bien, pero de vez en cuando, incluso en el último año, oía algo que me hacía sentirme como una novata. Yo no iba a aceptar el dinero de Felice, pero acepté su consejo.

Algo similar me ocurrió poco antes. Estaba dormida cuando sonó el teléfono. La voz al otro lado se identificó como Adele Simmons, la decana de Asuntos Estudiantiles. Llamaba para felicitarme por haber ganado el premio Pyne. Podía pensarse que era de Publishers Clearinghouse por el entusiasmo en su voz al describir ese honor, del que yo nunca había oído hablar por no haber prestado atención al *Daily Princetonian*, pero al inferir que era importante por el alboroto de la decana encontré la claridad mental para expresar lo sorprendida y agradecida que estaba. Pero no fue hasta que colgué y llamé a Felice que supe en qué consistía el premio honorario Moses Taylor Pyne. Parece que tendría que dar un discurso en un almuerzo de egresados donde entregaban el galardón. Felice y yo ya estábamos hablando sobre la ropa adecuada y planeando irnos de compras, cuando ella dejó caer el detalle más importante:

—Es el reconocimiento más alto que puede recibir un estudiante que se gradúa.

Yo no había ido de compras en serio desde el día que

conseguí mi impermeable "exclusivo para Princeton", que ya cumplía con los requisitos para jubilarse. Todo mi guardarropa cabía en una bolsa de *laundry*, fácil de llevar en el autobús a casa. Consistía de tres jeans, un par de pantalones de cuadros escoceses típico de los setenta y varias blusas que combinaban con todo. Cuando mi trabajo de verano exigió una apariencia más profesional, resolví el problema usando un uniforme de hospital. Felice y su madre me llevaron a Macy's y me ayudaron a escoger un traje precioso por cincuenta dólares. Era el conjunto más caro que me había puesto en mi vida pero, a juzgar por cómo me sentía usándolo, fue una buena inversión.

El gimnasio se transformó: mesas vestidas de lino blanco, vajilla y flores. Había una multitud de ex alumnos, profesores y decanos, todos en una algarabía de saludos y felicitaciones, sus manos extendidas, sonrisas de oreja a oreja, copas en alto. Una parte de mí todavía tenía dudas —¿o era incredulidad? — sobre todo ese espectáculo y cómo tomarlo, pero no podía negar que, sin importar lo que significara, se sentía fabuloso. Había trabajado duro y el esfuerzo valió la pena. Yo no era una decepción.

Entre los que se habían graduado recientemente estaban los que, siendo mujeres u otras minorías, habían transformado la imagen de los graduados de Princeton, tan preciada para algunos. Había amigos que se habían graduado uno o dos años antes que yo, como Margarita Rosa, que vino desde la Escuela de Derecho de Harvard para la ocasión. Otros, hasta ese día, habían sido solo nombres para mí. Casi todos los hispanos vivos que se habían graduado de Princeton se presentaron, rebosando de orgullo y compañerismo, lo que se convirtió en una reunión triunfal. Mi familia, por supuesto, acudió en masa. Mami, sentada con una sonrisa aturdida, estallaba en rayos de felicidad al reconocer a cada amigo o conocido que pasaba a felicitarla. Me dolía la cara de tanto sonreír.

Cuando llegué al podio para dar mi discurso, aquejada por mi acostumbrado ataque de nervios, vi cientos de rostros extraños mirando hacia arriba. Con excepción de nuestro pequeño grupo de amigos del "Tercer Mundo" y sus parientes, los rostros eran uniformemente blancos. Era un recordatorio oportuno de lo que yo estaba haciendo allá arriba. El premio Pyne, frecuentemente compartido por dos estudiantes, reconoce la excelencia académica, pero también el liderazgo que "sustenta eficazmente los mejores intereses de la Universidad de Princeton". Mis esfuerzos en el Comité de Disciplina habían sido un factor de peso para el premio, pero también lo fue mi trabajo duro en Acción Puertorriqueña y el Third World Center, que Princeton reconocía como un beneficio no solo para las pocas decenas de estudiantes miembros de esas organizaciones, sino para toda la comunidad en general. El dinamismo de cualquier comunidad inclusiva depende no solo de la diversidad en sí, sino también del fomento de un sentido de pertenencia entre aquellos que anteriormente habrían sido considerados y se habrían sentido forasteros. El propósito más elevado de estos grupos había sido fomentar una conexión entre el Princeton antiguo y el nuevo, una aceptación mutua sin la cual el organismo en su totalidad no hubiese podido crecer ni evolucionar.

Ese no era el trabajo de una persona, sino de una comunidad: "y Amigos". Yo quería reconocer en mi discurso esa colaboración, así como rendir honores a quienes, entre los nuevos ex alumnos como Margarita Rosa, quien había tenido una experiencia muy similar a la mía, habían despejado el camino para que yo pudiera llegar adonde llegué.

—Las personas que represento tienen diversidad de opiniones, culturas y experiencias. Sin embargo, nos une un lazo común. Intentamos existir de manera distinguible dentro de la magnífica tradición de Princeton, sin la tensión del desafío constante a nuestras identidades y sin las frustraciones del aislamiento. De diferentes maneras y con diversos estilos, algunos en voz alta y otros en silencio, las minorías de Princeton han creado un entorno en el que yo pude actuar y ver aceptados los distintos esfuerzos. De este modo, el premio de hoy pertenece a aquellos con los que he trabajado para que Princeton se diera cuenta de que tenía grupos distintos y honorables en sus propias tradiciones.

—No obstante, la aceptación por parte de Princeton de nuestra existencia y pensamientos es solo el primer paso. El reto para mí y para Princeton es ir más allá de un simple reconocimiento. Espero que el día de hoy marque el comienzo de una nueva era para todos nosotros: una nueva era en la que las tradiciones de Princeton puedan enriquecerse al ampliar sus horizontes para dar cabida y armonizar con todos aquellos que no bailamos con el mismo son.

Mirando a aquella multitud, me imaginaba a los que todavía no habían llegado, a los estudiantes de minoría que, en los años venideros, harían más variada la multitud de rostros que se veían desde el podio donde estaba. Si hubiesen podido oírme, les habría confesado: cuando descubras la fortaleza que puedes extraer de tu comunidad en este mundo del cual se distingue, mira tanto dentro como fuera. Construye puentes en lugar de muros.

La primavera dio paso al verano, los exámenes y trabajos finales habían concluido y la revisión de mi tesis había terminado. Con la graduación llegó un último reconocimiento desconocido, cuando Peter Winn me llamó a su oficina para decirme que me graduaría *summa cum laude*. Una vez más, viendo el placer con que me daba la noticia, no tuve el valor de preguntar qué significaba; fingí estar muy contenta y honrada. Cuando finalmente busqué la traducción de la frase en latín, me di cuenta de lo irónico que era que tuviera que hacerlo. Fue tal vez en ese momento que, hasta cierto punto, hice las paces con mi desasosiego: la inseguridad que siempre sentí en Princeton nunca me abandonaría por completo. Con todas las "Aes" y los honores que pudieran conferirme, siempre habría momentos de aislamiento acechando para recordarme que mi presencia allí no era la regla sino la excepción.

Salí marchando por la Puerta de Nassau de Princeton con mis compañeros de clase en un último ritual de regreso al mundo real, sabiendo que volvería a la Ivy League en el otoño para estudiar derecho en Yale. Mientras tanto, un empleo de verano haciendo investigaciones en la Oficina de Responsabilidad Social en The Equitable Life Assurance Society, en Manhattan, me brindaría mi primer vistazo al mundo corporativo de los Estados Unidos. Fue, cuanto menos, una decepción. Me escandalizó ver cuánto tiempo eran capaces de perder las personas supuestamente productivas. Era similar a lo que había observado el verano anterior, trabajando para el Departamento de Asuntos del Consumidor de la Ciudad de Nueva York, solo que era quizás más extraño, considerando que era un negocio enfocado en ganar dinero.

Para entonces, Junior se había graduado de Cardinal Spellman y terminado su primer año en un programa de New York University que lo prepararía para la escuela de medicina. De niño, él no soñaba con ser médico. Su ambición en esa etapa de su vida era hacer algo diferente de lo que yo hiciera; encontrar su propio camino lejos de mi sombra. Aunque nuestras riñas ya se habían suavizado para entonces y prevalecía el respeto mutuo, cada uno estaba demasiado involucrado en su

propia vida como para prestarle mucha atención a la
del otro. Pero, ante un aprieto, siempre acudíamos primero el uno al otro. Con la experiencia que únicamente
nosotros habíamos compartido, no había que decir nada
más. La familia era la familia.

El gran acontecimiento para nosotros ese verano
fue la boda. Todo el mundo daba por sentado que Kevin
y yo nos casaríamos desde el día en que se lo presenté
a Abuelita. Mirando hacia atrás, puedo ver cuán automática era esa certeza. Mis tías se habían casado a los
catorce o quince años, mis primas a los dieciocho. Yo
había planeado hacía tiempo que iba a hacer las cosas
en el orden correcto y terminar mi educación primero.
Pero, con mi intención de comenzar en la Escuela de
Derecho de Yale y los planes de Kevin de seguir estudios
graduados todavía en el aire, parecía más razonable que
se mudara conmigo a New Haven. En nuestro mundo,
eso no podía pasar sin casarnos.

Mi madre y yo teníamos visiones radicalmente
opuestas sobre cómo sería la boda. Mi visión era austera,
modesta y práctica. La de ella era extravagante. Su boda
había consistido de una visita a la alcaldía y una cena en
casa de Abuelita. Ella no caminó al altar, así que yo tenía
que hacerlo. Discutíamos sobre cada uno de los detalles y ella me hacía trampas. Si yo tachaba un nombre
de la lista en un intento de economizar, ella buscaba la
oportunidad de que nos encontráramos con esa persona
y mencionaba, ante mi bien disimulado disgusto, que la
invitación estaba por llegar.

Cuando reconocí que todo ese alboroto satisfacía más sus expectativas que las mías, me resigné y dejé que hiciera todo sin incomodarme. Queriendo resolver el asunto de la manera más barata posible, busqué por toda la ciudad lo necesario. Los precios me horrorizaban. Cada pieza del cuento de hadas era una estafa mayor que la anterior.

—No voy a gastar cientos de dólares en un traje que voy a usar una sola vez. ¡No lo voy a hacer!

—Entonces, ¿qué te vas a poner, Sonia?

¿Cuántas veces repetiríamos ese intercambio de palabras? Elisa fue mi salvación. Ella era una vieja amiga de mi madre de cuando vivíamos en las casas Bronxdale y era, además, costurera. Hacía mucho tiempo que no regresaba a los proyectos, desde que nos mudamos a Co-op City, y me quedé asombrada de cuán pequeños y estrechos se veían los cuartos cuando visitamos a Elisa. Dibujé un boceto, un vestido sencillo de línea A.

—Eso es todo lo que quiero.

Podía ver el horror asomando a los ojos de Mami, como el agua en un barco que se hunde.

—Ese traje es muy sencillo. ¡Tienes que hacerlo más elaborado!

—¡Es mi boda! ¡Has decidido todo lo demás!

No podía creer que estuviéramos peleando tan descaradamente frente a Elisa, pero ella lo manejó con una destreza que daba a entender mucha experiencia en las relaciones entre madre e hija.

—Sonia, podemos mantenerlo sencillo, pero hacerlo

más elegante con unos bordados con cuentas aquí y aquí...

Y así, con ayuda de parientes y amistades, poco a poco los planes tomaron forma. Junior todavía trabajaba como sacristán en San Patricio y uno de los privilegios de los empleados era permitirles hacer los arreglos para celebrar la misa de boda de sus familiares en la catedral. A través de su empleo vendiendo seguros, Alfred tenía un cliente con un servicio de alquiler de limosinas que le dio un descuento espectacular para tres Rolls Royce antiguos.

Marguerite, que desde la secundaria era una de mis mejores amigas, fue mi dama de honor. Ella se ofreció a hacerme la despedida de soltera, pero no era una propuesta sencilla siendo todos neoyorquinos, con creencias y tradiciones muy arraigadas, tan diversas como los lugares de donde procedíamos. ¿Habría *tea sandwiches* y ponche solo para mujeres, una tarde de domingo? ¿O ron, comida de verdad y baile, un sábado por la noche, con los hombres, por supuesto, también invitados? En un lugar equidistante entre Polonia, Alemania, Irlanda y Puerto Rico, negociamos una ruta.

—Sonia, ¿qué vamos a hacer con los regalos?

Mami se veía realmente preocupada. Los regalos que la inquietaban eran los artículos íntimos y a veces subidos de tono que tradicionalmente se le obsequian a la novia, quien se supone que sea inocente y necesite instrucciones para la noche de bodas. Además de esas curiosidades, estaban también los regalos prácticos: la tostadora, la aspiradora y otros artículos necesarios para el hogar. Usualmente, las mujeres llegan temprano para entregar los regalos; los hombres no tienen que enterarse de esas cosas. Pedirles a mis tías y primas que abandonaran esa costumbre no era una opción. Se habría visto como una falta de respeto y, de todos modos, no habrían hecho caso. Lo mejor que podíamos hacer era contener el peligro de que las sensibilidades irlandesas se escandalizaran con el humor *nuyorican*: ubicaríamos los asientos de manera estratégica y desplegaríamos otras tácticas de distracción según pasaran los regalos para inspección.

La versión puertorriqueña de un registro de bodas era que las tías de la novia le preguntaban a la madre si hacía falta que llevaran algo para la boda. Titi Gloria, por ejemplo, me llevó a comprar un hermoso par de zapatos plateados que combinaban con mi traje. Las tradiciones de una familia irlandesa modesta como la de Kevin no eran muy diferentes. En la boda, los invitados daban dinero en efectivo en cantidades sustanciales. Así era como se esperaba que una pareja joven pagara la fiesta, como era su obligación hacer, y comenzara una nueva familia.

El gran día, una pandilla de mujeres empeñadas en iniciar temprano la tarea de embellecerme me despertó y me sacó de la cama a rastras. Cotorreaban sin cesar, dirigiendo también a mi madre en sus preparativos, solo un paso más adelantados que los míos.

—¡Celina, sal de la ducha ahora!

—¿Quieres primero el pelo o el maquillaje?

—¡Ay! ¿Quién tiene la plancha?

Me sentía como un maniquí pasando de mano en mano, hasta que al final, con los carros ya abajo, los motores encendidos, por fin me dejaron hablar. Habíamos olvidado algo muy importante: yo tenía que comer algo y ponerme mi insulina. Mi madre se paralizó del pánico. Lo que había en la cocina había desaparecido en las idas y venidas. Así que mi primo Tony corrió a una cafetería al cruzar la calle para comprar un sándwich de pavo. Me puse la inyección y devoré el sándwich con una toalla como babero y el cuarto lleno de mujeres gritando que no me manchara el traje con la mostaza. Acto seguido, nos fuimos.

En la iglesia, Kevin esperaba, orgullosamente radiante en su moderno esmoquin alquilado, color crema. Marguerite me mostró los cubitos de azúcar que había escondido en su ramo, asegurándome que la dama de honor se mantendría muy cerca por si acaso la novia sufría un bajón de glucosa en la sangre. Me puse muy contenta al ver a mi prima Milly llegar con su esposo, Jim, y su madre, Elena. Ella había sido esposa de Mayo, el hermano de Mami, y cuando llegaron por primera vez de Puerto Rico, antes de que yo naciera, vinieron a vivir con Mami y Papi. Yo casi no los veía ya porque vivían en el norte del estado, pero los quería mucho. Fue Milly, campeona de dominó, quien me enseñó a jugar. Con ellos a mi lado, mi boda parecía una de esas fiestas de mi infancia que tanto extrañaba.

Y así sería: después de la ceremonia en la Capilla de la Virgen, bailamos hasta la madrugada en un salón para bodas en Queens, junto con otra docena de fiestas nupciales en los salones contiguos. Terminamos la noche olvidándonos de la frugalidad y pagando una habitación del Hotel St. Moritz con vista a Central Park. Estaba feliz de firmar el registro como Sonia Sotomayor de Noonan. Cuando llegamos, ya había terminado el servicio de habitaciones y yo me estaba muriendo de hambre —el banquete había dejado mucho que desear. Kevin caminó varias calles bajo la lluvia como todo un caballero en busca de una grasienta hamburguesa con papitas fritas frías.

A fin de cuentas, tener una boda de verdad no fue tan malo como me temía, aunque no acrecentó mi gusto por esas extravagancias. Todavía les aconsejo a todas mis primas —y a todas las futuras novias— que se olviden del espectáculo y se queden con el dinero. Nadie me hace caso.

Diecisiete

Si nuestra decisión de casarnos fue prácticamente automática —era lo que se esperaba de las parejas como nosotros— tampoco reflexionamos mucho sobre el matrimonio, una vez contraído. Simplemente, nos dispusimos a jugar a la casita. Al igual que yo, Kevin era joven cuando perdió a su padre. Ninguno de los dos había observado modelos particularmente inspiradores de vida matrimonial. Las comedias de televisión eran nuestra referencia.

Los planes de Kevin todavía eran inciertos. Estaba solicitando a las escuelas de medicina, pero también contemplaba irse por el camino de la investigación científica. El derecho también le atraía; habíamos tomado juntos el LSAT y él había obtenido mejor puntuación. Estaba equipado intelectualmente para cualquier camino que pudiera elegir, pero todavía no engranaban los motores que lo impulsaban. Así que, en el ínterin, aceptó un trabajo como asistente de laboratorio en el departamento de biología y yo escogí uno en el mimeógrafo de la escuela de derecho. Mi matrícula estaba cubierta por una beca completa, por lo tanto, solo necesitábamos dinero para vivir.

Peinamos New Haven en busca de algo económico en un vecindario que no representara una amenaza, y encontramos finalmente un apartamento pequeño en lo que una vez fue una casa de huéspedes, en la avenida Whitney, a una milla del campus. Nuestro casero no tenía muy buena opinión de los abogados, así que dejé que Kevin negociara. Nuestro hogar tenía una sala con un mueble empotrado que servía como baúl de almacenaje y a la vez era sofá; había un dormitorio de verdad, separado de la sala, y una minúscula covacha era la cocina. Adorábamos ese lugar y nos quedamos allí durante los tres años que cursé en Yale, de 1976 a 1979. Aunque estaba totalmente amueblado con objetos de segunda mano, nunca perdió el esplendor del primer hogar, esa dulce mezcla de nido e independencia.

Kevin decidió que necesitábamos un perro para completar nuestro núcleo familiar y se nos sumó nuestro querido Star. Era diminuto, mezcla de galgo y sato, de color castaño claro, con muelles de acero por patas y una pasión por morderlo todo. El primer sacrificio a su dentudo entusiasmo fueron mis zapatos de boda, ese par de hermosas sandalias plateadas en las que Titi Gloria se había gastado una fortuna impensable. Bueno, de todos modos resultaron ser insoportablemente incómodas la única noche que las usé.

Las tareas del hogar eran un esfuerzo en equipo. Yo le daba a Kevin mi sueldo y él pagaba las cuentas. Yo limpiaba el polvo y arreglaba la cama; Kevin pasaba el trapo a los pisos. Él lavaba la ropa; yo la planchaba. Yo me encargaba de hacer la compra y cocinar; él fregaba los platos. Aprendí a hervir huevos y hacer muchas cosas más con el libro *Joy of Cooking*. Cuando tenía dudas, llamaba a la señora Gudewicz, la madre de Marguerite. Un día vi muslos de pavo en oferta por unos centavos la libra y, desde la distancia, ella me ayudó a cocinarlos. Cada cierta cantidad de meses, Marguerite y Tom venían a visitarnos un fin de semana, siempre con un paquete de carne de calidad que nosotros no habríamos podido comprar. La madre de Marguerite era como una segunda madre para mí, y nada dice "creemos en ti" tanto como un solomillo Nueva York*.

La escuela de Derecho de Yale era y es la única pequeña entre las principales escuelas de derecho del país. Había solamente cerca de 180 estudiantes en nuestra clase. Los números no solo reflejan un proceso de admisión sumamente selectivo, sino también el compromiso de fomentar un entorno de apoyo con calidez humana. No es de sorprender que me encontrara rodeada de las personas más brillantes, deslumbrantemente elocuentes y emprendedoras que hubiera conocido. Muchos entra-

---

* Un tipo de corte de carne.

ban a este campo con reputaciones estelares ya estable-cidas en otras ocupaciones. Había doctores en filosofía, economía, matemáticas y física. Teníamos escritores, un médico, un crítico de cine, un cantante de ópera, sin mencionar a varios becarios de Rhodes en nuestra clase. Esto habría sido aún más sobrecogedor de haber sabido en ese momento que la clase de 1979 pasaría a tener un éxito extraordinario hasta para los estándares extraor-dinarios de la escuela: muchos de sus miembros son ahora decanos y profesores en las principales escuelas de derecho, jueces estatales y federales, o están en los niveles más altos del gobierno o del sector privado. Me han dicho que esa exclusiva compañía hacía que todos se sintieran tan inseguros como yo, pero eso sería difícil de comprobar.

Nadie quería que lo vieran esforzarse demasiado y todos fingían un comportamiento fríamente casual. Pero, a puertas cerradas trabajaban como locos, y yo no era la excepción. Leía los casos meticulosamente y jamás se me habría ocurrido entrar a clases sin estar preparada. Pero eso no era suficiente como para desterrar la amenaza de quedar en ridículo en cualquier momento. La enseñanza avanzaba a través de un proceso de interrogatorio y los profesores algunas veces provocaban una respuesta inco-rrecta para tener la oportunidad de escarbar más profundo y dejar totalmente al descubierto el entendimiento erró-neo que la produjo. Incluso una respuesta correcta podía llevar a un sondeo adicional que podía dejarte deseando que la tierra te tragara.

Sabía que ese tormento tenía su propósito. Nos estaban condicionando para pensar sobre la marcha, e inmunizándonos contra la agresividad y las sacudidas emocionales de una profesión contenciosa. Los profesores de Yale no nos miraban por encima del hombro: suponían que todos éramos inteligentes y, hasta cierto punto, nos veían como sus pares. Pero muchas veces sentía que estaba luchando por mantenerme a flote. No se trataba solo de la intensa presión de las circunstancias. Escuchando las discusiones en clase, podía seguir el razonamiento, pero no podía anticipar a dónde se dirigían. Con todo lo que me había enseñado Princeton sobre la argumentación académica, la escuela de derecho parecía operar en un plano diferente. Si bien la historia comprendía más que memorizar nombres y fechas, el ejercicio del derecho estaba incluso más lejos del mero hecho de aprender un conjunto de reglas y estatutos, como ingenuamente había imaginado que sería. Por el contrario, convertirse en abogado exigía el dominio de una nueva manera de pensar, que no se deducía evidentemente de otras disciplinas.

Puede parecer extraño, pero incluso entre mis compañeros de clase de alto calibre y con apenas tiempo para dedicar a la vida social o a actividades extracurriculares, no me sentía aislada en Yale. En parte, porque los estudiantes de primer año estaban divididos en grupos pequeños en algunas de las clases. De ese modo, la intensa presión que sentíamos se convirtió en vínculo emocional, canalizando la animosidad competitiva fuera del grupo mientras dentro de este hacíamos algunas amistades de por vida.

Había también algo de solidaridad entre las mujeres de mi clase. Aunque la escuela de derecho había admitido mujeres desde 1918, seguían siendo una minoría. En nuestra clase de 180, solo éramos 41, y eso era un aumento significativo comparado con años anteriores. Naturalmente, sentíamos que estábamos conectadas y nos apoyábamos.

Mis mejores amigos, no obstante, eran de otra clase.

Félix López, un huérfano puertorriqueño de los *tenements* y proyectos del este de Harlem, era un desertor escolar de secundaria lo suficientemente avispado como para dejarse atrapar cometiendo un delito menor de incendio controlado para poder por fin refugiarse en un hogar para delincuentes juveniles. De ahí, a través de Vietnam y la ley de beneficios para los veteranos, se graduó entre los primeros de su clase en la Universidad de Michigan. Las luchas tempranas no evitaron que Félix, un oso de peluche con gran corazón, se comprometiera a aliviar el sufrimiento de los demás. Si todavía no ha salvado el mundo, seguirá intentándolo.

Drew Ryce, nacido miembro de la nación Mohawk, con su español callejero, podía pasar por latino, especialmente después de que se cortó las trenzas. Contaba historias de cómo sobrevivió en su infancia en las calles de Chicago, tan cerca del infierno que el fuego bruñía sus relatos de esa época con un resplandor a veces increíble, o de cómo Yale lo había escalfado de Harvard. Su mente era como una computadora central de IBM, solo que mucho menos predecible. Él y Kevin se hicieron muy buenos amigos y pasaban largas horas hablando de música y películas viejas.

Rudy Aragón, un chicano de un pequeño pueblo de Nuevo México, pasó seis años en la fuerza aérea como oficial de inteligencia, después de lo cual tuvo una meta muy clara para su carrera legal. Su objetivo era llegar a la cima de un importante bufete de abogados. George Key, quien conocía a Rudy desde los días de la academia de la Fuerza Aérea, estaba igualmente empeñado en el éxito corporativo, decidido a lograr lo que se le negó a su padre al ser un hombre negro viviendo en el pueblo sureño segregado que era la capital de este país.

Estos "compadres", con cuya inteligencia e interés siempre podía contar, fueron los cuatro hermanos mayores que nunca tuve. Cada uno de ellos permanecía agudamente consciente del universo paralelo, el otro Estados Unidos, desde donde habían sido transportados a New Haven. Cada uno tenía una sabiduría callejera que trascendía cualquier experiencia mía. Todos me llamaban *kid*. Y así me sentía cuando estaba con ellos.

Ellos eran el centro de mi vida extracurricular, durante el tiempo que podíamos dedicarle. Con Rudy, copresidí la Asociación de Estudiantes Latinos, Asiáticos e Indios Americanos de Yale (LANA). El enfoque era el reclutamiento y asuntos similares a aquellos con los que lidié en Princeton. Algunas veces, me sorprendía ver cómo el respaldo de colegas minoritarios, que había sido tan esencial para mi supervivencia en Princeton y que, en menor escala, había recreado entre mis amigos de la escuela de derecho, no era una prioridad entre algunos de los estudiantes de minoría en Yale. Aquí encontré más latinos y miembros de otros grupos que parecían decididos a la asimilación tan pronto y completamente como fuera posible, soportando en privado cualquier reto y costo psicológico que conllevara. Yo podía entender el impulso, pero nunca fue una opción para mí.

Drew me involucró en más actividades de la corriente común en el Graduate and Professional Student Center, mejor conocido como el GPSC o "Gypsy". En esencia, era un bar para estudiantes graduados en el que se vendían los tragos más baratos de New Haven. Como vicepresidente de operaciones, me contrató para trabajar en la puerta, recibiendo los boletos y comprobando las identificaciones. Yo hubiese preferido trabajar en la barra, que pagaba mejor, pero era muy buena en el área de seguridad. Nadie me convencía de dejarlo pasar y expulsé a muchos locales tratando de colarse por la ventana para no pagar la entrada. Mis instintos solo me fallaron una vez: un grupo de muchachas quería echar un vistazo adentro antes de pagar, para ver si realmente deseaban quedarse. Yo no había nacido ayer, así que les dije "buen intento". Estaba a punto de despacharlas cuando apareció Drew. Al darse cuenta de la situación, se alteró y terminó disculpándose con las damas e insistiendo en que las dejara pasar. El bar, me dijo, estaba lleno de chicos desesperados porque no tenían con quién bailar, una situación muy mala para la venta de licores.

—Eso no está bien, Drew, los hombres están pagando, ¿por qué las mujeres van a entrar gratis? ¿No ves que eso es discriminación basada en el género?

—¡No todo es un caso de derechos civiles, Sonia! —gritó—. Tengo que pagarles a los músicos y nadie está bebiendo.

Discutimos un poco más, hasta que finalmente resolvió el problema promoviéndome a *bartender* y poniendo a otra persona a cargo de la puerta.

Con un grupo tan colorido, las coaliciones cambiaban y los ánimos se caldeaban de vez en cuando, pero la fuerza de gravedad de la familia adoptiva siempre se mantenía. Invité a mis compadres a Co-op City a conocer a mi madre y, más tarde, a varias cenas de días feriados.

Fue en Yale donde conocí a la primera persona a la que puedo describir como un verdadero mentor. Hacía tiempo que conocía los beneficios de buscar la dirección de los maestros, desde la señorita Katz hasta Nancy Weiss y Peter Winn, en Princeton. Y anteriormente ya había comprendido cuánto podían enseñarme los amigos y compañeros de clase. Pero todavía no había descubierto la fortuna del diálogo sostenido con alguien que personificaba la clase de trascendencia a la que yo aspiraba, y mucho más que eso.

Conocí a José Cabranes a través de un amigo de Princeton que había trabajado conmigo en Acción Puertorriqueña. Yo le llevaba un año a Charlie Hey-Maestre. Cuando estaba en mi primer año en Yale, él estaba escribiendo su tesis de cuarto año en la que abordaba los asuntos relacionados con la ciudadanía estadounidense de los puertorriqueños. Había venido a Yale a consultar a José Cabranes, que era un experto en el tema. Le ofrecí a Charlie nuestro sofá para pasar la noche y nos quedamos hablando hasta tarde.

—¿Y quién es ese Cabranes? —le pregunté.

Charlie me explicó: José Cabranes había sido asesor especial del gobernador de Puerto Rico y director de la oficina del Estado Libre Asociado en Washington. Ahora era Consejero General de Yale, el primero en ser nombrado en ese puesto. Anteriormente, había sido uno de los fundadores del Fondo para la Defensa Legal y la Educación de los Puertorriqueños, y se había desempeñado como profesor en la Universidad de Rutgers. Era un pionero y un héroe para muchos por su labor en la promoción de los derechos civiles para los hispanos.

Charlie insistió en que yo fuera a la reunión-almuerzo que había organizado. José Cabranes era cortés, cálido y brillante. Pasó la primera media hora atendiendo las preguntas de Charlie y luego, gradualmente, me incluyó en la conversación. Hablamos sobre la relación entre la metrópolis y la isla, y sobre cómo afectaba la perspectiva del mundo de los puertorriqueños, nuestra autoimagen y nuestro futuro.

Pasaron tres horas cuando José miró su reloj y dijo que tenía que regresar al trabajo. Charlie y yo le dimos las gracias y nos despedimos. Cuando estábamos por salir, José se volvió hacia mí y me dijo:

—¿Qué vas a hacer este verano? Ven a trabajar conmigo.

Acababa de llegar a Yale y ciertamente no había pensado tan adelantado. Pero no dudé un minuto en aceptar y tampoco esperé hasta el verano para comenzar a trabajar con él.

Mi trabajo consistía en hacer la investigación para el libro que él estaba escribiendo acerca de la historia legislativa sobre la extensión de la ciudadanía de los Estados Unidos a los puertorriqueños, y ayudar un poco con el trabajo legal diario de la universidad. Pero mi aprendizaje surgía de estar en primera fila, observando el modo en que dirigía las reuniones o, simplemente, mirando el tráfico de personas, asuntos e ideas que pasaban por su oficina. En el invernadero de lumbreras que era Yale, él era una de las más brillantes, con conocimiento íntimo del derecho, pasión por la historia y habilidad para atraer con cordialidad e intensidad a quienquiera que se encontrara.

Antes de conocer a José Cabranes, no hubiese podido imaginármelo. José mantenía relaciones con la comunidad a través de su trabajo pro bono. Era el modelo mismo de un ciudadano abogado, pero podía moverse con la misma soltura y seguridad en los pasillos más exclusivos del poder. Sin embargo, continuaba siendo generoso con su conocimiento, su tiempo y su influencia, particularmente con los jóvenes. También tomó bajo su tutela a Félix y ayudó a Drew con las marañas confusas de la ley tribal, una manifestación distinta del imperio estadounidense. Nos esforzábamos en extremo para impresionarlo. Si ponía en duda algunas de las ideas que le presentábamos, como ratones muertos ofrecidos en sacrificio por gatitos ansiosos, suavizaba su escepticismo con buen humor.

Un modelo de conducta en carne y hueso brinda más que inspiración. Su mera existencia nos confirma las posibilidades que continuamente ponemos en duda por distintas razones, diciéndonos: "Sí, alguien como yo puede lograrlo". Para cuando llegué a Yale, ya había conocido unos cuantos abogados de éxito, generalmente en su función de profesores. José, el primero al que tuve la oportunidad de observar de cerca, no solo trascendía la función académica sino que había conseguido mantener su identidad como puertorriqueño, desempeñándose con determinación en ambos mundos.

Todavía presto atención a sus consejos —es más, los he pedido en cada momento decisivo de mi carrera— aunque me inclino más a traducirlos en mis propios términos que a tomarlos directamente. José ha hablado con frecuencia de cuán extraña discípula he sido: muchas veces consulto con él solo para terminar haciendo mi voluntad. Lo dice bromeando, a medias.

Ante la ausencia de notas y calificación dentro de la clase, la única marca evidente de sobresalir en la Escuela de Derecho de Yale era entrar en la revista jurídica, *The Yale Law Journal*. La manera más directa es escribir un artículo y que el mismo sea aceptado para publicación en la revista. Lo llaman una "nota", pero realmente es un ensayo muy minucioso.

—Tráeme una propuesta —me dijo Bill Eskridge, el editor de notas y temas de la revista.

Bill regresó después a Yale como un profesor prestigioso, especializado en interpretación estatutaria, pero en mi recuerdo su figura larguirucha, siempre con camisa a cuadros y *jeans*, es parte de las sofocantes oficinas empapeladas de polvo de la revista, en la parte superior del edificio Sterling. Me explicó los criterios: la nota tiene que ser original, significativa y lógicamente convincente. Tenía que buscar un problema legal no resuelto —uno con enfoque firme, pero consecuencias reales— y resolverlo. Parece sencillo hasta que consideras que innumerables estudiantes han ascendido hasta ese templo para proponer un tema y han sido rechazados.

En Princeton reflexioné sobre el tema de la ciudadanía estadounidense de los puertorriqueños desde el punto de vista histórico, político y económico; pero al llevar a cabo la investigación para el libro de José Cabranes comencé a ver el asunto en términos legales. Si examinas de cerca lo que se concedió a los isleños en contraste con lo que disfrutan otros ciudadanos de los Estados Unidos por nacimiento o naturalización, surgen preguntas con las que nadie quiere lidiar. ¿Podría, por ejemplo, revocarse la ciudadanía de los Estados Unidos a los puertorriqueños que viven en la metrópolis si regresan a la isla en caso de darse la independencia? Si yo pudiera encontrar un nudo legal que desatar, no solo sería un buen tema para una nota, sino también de utilidad para Puerto Rico.

La isla no podía darse el lujo de la estadidad o de la independencia, razonaban muchas personas en ese momento. Pero habiendo estudiado los derechos sobre el fondo marino, los tratados y la soberanía territorial marítima en la clase de Almirantazgo, veía un mundo de posibilidades para las profundidades submarinas de la isla. ¿Podrían explotarse los recursos minerales y petroleros vírgenes para financiar el desarrollo? Después de todo, la pobreza de la isla siempre se había atribuido a la escasez de recursos naturales. El control de estos derechos desatendidos sería fundamental para la prosperidad local, cualquiera que fuera el futuro de la isla, Estado Libre Asociado, estadidad o independencia. Otros han argumentado desde entonces, no obstante, que el impacto económico de los derechos sobre el fondo marino sería insignificante y, de hecho, treinta años después se ha logrado muy poco de lo que prometían.

Ya estaba en el terreno. Ahora solo tenía que reducir el tema a una sola pregunta legal que pudiera contestar. Me enfoqué en la estadidad para propósitos de la nota, porque ahí estaba el precedente más claro. Reuní los casos antiguos de jurisprudencia relacionados con la llamada doctrina sobre *equal footing*, que otorga a los nuevos estados que se incorporan a la Unión los mismos derechos constitucionales que disfrutan los estados existentes, a la vez que ceden al gobierno federal otros poderes enumerados en la Constitución. Entre los precedentes había varios obstáculos, extraños ejemplos de lo que se había permitido o negado a algunos estados. Al final, no pude establecer una respuesta afirmativa sobre si Puerto Rico podía reclamar sus derechos sobre el fondo marino en cualquier circunstancia, pero pude demostrar que retenerlos no violaría la doctrina de *equal footing* en caso de darse la estadidad. Fue un pequeño paso, un diminuto claro en la selva que ha crecido alrededor de la cuestión del estatus, pero lo consideré inexpugnable.

A Bill Eskridge le gustó la idea. Afortunadamente, a los demás miembros de la revista también les gustó, a pesar de que preferían que las notas trataran sobre jurisprudencia actual. Después de interminables rondas de borradores y revisiones, "Statehood and the Equal Footing Doctrine: The Case for Puerto Rican Seabed Rights" ("La estadidad y la doctrina de *equal footing*: El caso de los derechos del fondo marino de Puerto Rico") se publicó.

Un día, en medio de un intercambio perfectamente cordial, Rudy súbitamente me interrumpió:

—¿Sabes lo que me encanta de ti, Sonia? Tú discutes como un hombre.

Kevin, recostado en el sofá, soltó un buche de refresco y se atragantó con la risa.

—¿Qué significa eso, Rudy?

De repente, yo estaba furiosa y ellos lo sabían. Félix impuso su influencia calmante:

—Es algo bueno, Sonia, lo dice como un cumplido.

Había oído cumplidos como ese antes.

Rudy siguió adelante. Me explicó que yo no andaba con rodeos, agregando a cada aseveración descargos de responsabilidad, disculpas e inseguridades. Imitó a las mujeres cuando levantaban la mano en clase.

—'Disculpe, profesor, lo siento, puede que esto no sea importante, pero podría considerar la posibilidad de...'. Tú no, Sonia —me dijo—. Cuando pides la palabra, presentas tu caso claramente y desafías a cualquiera a que demuestre lo contrario.

Rudy tenía razón en ese sentido: siempre he discutido como un hombre, especialmente en el contexto de esa época, cuando la norma entre las mujeres era hablar de un modo justificativo y vacilante. No sé dónde aprendí ese estilo, pero me ha servido bien, particularmente en los años en los que la mayoría de las personas con las que discutía eran hombres.

En lo que Rudy se equivocaba, sin embargo, era en sugerir que yo alguna vez me ofrecía a hablar en clase. Habiendo sufrido el trauma repetido del interrogatorio despiadado, estaba ya en mi tercer año cuando decidí levantar la mano. Pero cuando lo hice, Rudy estaba ahí para presenciarlo. Sucedió en la clase de Fideicomisos y Patrimonios, de Clarke; él estaba enseñando la regla de la casuística contra la perpetuidad, que limita hasta dónde en el futuro un testamento puede controlar una línea de sucesión. El profesor Clarke estaba trazando en la pizarra un árbol genealógico hipotético, una secuencia de nacimientos y muertes, cuando se me ocurrió que el destino de esa herencia era esencialmente un problema matemático. Es más, podía ver un error en sus cálculos. Levanté la mano, me dejó hablar y señalé el error. Él se volteó y se quedó mirando la pizarra durante varios largos y silenciosos minutos. Finalmente, se volteó y dijo:

—Ella tiene razón. He cometido un error.

Le explicó a la clase lo que yo había detectado y presentó otro ejemplo, solo para cometer un error similar. Cuando levanté la mano esta vez, hizo una pausa más breve antes de voltearse y decir:

—¿Por qué no subes y enseñas tú esta parte?

Rudy me dio una palmadita en la espalda después de clase. Pero pronto mi confianza se afianzaría todavía más con mi participación en los juicios simulados para la competencia de *Barrister's Union*. Tal vez la representación de la corte liberó mi Perry Mason interior. De alguna manera, en ese escenario sentí por primera vez que de verdad podía ser una abogada.

Así, en uno de los juicios, Drew era mi cliente, el acusado en un caso de violación donde era la palabra de él contra de la de ella. Ensayamos el argumento y sus detalles más minuciosos. Sin embargo, cuando me paré frente al jurado (personas de la comunidad reclutadas a través de un anuncio en el periódico local) la preparación analítica pasó a un segundo plano y otro instinto dio un paso al frente. Automáticamente, mis ojos examinaron sus rostros, intentando leerlos: ¿Están conmigo? ¿Necesito presionar más o debo replegar? Había un punto óptimo donde podía encontrar una solución intermedia con la mayoría de ellos, por lo menos.

En la tribuna del jurado, un hombre de mediana edad movía la cabeza ligeramente y apretaba los labios una y otra vez. Pero esas sutiles señales de antipatía no iban al ritmo de mis comentarios, estaban fuera de sincronía, como si respondieran a otro estímulo, no a lo que yo estaba diciendo. Se nos alentaba a acercarnos a los miembros del jurado, al terminar, para recibir críticas de nuestro desempeño. Cuando la gente se arremolinaba al final de la sesión, me acerqué y le pregunté:

—Tengo la impresión de que le he caído mal. ¿Puede decirme por qué?

Pareció asombrado y movió la cabeza.

—No es nada de lo que hiciste.

Le dije que estaba tratando de aprender. Ese era el propósito del ejercicio. Si era algo que estaba haciendo o dejando de hacer, me gustaría que me lo dijera para ajustar mi enfoque en el futuro.

—Es un asunto mío —me dijo—. No puedo ayudarte.

Pero seguí presionándolo con delicadeza. Finalmente, confesó:

—Mira, no es nada personal. Es solo que no me gustan las mujeres judías atrevidas.

Eso me tomó por sorpresa. Me congelé mientras cruzaban por mi mente todas las cosas que podía decirle a ese hombre, hasta que se me ocurrió la respuesta perfecta.

Lo miré y le dije:

—Tiene razón. No puedo hacer nada al respecto.

Y me fui.

Durante mi segundo verano en Yale, obtuve un empleo como asociada de verano en Paul, Weiss, Rifkind, Wharton & Garrison, uno de los bufetes más importantes de Manhattan. Trabajaba con hombres conocidos como gigantes del litigio, y me dieron una variedad de tareas, la más desafiante de las cuales fue contribuir a un escrito legal que se preparaba para un titánico caso antimonopolio —una prometedora oportunidad, sin duda alguna. Pero cuando me senté a escribir, mis argumentos parecían alejarse continuamente del objetivo. A decir verdad, la ley antimonopolios no era un área que yo hubiera estudiado. Además, no tenía experiencia en los negocios. Pero no podía entender por qué fallaba al tratar de articular un argumento persuasivo a favor del cliente, a pesar de freírme los sesos en el largo camino que tenía que recorrer todos los días entre New Haven y Nueva York. Finalmente, le entregué el resultado de mi esfuerzo a un joven asociado del bufete que estaba un peldaño más arriba en la escalera. Cuando vi lo que él escribió posteriormente, me di cuenta del trabajo tan deficiente que yo había realizado. Era evidente que todavía no pensaba como abogada. Si eso era lo que significaba trabajar para un bufete prestigioso, era claro que yo no estaba lista.

La sensación de fracaso se confirmó cuando concluí mi período de asociada de verano sin recibir una oferta de empleo. Nunca había oído que algo así sucediera en la Escuela de Derecho de Yale y, aunque más adelante supe que no era tan infrecuente, por supuesto que nadie lo anunciaba. Pero, de todos modos, ante mis ojos, oficialmente lo había echado todo a perder. Había trabajado duro —siempre lo hacía y todavía lo hago— pero de alguna manera eso no era suficiente. Y era difícil no concluir que simplemente yo no estaba en la misma liga de mis compañeros de clase que ya estaban recibiendo ofertas de bufetes como ese. De ese doloroso fracaso —el primer fracaso verdadero desde que entré en la escuela de derecho— yo era la única culpable, y saberlo me desconcertaba profundamente.

El camino hacia adelante era evidentemente abrumador. Necesitaba averiguar qué estaba haciendo mal y corregirlo. Por lo menos, tenía que aprender esa área del derecho. Me inscribí en el curso del profesor Ralph Winter sobre antimonopolios, así como en uno llamado Transacciones Comerciales. La parte más complicada sería dominar la destreza central del abogado, cuya deficiencia me que fuera había quedado al descubierto:

cómo escribir un escrito legal, no un ejercicio de clases basado en un análisis objetivo de la jurisprudencia, sino una pieza de defensa persuasiva a partir de los intereses de mi cliente. En ambas clases, haría lo que siempre había hecho: dividir el reto grande en varios pequeños, en los que podía trabajar con mi estilo metódico. Y, desde luego, tenía que probarme en otra clase de trabajo en la profesión de derecho antes de siquiera considerar unirme a una empresa comercial grande. Mientras tanto, el desconocido sabor a absoluto fracaso de ese verano se quedó en mi boca. El recuerdo de ese trauma, que estaba decidida a no repetir, sobresaldría por encima de todas mis decisiones profesionales hasta que llegué a ser juez.

Algo bueno saqué de mi odisea en Paul, Weiss: Gané más dinero en ese verano de lo que nunca antes había visto. Kevin y yo podríamos costear una luna de miel, y un cambio de escenario parecía lo mejor para lamer mis heridas y reconsiderar el camino a seguir. En el piso de nuestra sala se desplegaron nuestros sueños de atravesar los Estados Unidos. Planeábamos cruzar el continente y dirigirnos al oeste.

Durante años, estudié la historia, las leyes y la sociedad de los Estados Unidos, pero apenas había rasgado la superficie de su grandiosa realidad geográfica. Las maravillas naturales solo las reconocía por las fotos en los libros de mi infancia y las ilustraciones de nuestra *Enci-*

clopedia Británica. Observar los extensos tramos de bosques y llanuras desplegarse durante horas a lo largo de la carretera, o sentirnos empequeñecer bajo la inmensidad del cielo era algo completamente distinto. Viajando al sur desde Denver, las montañas Rocosas se extendían al oeste como huesos del continente expuestos a la luz del atardecer. Mientras la carretera corría recta y llana, mi mente vagaba por sus propios caminos tortuosos y llenos de baches. Había completado dos terceras partes de la ruta de la escuela de derecho y todos a mí alrededor estaban considerando sus ofertas de empleo. Tenía que resolver ese problema.

La mayoría de mis compañeros de clase tenía la mirada puesta en prestigiosos bufetes del centro de la ciudad, incluyendo a Rudy, cuyo objetivo no pudo haber sido más simple: ganar mucho dinero. Si el camino más corto para alcanzar esa meta era defender corporaciones, entonces así sería. Siempre se pueden hacer obras de amor con trabajo *pro bono*. Mis ambiciones no eran susceptibles a los mismos incentivos, pero podía reconocer un bien común en el enfoque de Rudy. Hasta que las minorías aprendieran a navegar en esas alturas del sistema legal, sus comunidades se quedarían rezagadas en comparación con el resto del país. Si nuestra experiencia como grupo era dejar atrás las desventajas y los agravios, necesitábamos movernos cómodamente donde se movían el dinero y el poder.

Mis cavilaciones continuaron a lo largo de los días en la carretera, como si la línea blanca de esta fuera una flecha apuntando al futuro. José Cabranes me había aconsejado mantener la mira en un bufete importante a largo plazo, asegurándome que era una buena plataforma para lanzarme después al gobierno o en cualquier otra dirección, pero pensaba que primero tenía que trabajar como asistente jurídico. Yo había oído a los compañeros de clase hablar de *"clerking"* y sabía que era una posición de prestigio. José me explicó que, esencialmente, significaba trabajar como investigador para un juez. Aunque yo sabía que él quería lo mejor para mí, asistente jurídico sonaba tediosamente académico. ¿Cuánto tiempo más podía yo vivir en la biblioteca? Mucho más tarde, me di cuenta de mi ingenuidad. En particular, al trabajar con mis propios asistentes jurídicos he podido apreciar que trabajar para un juez puede ser la relación de mentor más trascendental para un abogado joven. Una parte de mí todavía lamenta no haber seguido el consejo de José al pie de la letra.

Yo no había olvidado mi sueño de niña de convertirme en juez, pero si algo me había enseñado la escuela de derecho era que ese sueño se quedaría en pura fantasía. Incluso en Yale, no existía tal cosa como un curso, proceso o "camino para llegar a juez" que te preparara específicamente para los rigores de la cumbre de la profesión de derecho. La relativa escasez de mujeres en la judicatura, y la inexistencia de latinas eran razones adicionales para mantener mi idea engavetada junto con otros deseos infructuosos, cualquier expresión de los cuales me habría señalado como delirante.

Para el juego de estrellas de 1978, los Yankees se encontraban una docena de juegos detrás de los Red Sox, pero yo apostaba sin duda a que ganarían la división Este de la Liga Americana. Las lealtades a mi ciudad son más fuertes que los altibajos de una temporada y, aunque en muchas otras esferas apuesto a los de abajo, cuando se trata de béisbol, la habilidad de los Yankees de dejar a un lado los dramas personales del día para salir al terreno de juego y ganar siempre me impresiona. Félix, como neoyorquino, estaba conmigo, por supuesto, y Drew estaba calculando astutamente las probabilidades. Pero Rudy y George le iban a los Red Sox solo por llevar la contraria, así que quedamos en que, si los Yankees ganaban el banderín, esos chicos me llevarían a cenar al mejor restaurante de New Haven.

Era la parte alta de la séptima entrada en el juego final de desempate. Los Yankees tenían dos hombres en base cuando le tocó el turno de batear a Bucky Dent, un campocorto sin ningún historial de poder al bate. El bate se rompe como una señal celestial. Agarra otro bate y, cuando besa la pelota, una mano baja del cielo y la saca del parque. Un escalofriante silencio se apodera de Boston cuando Bucky Dent cruza el *home*. Se armó la grande. Rudy y George lloraban de agonía, Félix cacareaba como si estuviera amaneciendo, yo estaba sentada moviendo la cabeza y repitiendo: "¡Lo hicieron! ¡Se la sacaron del buche otra vez!".

No obstante, tendría que dejar para otra noche mi cena de ganadora, incluso si no hubiéramos estado todavía llenos hasta la saciedad del banquete de picadillo con arroz y frijoles negros que nos preparó Félix (el mejor que había comido desde que murió Papi). Aunque nada me hubiese hecho más feliz que quedarme allí disfrutando del esplendor de la victoria y de la amistad, tenía que arreglarme para una cena de reclutamiento esa misma noche. El anfitrión era Shaw, Pittman, Potts & Trowbridge, un pequeño bufete de Washington muy respetado y reconocido por hacer trabajos variados corporativos e internacionales. Scott Rafferty, quien se graduó *summa cum laude* junto conmigo en Princeton antes de ingresar a Yale, había trabajado allí como asociado de verano y le encantó la experiencia. Él me animó con mucho entusiasmo para que asistiera a la cena.

Éramos como ocho o diez en una mesa grande, y yo estaba sentada justamente enfrente del socio que dirigía el evento. Scott hizo las presentaciones, dando la vuelta alrededor de la mesa y diciendo algunas palabras sobre cada uno de nosotros. "Sonia es puertorriqueña, del sur del Bronx, en Nueva York. Estudió en Princeton antes de venir a Yale". Muy pocas palabras, pero como estudiantes no teníamos largos historiales.

Tan pronto terminaron las presentaciones, y antes de pronunciar otra palabra, el socio frente a mí me preguntó si yo creía en la acción afirmativa.

—Sí le contesté, un poco cautelosa, pero sin imaginar remotamente lo que mi respuesta desataría.

—¿Tienen Princeton y Yale programas de acción afirmativa?

—Sí, por supuesto —le dije, con lo que el reto se intensificó.

—¿Crees que los bufetes deben practicar acción afirmativa? ¿No crees que se le perjudica a las minorías contratándolas sin tener las credenciales necesarias y sabiendo que unos años después tendrás que despedirlas?

Yo estaba atónita, tanto por la rudeza descarada del interrogatorio como por sus implicaciones. No había oído tanta desfachatez desde el comentario de la enfermera en Cardinal Spellman que me agarró fuera de base.

—Creo que incluso una persona que entra a una institución a través de acción afirmativa puede demostrar que reúne los requisitos a través de sus logros en dicha institución —le dije.

Me miró con incredulidad.

—Pero ese es el problema de la acción afirmativa. Tienes que esperar para saber si las personas están calificadas o no. ¿Crees que te habrían admitido a la Escuela de Derecho de Yale si no hubieras sido puertorriqueña?

—Puede que contribuyera —le respondí—. Pero me imagino que graduarme *summa cum laude* y Phi Beta Kappa de Princeton también tuvo que ver.

—Bueno, ¿te consideras desfavorecida culturalmente?

"¿Debo hablar de mis antepasados, de la herencia española? ¿Sobre tener dos idiomas, dos maneras de ver el mundo? ¿Acaso solo cuenta una cultura?", pensaba. Ni siquiera sabía por dónde empezar a contestar esa pregunta.

Un incómodo silenció descendió sobre nosotros antes de extenderse como una mancha hasta el otro extremo de la mesa, donde estaba sentado Scott. Percibiendo el malestar, hábilmente interrumpió con otro tema. Mi adrenalina bajó lentamente e hice todo lo posible por pasar el resto de la cena sin hacer sentir incómodos a los demás. Más tarde, Scott se me acercó para expresar su indignación y disculparse.

—Fue horrible —admití—. Tan insultante.

—Estuvo completamente fuera de lugar— dijo, añadiendo que pensaba quejarse al día siguiente. Pero le pedí que esperara. Necesitaba decidir qué iba a hacer.

A la mañana siguiente en la cafetería, Scott ya había encontrado a Rudy, Félix y George. Las fuerzas se habían reunido, el café estaba fluyendo.

—Yo lo hubiera golpeado —anunció Rudy, quien raras veces dejaba de expresar un pensamiento.

—El tipo era mucho más grande que yo; no creo haber podido con él —le dije.

Pero cuando consideramos en serio una respuesta adecuada, decidí seguir adelante con la entrevista formal de reclutamiento programada para más tarde, durante la cual tendría oportunidad de entablar una conversación con el socio de Shaw, Pittman en un entorno más privado.

Con mi *curriculum vitae* frente a él, parecía que estábamos en terreno cordial. Antes de darme cuenta, me estaba alentando a ir a Washington para el siguiente paso en el proceso de contratación. Fue entonces que le llamé la atención sobre lo que dijo en la cena.

—Eso fue insultante. Usted supuso que yo no cumplía los requisitos antes de ver mi currículo o tomarse el trabajo de conocer algo sobre mí.

Parecía que lo despachaba como una táctica de conversación, si bien de un tema sensible, y expresó admiración por la manera en que me mantuve firme.

—No parecías estar terriblemente molesta. No hiciste un escándalo. Fuiste perfectamente civilizada.

No podía creer lo que oía. ¿Qué esperaba, el síndrome de histeria puertorriqueña?

—Así somos los latinos —le dije—. Nos enseñan a ser educados.

Si nos vamos a dejar llevar por los estereotipos, por lo menos que sean los correctos. Seguí explicándole que no estaba en mi naturaleza causarle malestar a los que estaban en la mesa por la manera en que me sentía ante su comportamiento. Pero tampoco iba simplemente a aceptar que me trataran tan injustamente. Hace mucho tiempo que sé cómo controlar mi ira, pero eso no quiere decir que no la sienta.

Después de la entrevista, discutí mis opciones con el grupo. Decidí presentar una queja formal al bufete a través de la oficina de empleos de la universidad e impugnar el derecho de Shaw, Pittman de reclutar en el campus, debido al desprecio de uno de sus socios a la política antidiscriminatoria de Yale.

—Vas a necesitar un abogado, Sonia —dijo Rudy—. Vas a necesitar un abogado rudo.

—Estás contratado —le contesté—. Pro bono, supongo.

—Me parece que abogado de cárcel sería el término correcto —agregó Félix.

Fanfarronerías a un lado, Rudy era el que iba a las reuniones con el decano y a las consiguientes vistas formales de una corte de estudiantes y profesorado.

La noticia corrió como pólvora por el campus y dividió a la escuela en dos bandos: los que creían que yo había hecho demasiado ruido por unos comentarios informales, poniendo en peligro la relación de Yale con un importante patrono de sus graduados, y los que apoyaban sólidamente mis acciones. Esta última postura se extendió mucho más allá de New Haven, según se corría la voz de un grupo de estudiantes minoritarios a otro por todo el país. Comenzaron a llegar cartas y recortes de periódicos que describían afrentas similares en otros lugares. Era claro que yo había abierto una caja de Pandora mucho mayor de lo que pretendía. Aunque me complacía que ese tipo de conducta ofensiva saliera a la luz, no deseaba notoriedad personal ni convertirme en símbolo o cualquier otra cosa. Yo seguía deseando una carrera en derecho, no un lugar en la lista negra de todos los bufetes.

La universidad, evidentemente incómoda con la atención que estaba generando la queja, estaba ansiosa por llegar a un acuerdo. La corte de estudiantes y profesorado seleccionado para investigar la queja negoció una disculpa completa de parte de Shaw, Pittman. No se les prohibió reclutar, pero el bufete y el socio transgresor voluntariamente mantuvieron un perfil bajo en Yale durante un tiempo.

A lo largo del proceso, me maravilló la valentía que demostró Scott Rafferty al ponerse de mi lado sin reservas. Significó dejar un buen trabajo con el cual estaba muy ilusionado. Había estado feliz trabajando en Shaw, Pittman, pero no le entusiasmaba la idea de unirse a un bufete donde uno de los socios se comportaba de esa manera. Esa desilusión no ayudó a impulsar el inicio de su carrera, pero dejó constancia de una dimensión de su integridad que continuaría siendo evidente durante su distinguida vida profesional en el servicio público.

Cuando la ira, el malestar y la agitación pasaron, quedó una certeza: yo no tenía que pedir disculpas. La amplia acción afirmativa que practicaban Princeton y Yale me había abierto las puertas. Ese era su propósito: crear las condiciones para que los estudiantes provenientes de familias desfavorecidas pudieran llegar a la línea de partida de una carrera que muchos ni siquiera sabían que se corría. Yo entré a la Ivy League por una puerta especial y tuve que recuperar más terreno que la mayoría antes de poder competir con mis compañeros de clase en igualdad de condiciones. Pero trabajé incansablemente hasta alcanzar ese punto, y distinciones como el premio Pyne, Phi Beta Kappa, *summa cum laude* y una nota publicada en la revista del *Yale Law Journal* no se regalaban como palmaditas en la espalda para estimular a un estudiante mediocre. Estos fueron logros tan reales como los de cualquier otra persona a mi alrededor.

La historia de mi hermano fue similar. Junior se topó con un programa que daba a las minorías una vía rápida para llegar a la escuela de medicina, libre de costo. No fueron los sueños de la niñez los que lo inspiraron a convertirse en médico; nunca había considerado esa posibilidad. Pero una vez que comenzó, vio que amaba lo que hacía, amaba el proceso de aprendizaje en sí y tenía excelentes hábitos de estudio comparados con la mayoría de los jóvenes en el programa, cuarenta y cinco por ciento de los cuales desertarían. La acción afirmativa puede que lo haya llevado a la escuela de medicina, pero fueron su propia disciplina, inteligencia y esfuerzo los que lo mantuvieron allí hasta el final, donde otros como él fracasaron.

La manera de pensar sobre la acción afirmativa ha cambiado mucho desde esos primeros días cuando nos abrió las puertas a Junior y a mí. Pero una cosa no ha cambiado: dudar de la validez del logro de los estudiantes de minoría cuando triunfan es sencillamente otra cara del prejuicio que les negaría la oportunidad de tan siquiera intentarlo. Es el mismo prejuicio que insiste en que todos aquellos destinados a triunfar deben salir del mismo molde de quienes triunfaron antes que ellos, una visión que la experiencia ha demostrado que es una falacia.

Cuando mi nota para el *Yale Law Journal* estaba finalmente diseñada, pegada, compuesta, revisada, impresa, compaginada y encuadernada (en pocas palabras, cuando se convirtió en una realidad física lista para salir al mundo), los editores dieron el paso inusual de enviar un comunicado de prensa para anunciarlo. Eso era una muestra clara de su convicción de que mi trabajo tenía un significado práctico fuera de los límites del ámbito académico, de que mi argumento podría incluso tener alguna influencia en el desenlace de la pregunta del estatus.

Mientras tanto, la publicación de la nota venía acompañada de la obligación de trabajar en la revista en otras funciones, como revisar las citas. El trabajo en equipo era sumamente gratificante, y de esa camaradería, como de la de mi pequeño grupo, surgirían amistades de por vida. Disfruté tanto el trabajo que me ofrecí de voluntaria para ser la jefa de redacción de otra revista estudiantil, *Yale Studies in World Public Order*. Después de editar un par de artículos largos redactados por ex alumnos que trabajaban en ese campo, noté que me sentía cómoda desde el punto de vista intelectual de una manera que no podía imaginar cuando llegué a Yale. Eso, junto con el entusiasmo con el que recibieron mi nota los que trabajaban con los asuntos del estatus de Puerto Rico, me brindó una sensación de validación proveniente del mundo real, que resultó ser emotiva y valiosa de un modo que ningún honor estudiantil podía igualar.

Tal vez, pensé, ya estoy lista para salir allá afuera.

Dieciocho

Yale fue una de las primeras escuelas de derecho del país en admitir mujeres. Y, sin embargo, cada punto del edificio parecía estar separado por millas de pasillos del baño de damas más cercano. Una tarde, en una caminata típica durante un receso de la biblioteca, pasé por la puerta abierta de un salón de conferencias. En la parte de atrás, vi un banquete —una mesa con galletas y queso y un vino barato, la clase de agasajo que se considera hospitalidad en los presupuestos universitarios que sirve de comida gratis en la vida de estrecheces de los estudiantes graduados. El letrero improvisado en la puerta decía: "Carreras en el servicio público". Un panel de abogados que se dedicaban a temas de interés público, presentaba alternativas a la práctica privada ante un escaso grupo de estudiantes de tercer año. En ese momento, el moderador presentaba al último orador, un fiscal de distrito de Nueva York cuyo nombre no reconocí. No se veía muy cómodo en el podio y prometió ser breve. Decidí que valía la pena quedarme hasta que terminara para poder comerme los cuadritos de queso cheddar.

Se me pararon las orejas cuando lo oí decir que tenía cerca de doscientos auxiliares y que todos habían llevado casos a las cortes.

—En su primer año en el empleo —dijo—, postularán en la corte y serán totalmente responsables de desarrollar y presentar sus propios casos. Tendrán más responsabilidad que la que tendrían en cualquier otro trabajo al salir de la escuela de derecho. A la edad que tienen ahora, estarán haciendo más en las cortes que la mayoría de los abogados en toda su vida.

Me gustaba lo que estaba oyendo.

Cuando terminó la presentación y atacamos la comida, me encontré al lado del fiscal de distrito de Nueva York, Robert M. Morgenthau, una leyenda desconocida para mí. Su voz vacilante y áspera no era distinta cuando hablaba cara a cara. No era un hombre al que le entusiasmara la cháchara. Pero, siendo capaz de hablarle a cualquiera, procedí a pedirle que me contara sobre sus experiencias y lo que le había gustado de cada uno de sus empleos. Quizás estaba acostumbrado a hablar con estudiantes ignorantes, pero no mostró ninguna señal de molestia. Me preguntó cuáles eran mis planes —no estoy segura, quizás un bufete pequeño, todavía estoy explorando, le conté— y entonces me dijo:

—¿Por qué no pasas a verme? Tengo algunos espacios en mi agenda.

Seguro que sí. A la mañana siguiente, en la oficina de empleos, todavía quedaban espacios abiertos para las entrevistas. Entre los "Yalies", la oficina del fiscal de distrito no era el lugar más codiciado para trabajar. Pero me sorprendió ver mi nombre ya añadido a lápiz. De hecho, Bob Morgenthau había pasado por la oficina, se había llevado mi resumé y ya había llamado a José Cabranes, a quien conocía bien porque trabajaron juntos en el Fondo para la Defensa Legal y la Educación de los puertorriqueños. La entrevista fue en realidad amena y duró media hora más de lo programado. Al final, me invitó a visitar su oficina en Nueva York.

—¿Que estás entrevistándote dónde? —me preguntó Rudy, espantado.

Hasta José, que me recomendó con elogios, parecía decepcionado de que encontrara la oficina del fiscal de distrito más interesante que ser asistente jurídico.

—¿Tienes idea de lo que pagan? —me preguntó Rudy.

Lo sabía, pero nunca había visto el dinero como un criterio absoluto o definitivo del éxito. Cierto, yo no iba a ganar mucho comparado con un asociado de un bufete importante. Pero mi sueldo inicial todavía sería más de lo que mi madre jamás había ganado como enfermera, lo cual a Titi Aurora, que trabajaba de costurera, siempre le pareció generoso.

Al final, como usualmente hago, confié en mis instintos, aunque estaba un poco sorprendida de adónde me llevaban. Yo sabía que no estaba lista para un bufete importante pero, aparte de solicitar un empleo en el Departamento de Estado, no había pensado mucho en las opciones de interés público. Tampoco me alentaron: a diferencia de hoy, había pocas clínicas legales pro bono en Yale en ese momento.

Diecinueve

En la Oficina del Fiscal de Distrito de Nueva York, "patito" es el término informal para llamar a un fiscal auxiliar novato, y en boca de un fiscal principal expresa más humor negro que cariño. Cuarenta de nosotros, tiernos y suaves, estábamos a punto de ser triturados en las fauces de una máquina gigantesca, compleja y veloz. La orientación de los colegas más experimentados nos ayudaría a madurar con el tiempo, pero en el ínterin necesitábamos cada migaja de cualquier escaso adiestramiento que pudieran proporcionarnos durante nuestras primeras semanas. Yo no era la única con una preparación mínima en derecho penal: únicamente el curso básico, requisito de Yale, y los juicios simulados. Pero aun cuando hubiera dedicado todos mis estudios a los asuntos más sutiles de ese campo, todavía habría lecciones fundamentales imposibles de adquirir en el salón de clases o los libros, que solo podían adquirirse a través del bautismo por fuego en la sala de justicia. Yo estaba a punto de recibir ese bautismo.

En 1979, la ciudad de Nueva York era víctima de una ola criminal de proporciones de maremoto. El alcalde, Ed Koch, había sido elegido dos años antes con la promesa de restaurar el orden después de un verano de saqueos, vandalismo e incendios generalizados provocados por un apagón de diez días. Si bien la amenaza inmediata para la seguridad pública se disipó después de restablecerse la luz y el aire acondicionado, los neoyorquinos aún tenían razones para vivir en un estado difuso de miedo crónico. Los problemas fiscales de la ciudad, sumados a una década de estancamiento económico nacional y drásticos recortes presupuestarios, le impedían a la Fiscalía, así como al Departamento de Policía, añadir suficiente personal como para lidiar con una avalancha de casos criminales. Para complicar aún más las cosas, el aumento en las tensiones trajo a su vez un crecimiento en la cantidad de quejas de brutalidad policíaca.

La mayoría de los nuevos fiscales auxiliares fueron asignados de inmediato a una de las seis oficinas de la división de juicios, cada uno con hasta cincuenta fiscales con diversos grados de experiencia, además de personal de apoyo. Nuestros primeros pasos fueron en el área de delitos menos graves: hurtos, agresiones menores, prostitución, hurto en tiendas, allanamientos, desorden público, grafiti... Más tarde nos ascenderían la oficina de delitos graves y podríamos movernos a una de las oficinas que investigan fraudes, crimen organizado, corrupción pública, delitos sexuales u otros delitos especializados. No teníamos opción, nos advirtieron. Los soldados van adonde se les asigne. Aparentemente, los "patitos" también.

Primero teníamos que familiarizarnos con el laberinto procesal. Si un acusado es encausado sin una querella juramentada, ¿de cuántos días dispones para arreglar dicho error? Si no se arregla dicho defecto a tiempo, ¿cómo manejas una audiencia preliminar de causa probable? También salíamos de patrullaje para tener una idea de cómo hacían su trabajo los policías, las rutinas y los asuntos a los que deberíamos ser sensibles. Cada seis días, trabajábamos un turno de nueve horas en la sala de querellas, entrevistando a los oficiales encargados de los arrestos y a los testigos, para preparar los cargos iniciales de cada caso. Cada arresto callejero en la ciudad pasaba al sistema a través de esa habitación, que se parecía a la sala de emergencias de un hospital en una noche violenta. Parecía un caos, pero había orden y disciplina bajo la superficie, y esa combinación me llamaba la atención. De igual manera me gustaba la presión de la improvisación, el consuelo de tener reglas claras, y la inspiración de trabajar para un bien mayor.

La oficina de Bob Morgenthau, el Jefe, era un modelo de eficiencia. Pero la ciudad no tenía fondos. Mi primera oficina fue una antesala, en realidad una entrada, donde de alguna manera habían empotrado un escritorio. Más tarde, la rotación me depositó en un espacio compartido, un poco más cómodo, aunque mi escritorio todavía bloqueaba la entrada, detrás de la cual se encontraba un viejo sofá, con la tela de crin de caballo asomándose por el cuero agrietado. Los papeles estaban amontonados por doquier: pilas de expedientes, cajas de evidencia, el almuerzo de alguien. En el verano, el aire acondicionado fallaba constantemente y el sudor me traspasaba el traje, mientras que en invierno las mismas habitaciones eran cavernas con corrientes de aire que me obligaban a quedarme todo el día con el abrigo y los guantes puestos. Las luces eran tenues, los cables eléctricos estaban pelados y la plomería goteaba, algunas veces dentro de las salas de justicia.

De todos los recursos que escaseaban, el tiempo era el más notable, y el mío tal vez más que el de la mayoría. Kevin había sido aceptado en el programa graduado de bioquímica de Princeton, así que nos mudamos de New Haven. Después de nuestro acogedor nido en la avenida Whitney, nos encontramos viviendo cerca del campus en una vivienda para estudiantes graduados que había sido construida durante y después de la Segunda Guerra Mundial para albergar a las familias de los soldados que regresaban del frente. Yo viajaba en tren entre Princeton y Manhattan, a veces hasta dos horas cada trayecto. Salía de casa al amanecer y rara vez regresaba antes de las nueve. Kevin cocinaba y compartíamos una cena tarde en la noche, aunque yo siempre estaba muerta de sueño antes de tomar el breve respiro del fin de semana. Sobrevivía la semana a base de latas de Tab y de mi propia adrenalina.

Si había tensión en nuestro matrimonio por culpa de las largas horas de trabajo, yo estaba demasiado ocupada para darme cuenta. Lo que sí veía en el pequeño rincón de mi conciencia que no estaba ocupado con casos, procedimientos y los pormenores del derecho penal era que Kevin por fin estaba trabajando en algo que lo entusiasmaba, y recibía reconocimiento por ello. Estaba encantado de estar de regreso en Princeton, esta vez por su cuenta, y estaba haciendo nuevas amistades. Él prosperaba en lo suyo, igual que yo en lo mío.

En las audiencias de práctica que eran parte de nuestro adiestramiento, yo hacía la función de abogada de la defensa. De alguna manera, por puro instinto me di cuenta de que una testigo insinuaba vagamente que había visto algo, pero evitaba declararlo directamente. En el contrainterrogatorio formulé una pregunta aparentemente tangencial que la llevó a describir las condiciones precisas que habrían hecho imposible tener una línea de visión directa. El fiscal auxiliar sénior a cargo del ejercicio se me acercó después.

—He estado haciendo este entrenamiento durante años. Tú eres la primera persona que ha detectado una laguna como esa en el relato de un testigo y luego lo ha desmantelado.

Tuve suerte de ser ágil de mente ya que fui la primera de los "patitos" asignada a un caso que llegó a juicio. Sucedió más rápido de lo que yo pensaba, en agosto, a solo semanas de haber empezado. Ninguno de nosotros esperaba entrar a una verdadera sala de justicia antes del nuevo año.

El caso era el de un joven negro acusado de desorden público por involucrarse en una pelea callejera. Él era estudiante universitario, muy bueno por cierto, y provenía de un hogar sólido. Se había declarado inocente durante la lectura de cargos. Su defensora era Carole Abramowitz, una abogada experimentada en asistencia legal, que había defendido delitos graves durante años. No sé por qué ese día estaba a cargo de un delito menos grave; pero estaba decidida a que desestimaran el caso, sabiendo muy bien que declararse culpable hasta del menor de los cargos podría destruir el futuro de un muchacho negro. Eso era todo lo que yo sabía del caso, y me estaba enterando en el mismo instante en que la abogada de la defensa y yo nos encontramos frente a la jueza Joan Carey en la primera conferencia sobre el caso. Normalmente, yo misma escribía la querella y entrevistaba al oficial a cargo del arresto. Pero me asignaron ese caso cuando mi predecesor se fue de la oficina, un expediente en una gran pila que tiraron en mi escritorio y que yo ni siquiera había abierto todavía.

—Estamos listos para ir a juicio —dijo Carole Abramowitz.

—Comenzamos el lunes —dijo la juez Carey.

—Pero, pero, pero, pero… —tartamudeé.

Era viernes. Necesitaba tiempo para prepararme. Necesitaba buscar a los testigos. ¡Era un juicio de verdad!

La juez Cary me miró implacable. Se quejó de que no estábamos moviendo los casos con suficiente rapidez.

—Empezarás el *vwa-dir* el lunes o desestimaré el caso.

Por lo menos, eso fue lo que oí. Subí corriendo las escaleras hasta la oficina de Katie Law, asesora de los "patitos" en nuestra oficina de juicios. Katie se había graduado en Harvard y había regresado a la escuela de leyes después de criar tres hijas y divorciarse. Era toda una reina de belleza del sur, de familia rica. No necesitaba estar en las trincheras de la oficina de fiscalía, pero le apasionaba el servicio a la comunidad. Y tenía una paciencia infinita con los principiantes.

—Katie, ¿qué significa *vwa-dir*?

Movió la cabeza en señal de desesperación.

—Están enviando bebés a la cueva del lobo.

No era culpa mía, me aseguró: no se puede cubrir todo en un curso de capacitación de dos semanas. Katie se pasó el resto de la tarde explicándome el proceso de entrevista (*voir dire*) y selección del jurado, las estrategias para aprovechar esa oportunidad no solo para descalificar jurados desfavorables, sino para establecer una buena relación de entendimiento con los seleccionados. La conciencia pública sobre el *voir dire* es mucho mayor actualmente gracias a la cobertura mediática de juicios de alto perfil, sin mencionar los dramas de televisión sobre cortes y la ciencia de selección del jurado que ha engendrado una industria de asesores. Pero cuando empecé en Fiscalía todo era muy arcano, particularmente porque el estado de Nueva York es una de las pocas jurisdicciones en las que los abogados pueden participar en el proceso (en muchos estados, así como en el sistema federal, es manejado por los jueces).

Me gustaría decir que mi primer juicio verdadero fue un triunfo del espíritu contra la experiencia, pero la realidad es que Carole Abramowitz barrió el piso conmigo, y luego la mala suerte me remató. La sala era una oficina remodelada con unas cuantas hileras de sillas de madera plegables destartaladas que servían como tribuna al jurado y galería, y el estrado del juez era de *plywood* pintado. En medio de mi conclusión, la atención de todos de repente se viró hacia otra parte: al abuelo del acusado se apretó el pecho, empapado en sudor. La hija del anciano, a su lado, entró en pánico. La juez decretó un receso; los paramédicos entraron corriendo. Para cuando se determinó que el pobre hombre estaba bien, una hora de confusión se había interpuesto antes de que yo pudiera continuar mis comentarios. El jurado tardó menos tiempo que eso en encontrar al muchacho inocente.

Si algo redimió ese día fue el orgullo que sentí cuando me presenté al jurado, diciendo:

—Soy Sonia Sotomayor de Noonan y represento al pueblo del condado de Nueva York.

Fue un momento de gracia que se repetiría y me conectaría a tierra al comienzo de cada caso que llevé a juicio posteriormente.

Si mi primer juicio fue una caricatura de caos, el segundo fue un desastre de otro tipo. Un hombre comenzó a pelear con la esposa en el metro. La persiguió gritando fuera del tren, la golpeó y la pateó en la cara cuando esta cayó a la plataforma de la estación. Un buen samaritano corrió para intervenir y le dio al esposo con un paraguas. Acto seguido, el acusado le dio un puño en la cara al buen samaritano que lo dejó con un ojo morado. Como ocurre con frecuencia en casos de violencia doméstica, la esposa no quería testificar contra el marido, pero una joven fiscal justa y decidida no iba a dejar que eso se interpusiera en su camino. Cité a la esposa del acusado.

Pero el día del juicio la esposa no se presentó. Tenía una excusa razonable: estaba en el hospital. Pero estuvo claro que había programado un procedimiento electivo para ese día para evitar acudir a la corte.

Aun sin el testimonio de la esposa, logramos un veredicto de culpabilidad. La abogada de la defensa era Dawn Cardi, una novata de la Legal Aid Society en su primer juicio. Se desempeñó con la misma torpeza que lo hice yo en mi debut y, en comparación, esta vez yo parecía una veterana (¡pobres del juez y el jurado, que tuvieron que oírnos a las dos presentar el caso!). Hubo momentos durante el contrainterrogatorio en que parecía que Dawn trabajaba para la otra parte, como cuando hizo que el buen samaritano repitiera su historia. Afortunadamente, no hubo ataques cardíacos, pero Dawn se distrajo por el proceso de admisión a la colegiación: mientras el jurado estaba deliberando, tuvo que salir corriendo a su ceremonia de juramentación. Cuando regresó, el jurado presentó el veredicto de culpabilidad. Cualquier placer que yo hubiera podido obtener de mi primera convicción se esfumó cuando regresamos para escuchar la sentencia.

—Señorita Cardi, estoy inclinado a enviar a su cliente a prisión por un año —dijo el juez.

Dawn palideció y comenzó a temblar. Yo también estaba paralizada en ese momento, viendo que había logrado algo terrible.

—¡No puede hacer eso! —balbuceó Dawn—. Él trabaja. Su familia depende de él para su sustento. Nunca antes ha sido arrestado. Esto lo destruirá. ¡No puede enviar a este hombre a la cárcel!

Mientras fluía el nervioso torrente verbal de Dawn, yo pensaba en cuánto había llegado la esposa de ese hombre para no estar allí. Y una parte de mí hubiera preferido no haber estado allí tampoco. Siempre he pensado que las personas son responsables en última instancia de sus actos y no tolero de ninguna manera el maltrato conyugal. Pero también entendía que el acusado no sería el único que sufriría las penurias de su castigo. La cárcel podía ser un castigo justificable y la única protección absoluta de la esposa contra sus golpes, pero toda la familia estaría pagando un alto precio.

Dawn se apagó y el juez me miró.

—Creo que la señorita Cardi tiene razón —me escuché decir, sin premeditación y fingiendo una seguridad que no sentía por dentro.

Reconocí que enviarlo a la cárcel tendría consecuencias negativas para su familia. Dije que estaría satisfecha con una probatoria si Dawn podía ponerlo en un programa de tratamiento contra la violencia doméstica que requiriera asistencia regular y si, además, se aseguraba de que su esposa estaría bien. Para un hombre en sus treinta y pico sin arrestos previos, pensé que un tratamiento regular y la amenaza inminente de la cárcel sería suficiente protección para su esposa.

—Busque el programa —le ordenó el juez a Dawn. Y las dos respiramos aliviadas.

Dawn me dio las gracias después. Estaba asombrada por mi concesión, que parecía especialmente extraña viniendo de una principiante, dado que la carrera de un fiscal se fundamenta en una reputación de rudeza y en haber obtenido sentencias severas. Tuve mis propias dudas en el momento de rendir mi informe a John Fried, el jefe de mi oficina. John me escuchó hasta el final y respondió en su típica manera analítica y deliberada. Dijo que él habría actuado de diferente manera porque la agresión contra el buen samaritano sugería un peligro para la sociedad, pero reconoció mi razonamiento:

—Hiciste lo que pensaste que era correcto.

La libertad de ejercer mi juicio sin temor a ser sancionada fomentó una seguridad que me ayudó a crecer más rápido en el trabajo.

Dawn y yo nos encontrábamos a menudo, porque su sección de la Legal Aid Society estaba asignada a mi oficina de juicios. A pesar de la regla extraoficial de no confraternizar entre abogados defensores y fiscales, nos hicimos amigas y entonces nuestras conversaciones a menudo pasaban a temas mayores. Con frecuencia, comenzábamos en lados opuestos de un argumento, reconociendo que nuestras perspectivas estaban condicionadas por las diferencias de nuestras personalidades. Dawn era defensora pública por naturaleza, su apoyo a los de abajo se cimentaba en una desconfianza innata de la autoridad. Yo era por naturaleza más fiscal, una criatura de reglas. Si el sistema no funciona, mi inclinación es arreglarlo, no combatirlo. Tengo fe en el derecho procesal, y si se lleva a cabo justamente, puedo vivir con los resultados, no importa cuáles sean.

Esto puede sonar ingenuamente idealista; pero hay lugar para el idealismo en la práctica del derecho. Es lo que motiva a muchos de nosotros a entrar en la profesión; sin lugar a dudas, es lo que impulsa a algunos de nosotros, abogados, a convertirnos en jueces.

Dawn acudió a mí angustiada por otro caso que compartimos.

—Tienes que ayudarme —me suplicó.

Era una historia triste: su cliente había vivido toda la vida en instituciones, primero en hogares de acogida y luego veinte años en prisión por matar a un hombre en una pelea. Al salir con libertad condicional de por vida, el único apoyo que recibió fue una ficha para el autobús. Sin destrezas de vida, incapaz de buscar trabajo, sobrevivió vendiendo tubos de cobre que arrancaba de un edificio abandonado, sin tener conciencia plena de que eso era robo. Los términos de su libertad condicional eran que una sola infracción, así fuera una declaración de culpabilidad ante un cargo reducido de desorden público, lo enviaría de vuelta a la prisión estatal. Había algo en ese hombre que hizo que Dawn confiara en él. A fin de cuentas, no se estaba portando tan mal. No estaba traficando drogas, no había asaltado a nadie. No habría estado robando tubos si hubiera tenido alguna ayuda para encontrar empleo. Hasta había conocido a una chica y estaba enamorado... Dawn me convenció de aceptar un A.C.D., aplazamiento en contemplación del desecho de la demanda, y lo colocó en un programa de empleo. Si se mantenía alejado de los problemas durante seis meses, se desestimarían los cargos.

Un día, dos años más tarde, me estaba esperando fuera de la sala. Se presentó y me dio la mano.

—Usted no me recuerda —me dijo—. Yo soy el tipo que robaba las tuberías.

Había encontrado empleo y lo habían ascendido a supervisor. Además, se había casado con su novia. Ahora tenían un hijo y estaban esperando otro.

La cualidad de la misericordia: "Bendice al que la concede y al que la recibe".

A pesar del impulso de misericordia ocasional, yo estaba acumulando convicciones. Aparte de mis inseguridades —tenía muchas (todavía las tengo)— era ferozmente competitiva (todavía lo soy). Me volví adicta a la emoción de los enfrentamientos verbales en un juicio, a la euforia de tener que reinventar una estrategia al instante, sin saber si funcionaría bajo el espectro de un juez que en cualquier momento podía pillarme con una pregunta. Temiendo tal humillación, me preparaba compulsivamente, como lo hacía en la escuela de derecho; y mi recompensa era la oportunidad de salir y arriesgarlo todo otra vez al día siguiente. Que nunca podía estar segura de mí misma mientras lo hacía era una de las grandes razones por las que amaba mi trabajo de litigante.

Acumular acusaciones de cargos principales —convicciones para los cargos más graves— dejando poco terreno para negociar se convirtió en el equivalente adulto de coleccionar estrellitas doradas en quinto grado. Me gustaba particularmente el reto de llevar a juicio casos de víctimas poco agradables y testigos poco confiables, como el adicto a quien otro adicto le robó la metadona, o la pareja de ancianos con cincuenta delitos graves entre ambos que fueron asaltados por su protegido, un aprendiz de estafador, o casos que eran circunstanciales, sin esperanza, como el joyero cuya bolsa de piedras preciosas valorada en medio millón de dólares desapareció después de que una familia de gitanos invadió su tienda (¿quién hubiera podido asegurar que era cierto que las piedras preciosas existían antes de que yo las recuperara?). Gané unas cuantas de esas batallas.

Sin embargo, no estaba dispuesta a iniciar el proceso de un caso en el que simplemente no creía. Tuve mucha suerte, por tanto, de tener como mentor a John Fried, quien personificaba esa clase de actitud comedida.

La imparcialidad esencial de John iba a tono con las

normas idealistas que Bob Morgenthau estableció para la Fiscalía. No obstante, con frecuencia me sentía que nadábamos en contra de corrientes de fango, sin ver claramente la respuesta correcta. Cada fiscal manejaba más de cien casos al mismo tiempo; la conveniencia y la justicia dura eran la orden del día. Chapuceábamos, nos las arreglábamos con las herramientas que teníamos a mano, hacíamos triaje en las trincheras, pero nos esforzábamos por hacerlo con integridad.

Quizás mi manera de procesar delitos menos graves con una ferocidad generalmente reservada para los delitos graves parecía a algunos demasiado valiente. En realidad, eran más bien maripositas en el estómago y el miedo incesante de dejar algo al azar lo que hacía que me preparara y argumentara con tanta intensidad. Pero, por alguna razón, fui uno de los primeros 'patitos' del grupo en ser ascendido al área de delitos más serios. Para la época en que me trasladaron a delitos graves, John Fried también había sido ascendido y fue sustituido en la jefatura de la oficina por Warren Murray. Warren tenía un estilo diferente: extremadamente discreto, pero cien por ciento duro como fiscal. Me preocupaba cómo me iría con él.

Me dieron algunos casos de delitos de bajo nivel y otros que iban a re-someter a juicio. Uno de esos casos fue un robo de cartera. El abogado defensor me advirtió que no era sólido, y yo me descorazoné al ver que los hechos, más que escasos, eran prácticamente inexistentes. El joven acusado no tenía antecedentes. Sus maestros lo describían como tranquilo, educado, de buena conducta, pero lento en su desarrollo. Nunca faltó a clases. Entrevisté a la víctima, una anciana. Ella no había visto la cara del ladrón porque corrió dándole la espalda en dirección a la entrada del metro. La policía atrapó a un muchacho confundido que encontraron sentado en el banco de la plataforma, esperando el tren de regreso de la escuela. La mujer lo identificó por la chaqueta oscura que usaba, igual que la del ladrón, aunque no pudo decir de qué color era. Nunca encontraron la cartera.

Escribí una descripción de la evidencia y se la llevé a Warren.

—Tienes razón —dijo—. Es débil. Pero tenemos la acusación y nuestro trabajo es procesarla. Dejemos que el jurado haga el suyo; lo absolverán.

Regresé a mi escritorio y reflexioné cómo argumentar eso ante un jurado. Fui a casa a Princeton esa noche y seguí pensando.

Cuando entré en la oficina de Warren por la mañana, estaba honradamente indignada y exaltada, pero en total control.

—No voy a llevar este caso. No puedo mentirle al jurado. Si crees que puedes entrar en una sala de justicia y argumentar que hay base para condenarlo, vas a tener que hacerlo tú mismo. —Tiré el expediente en su escritorio y salí.

—Oye, yo solo necesitaba asegurarme de que tú estabas segura —dijo mientras corría detrás de mí.

—¿Por qué no me preguntaste?

—Supongo que algunas veces tengo que jugar a ser abogado del diablo.

Pude haberlo hecho sin tanto drama. La oficina rehusó procesar el caso.

La primera vez que me presenté frente al juez Harold Rothwax, protestaba con una gran pataleta por todas las tardanzas que habían dilatado un caso antes de que me lo reasignaran.

—Y ahora, obviamente —gritó—, usted va a decirme que es nueva y ¡necesita un mes para prepararse!

Le prometí que, si me daba quince minutos para confirmar la disponibilidad de los testigos, estaría lista para ir a juicio la semana siguiente. Eso hizo que me ganara su cariño permanentemente. Con tantos juicios de delitos menos graves a mis espaldas, tenía la seguridad —o la audacia de la ignorancia— de confiar en mi desempeño bajo presión. Si algo conocía eran mis propios estándares de preparación. Y, por supuesto, nunca sufriría la vergüenza de su advertencia sarcástica sobre "evitar los peligros de prepararse en exceso", disparada a tantos otros abogados. Por el contrario, una vez recibí una especie de cumplido indirecto de su parte cuando, leyendo uno de mis escritos, admitió

—Las faltas de ortografía supuestamente son señal de genio. Usted debe tener muchas.

El juez Rothwax estaba a cargo de determinar todas las mociones previas a juicio relacionadas con delitos graves de mi oficina. Era terriblemente exigente e infamemente implacable con los abogados que le hacían perder el tiempo. En una ocasión, hasta envió a un abogado defensor a la cárcel diez días por impedir el inicio de un juicio. Le decían El Príncipe de las Tinieblas, Dr. Catástrofe y Yahvé, entre otros epítetos, particularmente por sembrar el terror en los corazones de los acusados siempre que alguno, con un caso débil, rechazaba su oferta de acuerdo. Su infame frase típica a los abogados de la defensa era: "Su cliente tiene el derecho constitucional de ir a prisión por el máximo tiempo disponible".

Pero no todo era fuego y azufre. Detrás del humor infernal, una extraordinaria claridad mental y una aguda perspicacia legal mantenían el movimiento de los casos con asombrosa eficiencia. Un buen juez necesita habilidades gerenciales, así como un profundo conocimiento del derecho. Y no hay modo de exagerar el valor de tener la capacidad de mantener todos los hechos de un caso en tu cabeza. Puede que pasara dos minutos en una conferencia en un caso de rutina, un poco más en los que eran muy complicados, pero dos meses después recordaría todos los detalles.

A pesar de que difería de algunas de las opiniones del juez Rothwax sobre los procedimientos, y del hecho de que tampoco me atraía su personaje afectado de Príncipe de las Tinieblas, la integridad y rigor de su pensamiento, su pasión por la ley, así como la eficiencia de su sala ganaron mi admiración. Y él, por su parte, me ofreció un estímulo cordial. Hasta nos invitó a Kevin y a mí a su casa. Como con José Cabranes, aun el respeto más profundo no me hizo tan buena discípula como para seguir todos sus consejos. No obstante, durante esos años en la Fiscalía, mi sueño, largamente cultivado, finalmente encontró un ejemplo vivo en la presencia de Harold Rothwax envuelto en la toga, la primera personificación de un ideal que tuve la oportunidad de observar de cerca.

Poco tiempo después de llegar a delitos graves, procesé al mismo acusado en dos juicios consecutivos. Eran dos delitos distintos; de ahí los dos juicios: el acusado se había fugado estando bajo fianza por un cargo anterior de robo, la orden judicial pendiente se descubrió cuando fue atrapado por un robo subsiguiente. Mis casos eran sólidos pero, combatiendo contra un abogado defensor muy experimentado de Asistencia Legal, perdí ambos. Fue un golpe duro para mi ego, pero lo peor fue que no podía descifrar en qué había fallado.

—Está bien, dime qué hiciste —me dijo Warren, en su tono usual.

Le expliqué paso por paso mi presentación de ambos casos. Identificó el problema al instante: yo estaba apelando a la lógica, no a la moral, y a todos los efectos había dejado escapar al jurado. Ya que es doloroso para la mayoría de los jurados votar "culpable" y enviar a un ser humano a prisión, no puedes simplemente razonar con ellos para que lo hagan; tienes que hacerles sentir que es necesario.

—Tienen que estar convencidos de que tienen la responsabilidad moral de condenar —me explicó Warren.

Incluso el argumento lógico más perfecto, desprovisto de pasión, haría que la decisión pareciera más una discreción personal que un deber solemne.

Comunicar tu propia certeza moral no significa necesariamente sobreactuar. Pero, al igual que cuando describí el asesinato de Kitty Genovese en la competencia de oratoria, la diferencia entre ganar y perder se reducía a apelar a las emociones en vez de solo a los hechos. Era algo que Abuelita pudo haberme dicho sin haber ido a la escuela de derecho. Y era algo que, aparentemente, yo ya sabía en la secundaria, aunque fuera solo de manera intuitiva, antes de dejar a un lado la conciencia y dedicarme por años a aprender a razonar desapasionadamente en Princeton y Yale.

Concederme permiso para usar las aptitudes innatas de mi corazón y aceptar que la emoción era perfectamente válida en el arte de la persuasión significaba un enorme progreso. Warren me enseñaría mucho más en cuanto a técnicas en los juicios, al igual que John Fried, Katie Law y otras personas en Fiscalía. Pero esa fue la lección más importante que aprendí. Cambió totalmente mi enfoque ante los jurados, desde el *voir dire* hasta la estructura de mis recapitulaciones, y los resultados hablaban por sí solos: nunca más perdí un caso. Un par de veces el jurado no pudo llegar a un veredicto, y en otras tantas la convicción fue por menos cargos de los que se habían formulado, pero nunca hubo una absolución.

Aplicar esa ventaja de la inteligencia emocional en la sala de justicia, como en la vida misma, depende de estar atento; la clave es observar y escuchar. No necesitas tomar notas, el taquígrafo de la corte está escribiendo cada palabra. Si bajas la vista a tu libreta de apuntes, pierdes ese asomo de duda que cruza la cara del testigo. Garabatea en lugar de escuchar y no notarás el instante de vacilación cuando el testigo divaga buscando las palabras, evitando las que pudieran fluir naturalmente para preferir aquellas de cuya verdad está más seguro.

Esa atención también sirve para sostener una de las supremas responsabilidades del litigante: no aburras al jurado. Si estás palpablemente presente en el momento, constantemente atento y receptivo a tus oyentes, ellos te seguirán a donde los conduzcas. Si, por el contrario, estás leyendo un libreto, hablando con monotonía como si ellos no estuvieran allí, muy pronto no estarán, sin importar cuán inexpugnable sea tu argumento.

El caso del estado es una narración: la historia de un crimen. La defensa solo tiene que sembrar dudas sobre la coherencia de la historia. Los elementos del "por qué" de la historia tienen que tener lógica —qué habría motivado a esa persona a lastimar a esa otra— antes de poder captar la empatía de los jurados y ponerlos en el lugar del acusado o de la víctima, según sea el caso: hacerles sentir la fría hoja de la navaja en su cuello o el dolor de la devoción poco apreciada que puede llevar a alguien a robarle a su antiguo empleador. Los particulares son los que hacen la historia real. Al examinar a los testigos, aprendí a formular las preguntas generales de manera que sacara detalles con poderosas asociaciones sensoriales: los colores, los sonidos, los olores, eso deposita una imagen en la mente y coloca al oyente en medio de una casa en llamas.

Por supuesto, las narraciones pueden ser escurridizas. Katie fue quien me enseñó qué hacer cuando, por causas ajenas a tu voluntad, la historia que se está desarrollando cambia de repente, lanzando tu caso a un caos inesperado. En ese caso, todo depende del poder de la improvisación y la destreza de cambiar de táctica como si fuera parte de tu estrategia desde el principio. Si un testigo altera su testimonio sin aviso, el fiscal listo simplemente desvía el énfasis del testimonio y resalta el peso de la evidencia circunstancial. Preparar el caso siempre conlleva dos pasos: elaborar la estrategia basándose en la razón y la lógica, y lanzarse a ella en cuerpo y alma. Si tienes que revisar el plan, suspende las emociones y vuelve a la lógica hasta que puedas pensar en algo que puedas vender con pasión.

Otras lecciones las aprendí sola, muchas veces en contra de la creencia popular. Algunos fiscales, por ejemplo, buscaban razones legítimas para eliminar a los candidatos negros e hispanos del jurado en el proceso de entrevista, suponiendo que las minorías están prejuiciadas a favor de los acusados. Para mí eso solo tenía sentido si veías a todas las personas de color como perpetradores potenciales y creías, lo que es más inverosímil, que todos ellos también se veían entre sí de la misma manera. Para mí, era evidente que cualquier negro o latino que trabajara, estudiara o se quedara en la casa a cuidar de un padre anciano fuera posiblemente tan respetuoso de las leyes como cualquiera en mi propia familia y, en cualquier caso, era más probable que fuera la víctima de un delito y no quien lo cometiera. La noción de que, basándose en solidaridad racial o étnica, iban a dejar en libertad a alguien que pudiera poner en peligro a la comunidad era ridícula en el lugar de donde yo venía. Así que formaba mi jurado con la clase de personas entre las cuales crecí. De nuevo, los resultados hablan por sí solos.

Como he dicho, la Oficina de la Fiscalía no era el empleo con el que sueña la mayoría de los graduados de la Escuela de Derecho de Yale, pero me sirvió de base para formarme un temperamento judicial que Yale no podía enseñarme. Además, me dio la confianza para reconocer mis circunstancias personales como algo más que una desventaja a vencer.

Veinte

En la primavera de 1980, a los siete meses de mi primer año en la Fiscalía, Bob Morgenthau me alentó a unirme a la junta de una organización que él había ayudado a fundar y de la que había sido parte por casi una década.

—Tienen una campaña para reclutar talento joven y les di tu nombre —me dijo.

En esa época, muy pocos fiscales auxiliares donaban su tiempo pro bono o tenían tiempo de hacerlo. Ya yo sentía que estaba llegando al límite entre el viaje diario y la carga de trabajo, pero siempre es difícil rechazar la invitación del jefe, y eso era particularmente cierto con este Jefe, que se convertiría en patrocinador de mi carrera. Además, yo no era una extraña para la organización: el Fondo para la Defensa Legal y la Educación de los Puertorriqueños (ahora, LatinoJustice). Yo había solicitado trabajar allí estando en Yale. Durante la entrevista, me preguntaron por mis metas profesionales. Reconocí que todavía no tenía un plan a corto plazo, pero sabía que, en veinte años, quería ser juez de la Corte del Distrito Federal. El entrevistador levantó una ceja, lo que me hizo concluir que, en el futuro, mejor guardara en secreto mis fantasías. No obtuve el empleo, pero seguí interesada en la misión del grupo.

El Fondo, también conocido por sus siglas en inglés PRLDEF *(Pearl-def)*, fue fundado en 1972 por un grupo de jóvenes abogados puertorriqueños que, inspirados en el Fondo para la Defensa Legal del NAACP, deseaban utilizar sus capacidades legales para desafiar la discriminación sistémica contra la comunidad hispana. Para cuando me uní, el PRLDEF estaba sólidamente establecido y había ganado reformas importantes. El caso histórico de *ASPIRA* contra la Junta de Educación de la Ciudad de Nueva York resultó tan fundamental para los hispanos como lo fue *Brown contra la Junta de Educación* para los negros. Hasta el caso de *ASPIRA*, los niños puertorriqueños que procedían de la isla, donde el español era el idioma de las escuelas públicas, o de familias como la mía que hablaban muy poco inglés, entraban al sistema de enseñanza pública de la ciudad de Nueva York sin ayuda alguna para hacer la transición entre idiomas. Estos niños rutinariamente luchaban por mantenerse a flote e, incluso cuando estaban perfectamente capacitados, con frecuencia terminaban en clases para estudiantes con limitaciones intelectuales. Era natural que desertaran en estampida, convirtiendo una limitación imaginaria en una real; una necesidad temporal de ayuda correctiva, en toda una vida de empleos mal remunerados y pobreza. El decreto de acuerdo extrajudicial de *ASPIRA* que el PRLDEF ganó en 1974 estableció el derecho de los estudiantes con dominio limitado de inglés a recibir educación bilingüe en las escuelas públicas de Nueva York. Justo al año siguiente, mi prima Miriam entraría a la universidad y posteriormente se graduaría con la primera ola de jóvenes maestros que recibían un título en educación bilingüe.

En el PRLDEF trabajé en el comité de litigio, que contrataba a los abogados de la oficina y establecía las estrategias para los tipos de casos que aceptaríamos. También fui parte del comité de educación, que hacía los arreglos para las prácticas profesionales y encontraba mentores para las minorías, además de preparar materiales para el LSAT para ayudar a más latinos a estudiar derecho. Más allá de lo que aprendía de todos los modelos de conducta que tenía a mi alrededor, esas actividades me enseñaban la naturaleza de las organizaciones y cómo había que encontrar un equilibrio entre los intereses que competían dentro de las mismas: en una palabra, política. El trabajo de contratación de personal, en particular, me familiarizó directamente con el problema de asignar recursos limitados. Había quienes buscaban aceptar casos aun más grandes y cubrir más áreas de defensa. Por mi parte, yo prefería, como siempre, pasos más pequeños y sensatos. Algunas veces se producían choques de personalidades, especialmente debido a la presencia de tantos abogados que habían triunfado como litigantes agresivos en grandes entornos corporativos y ahora se movían en los espacios reducidos de una pequeña organización sin fines de lucro, en la que todos se encontraban involucrados emocionalmente. En ocasiones, estos conflictos pueden desgarrar la estructura misma de una institución si no se manejan con sabiduría.

Aprender cómo balancear las necesidades individuales con las necesidades igualmente reales de una institución fue una lección importante. Está bien estar del lado del hombre común y corriente, pero este también sufre a la larga si se descuidan la salud y las inquietudes del organismo mayor al cual pertenece. Ese punto sería más evidente un año después, cuando mi madre me telefoneó llorando para decirme que había perdido su empleo. Ella, junto con todo el personal del Hospital Prospect, se quedó en la calle cuando el hospital cerró sin aviso. La repentina bancarrota de la institución dio al traste con decenas de empleos, destrozó a una familia unida que compartió por décadas sus días laborables, puso en riesgo hogares y destruyó una institución que había revitalizado todo un vecindario. Mi corazón estaba del lado de los que habían perdido su sustento, pero mi mente calculaba: ¿Qué concesiones, qué decisiones habrían sido mejores para la bancarrota y para evitar esa triste pérdida para todas las partes? Viendo desaparecer el Hospital Prospect, apreciaba aun más el fino equilibrio, el cálculo estricto y los sacrificios personales que a la larga mantuvieron intacto al PRLDEF en los tiempos difíciles.

El PRLDEF fue mi primera experiencia verdadera de trabajo pro bono como era digno de un "ciudadano abogado". Continué allí durante doce años, hasta mucho después de dejar la Fiscalía, saliendo justo cuando me convertí en juez. Usar mi educación para ayudar a los demás era tan gratificante que, a pesar de no tener tiempo para mí, colaboré también con otros grupos durante esa época.

Siempre acogía con especial agrado cualquier oportunidad de trabajar en asuntos como el desarrollo económico y la educación, que eran vitales para la comunidad donde crecí. No solo me interesaba mucho por mi gente sino que entendía sus necesidades por experiencia propia. Pero, mientras me abría paso en el mundo, entendía cada vez más que ningún grupo es una isla. Hasta el grupo más cohesivo (o el más marginado) se compone de círculos de pertenencia superpuestos, igual que la identidad de cada individuo está constituida por muchos elementos. Hacer el bien significaba, en última instancia, tener en cuenta cualquier interés particular dentro de un contexto cívico más amplio. Es decir, un sentido mayor de comunidad. Las necesidades específicas de personas como aquellas entre las que crecí siempre me tocaban el corazón, pero cada vez más sentía el llamado del servicio más allá de los confines del lugar de donde procedía.

Fue en cierto modo ese espíritu el que me llevó a unirme al Campaign Finance Board de la ciudad de Nueva York, una organización relativamente nueva fundada tras los escándalos que sacudieron al estado de Nueva York a mediados de la década de 1980, cuando se descubrieron ciertas contribuciones astronómicas a campañas electorales, sin duda corruptas, pero en algunos casos totalmente legales. Era necesario supervisar el financiamiento del proceso electoral, no solo para evitar sobornos sino para garantizar el acceso a cargos públicos de aquellos candidatos que quedarían excluidos si el dinero fuera el único factor que determinara la carrera.

Lo que me atraía era la posibilidad de divisar una solución estructural a un problema largamente arraigado a partir de la simple creación del reglamento adecuado. Así de elegante puede llegar a ser la ética. También era un ejercicio estimulante el arte de lograr un acuerdo entre intereses opuestos, lo que era siempre mi primera respuesta ante la división política. El hecho de que siempre había estado inscrita sin afiliación a un partido aumentaba mi credibilidad como mediadora neutral. Pero el mayor recurso de la junta para reclamar imparcialidad y transparencia procesal era su director, el padre Joseph A. O'Hare. Sacerdote jesuita y presidente de la Universidad de Fordham, el padre O'Hare era un hombre de una integridad incuestionable, por lo que la justicia parecía garantizada. Bajo su liderazgo, la junta era ejemplo de cómo una agencia gubernamental podía estar por encima de líneas partidistas para trabajar por el bien común.

La CFB me introdujo en la escena política de la ciudad y del estado. Muchos abogados que conocí trabajando allí se convirtieron más tarde en personas influyentes cuyos conocimientos sobre mí, y su posterior respaldo, tendrían un impacto en mi carrera de maneras que no podía siquiera imaginar. Siempre había pensado que mi carrera estaría dedicada a los principios que trascendían la política, pero la realidad es que no hubiera existido otro camino a la judicatura federal fuera de esos canales políticos. Fue determinante que conociera a personas con influencia, quienes, aunque reconocían que yo no participaba en esfuerzos partidistas, podían ver que por lo menos era una mediadora honrada. La integridad que había cultivado con tanto celo por orgullo personal sería mi tarjeta de presentación cuando llegara el momento. Por lo menos, eso me dijeron después.

Algunas veces, las personas idealistas rechazan por completo la idea del *networking* o la creación de una red de contactos al considerarlo contaminado por la vanidad y la búsqueda egoísta de una ventaja sobre los demás. Pero la virtud en la oscuridad solo se recompensa en el Cielo. Para triunfar en este mundo, la gente tiene que conocerte.

Veintiuno

—**E**sto es muy difícil para mí —dijo mi madre—. Él es como mi hijo, Sonia. Lo vi crecer. Esto no es fácil para mí.

—Por favor, Mami. ¿Crees que es fácil para mí?

No puedo negar mi parte de culpa. El torbellino de la Fiscalía me consumía todo el tiempo y yo me sentía impulsada a dar el máximo en cada caso. ¿Cuántas noches me pasé estudiando minuciosamente los expedientes que llevaba conmigo a casa, apenas consciente de su presencia? Pero Kevin también estaba encontrando una nueva vida propia en Princeton de la que yo no formaba parte. De alguna manera, habíamos dejado atrás el primer florecimiento inocente del amor y su fiel atadura, sin haber desarrollado nuevos términos para nuestra relación.

De vacaciones en Cape Cod en el verano de 1981, nuestra primera vez allí, descubrimos entre nosotros un frío fuera de estación, a la vez que nuestros ánimos se caldeaban por cualquier cosa. Fue el preludio de la cautelosa mención, por parte de Kevin, de los cambios que habíamos experimentado y de cómo ya no sentía una conexión conmigo. Hablar sobre nuestra relación, sobre sentimientos, no era algo natural para nosotros. Incluso al principio, en la secundaria, cuando podíamos hablar durante horas sin parar, siempre era sobre algún interés compartido o sobre nada en particular, pero nunca sobre nosotros.

Era tarde cuando regresamos al apartamento en Princeton después de cuatro horas de viaje en un incómodo silencio. Tropecé con la correspondencia que se había acumulado. Mañana será otro día, pensé y caí en la cama.

Por la mañana abrí un sobre del DMV. Les había tomado los cinco años que llevábamos de matrimonio enviarme una nueva licencia de conducir con mi nombre de casada.

—¿Sabes, Kevin? Si nos separamos, probablemente les tome otros cinco años volver a cambiar mi nombre.

Estaba bromeando, hasta cierto punto.

—Seguro que lo hacen todo el tiempo.

Hay cosas que sabes en tu corazón mucho tiempo antes de admitirlas conscientemente, hasta que, de repente, algo despierta la inescapable certeza. Esa respuesta flemática, sin vacilación, contenía una verdad que ya yo no podía silenciar: nuestro matrimonio había terminado. Cuando Kevin se fue a trabajar, levanté el teléfono. Yo nunca me había quejado de él con Mami, nunca había mencionado ningún problema entre nosotros. Para mí, las relaciones son privadas. A menos que fuera algo realmente grave, mi madre no necesitaba saberlo. Siendo esta la primera vez que oía que había algún problema, le estuve especialmente agradecida que no argumentara conmigo.

—¿Puedo irme a casa?

—Siempre, Sonia.

Kevin y yo hablamos de los detalles sin rencores. Acordamos que yo asumiría la deuda de la tarjeta de crédito, puesto que era yo la que se preocupaba por eso. A cambio, tendría la custodia del Honda Civic. El único problema es que yo no sabía manejar carros de cambios.

Nunca tomes clases de conducir con alguien de quien te estás separando. Cada vez que reventaba el *clutch*, a Kevin le daba una apoplejía, y ninguno de los dos necesitaba ese estrés adicional. Pero era inevitable, sobre todo porque se me estaba acabando el tiempo. Marguerite y Tom pronto vendrían a Princeton a ayudarme con la mudanza. Aunque estaba triste, abrumada y frustrada por no poder conducir el condenado carro, estaba decidida a salir del apartamento ese mismo fin de semana, incluso si tenían que llevarme en grúa por todo el camino hasta Co-op City. Estuve empacando hasta tarde en la noche antes de colapsar finalmente en un sueño agitado. Tuve un sueño extraordinariamente real: estoy en el carro, el motor está encendido, lo pongo en marcha, levanto el pie del *clutch* muy suavemente hasta que se acopla, le doy un poco más de gasolina, las ruedas se están moviendo. Qué bonito...

A la mañana siguiente llegaron Marguerite y Tom. Era claro, por los suspiros de ella y la conversación tensa, que para ellos la situación también era dolorosa. Cargamos el carro de ellos y mi Civic con cajas de libros y muy pocas cosas más. A juzgar por los objetos en los carros, yo no había acumulado mucho en la vida. Cinco años de matrimonio y apenas dos carros. Resultó que Marguerite sabía manejar carros de cambios y se ofreció a conducir. Pero yo insistí en hacerlo y le pedí que fuera conmigo. Cuando arranqué el motor, el conocimiento que poseía en el sueño parecía ser real. Mi cerebro debió haber aprendido durmiendo la lección que mi mente despierta no podía dominar por la tensión con Kevin. En estado hiperalerta, llegué a la autopista en cuarta velocidad. A partir de ahí, fue como deslizarse por un camino largo y despejado, con bastante tiempo para poner en orden mis pensamientos antes de enfrentarme al tráfico del Bronx.

Mami nos recibió con una alegría sombría mientras descargábamos las cajas del ascensor. La casa se sentía extraña a pesar de la familiaridad y, de cualquier manera, estaba vacía sin Junior. Él se había graduado de la escuela de medicina y se había mudado a Syracuse para hacer la residencia. Mami nos preparó chuletas para la cena y los olores de la cocina fueron un consuelo mayor del que podía imaginar. En poco tiempo estaríamos sacándonos de las casillas mutuamente, pero esa noche fue un alivio estar en casa.

La madre de Kevin, Jean, estaba desconsolada por nuestra ruptura. A pesar del comienzo inestable de mi relación con ella, el hecho de tener una nuera superó su prejuicio y, con los años, había crecido una verdadera amistad entre nostras. Más tarde, ella me confesaría que solo cuando me marché se dio cuenta de que muchos de los detalles que Kevin tenía con ella —regalos de días de fiesta o una llamada telefónica oportuna— habían sido idea mía.

Al final, vendí mi anillo de matrimonio para pagarle al abogado que se encargó del proceso de divorcio. Aunque estaba triste cuando vi partir a Kevin, no me sentía más sentimental acerca de los convencionalismos del matrimonio de lo que me sentí el día de nuestra boda. Cuando le dije al juez Rothwax que me estaba divorciando y quería volver a usar mi nombre de soltera, él comenzó a usarlo de inmediato y se encargó de corregir a cualquiera que se refiriera a mí como la señora Sotomayor de Noonan. El DMV tardaría más tiempo en hacer el cambio.

Veintidós

Cuando llegó el verano de 1982, yo todavía no había decidido mi próxima movida, pero sabía que necesitaba un descanso de mi madre. Nos hubiéramos pasado peleando todo el tiempo si no me hubiera alejado por lo menos algunos fines de semana. Nancy Gold, ahora Nancy Gray, quien había sido amiga mía desde que se sentó a mi lado durante la orientación en nuestro primer día en la Fiscalía, tenía una propiedad a tiempo compartido en Fire Island. Ella quería que me uniera a su casa comunal, así que fui a verla. Era un caos: más gente que cuartos, fiestas y actividades hasta la madrugada.

—No es mi estilo, Nancy.

Pero ella insistía en que sería una excelente manera de impulsar mi vida social.

—No te preocupes por la multitud —dijo—. Yo tampoco conozco a muchos de ellos.

No sé por qué pensó que eso haría la idea más atractiva.

—Sólo inténtalo.

Al final, rechacé su sugerencia, diciéndole que necesitaba algo más tranquilo. Así que Nancy me presentó a una amiga de la universidad que estaba en otra casa comunal en la isla, una escena diferente, según la describió: comidas compartidas, noches tranquilas jugando juegos de mesa y leyendo. Sin pensarlo dos veces, me lancé de cabeza a esa aventura.

Mi primer tropiezo fue cuando el ferry me abandonó en el muelle tarde en la noche en medio de una tormenta que había tumbado las líneas eléctricas y telefónicas. Me perdí irremediablemente caminando una media milla desde el atracadero, a través de las dunas. Cuando finalmente encontré la casa y entré abruptamente, Mark Serlen, un compañero de vivienda que había estado dormitando, parecía que había visto entrar a un monstruo marino. Pero después resultó un verano encantador, exquisitamente tranquilo. En fines de semana alternos, Valerie, su prometido, Jack, Mark y varios otros amigos jugaban al *Trivial Pursuit* y al *Scrabble*, leían el *Sunday Times* o una buena novela de misterio, navegaban en el pequeño y envejecido esquife, cocinaban maravillosas cenas con almejas recogidas en la bahía y fumaban interminablemente. Confieso que la primera noche que pasé sola allí oía ruidos en la oscuridad y me armé con un cuchillo de cocina y palos de escoba. Pero, a la larga, llegué a sentir que no había otro sitio más seguro.

Repetimos el alquiler a tiempo compartido unos

cuantos veranos, hasta que cada uno optó por otros arreglos, pero las amistades que comenzaron en Fire Island se han mantenido. Los chicos crecieron y tienen sus propios niños. Los rituales de verano han dado paso a otras tradiciones, como los boletos para la temporada de ballet año tras año con Mark. Pero por lo menos un fin de semana cada verano regreso a la playa con mi familia de Fire Island.

Comencé a pensar en la posibilidad de volver a salir con alguien. Al principio fue algo incierto, lo admito, pero al ser extrovertida y disfrutar el proceso de conocer a otra persona en todas sus curiosas particularidades, llegué a disfrutar los *dates*. Nunca me enamoré perdidamente de nadie, pero conocí algunos hombres que renovaron mi fe en que podía ser atractiva y hubo quien incluso me causó un poco de esa anticipación nerviosa que no había sentido desde mis años de secundaria. Un pequeño romance puede hacer maravillas si estás preparada para disfrutarlo y dejar que se acumulen los momentos hasta ver qué pasa.

Probablemente nada limitaba tanto mis citas románticas como vivir en la casa de mi madre. Oírla gritar desde su habitación "¡Sonia, es medianoche! ¡Tienes que trabajar mañana!" no me hacía sentir exactamente como Mary Tyler Moore. Si estaba fuera hasta tarde, ella entraba en pánico. Si no me encontraba por teléfono, llamaba a todas mis amigas preguntando por mí. Nos estábamos amargando la vida mutuamente.

Dawn Cardi me dijo que su vecina en Carroll Gardens, Brooklyn, estaba alquilando un apartamento. Estaba a veinte minutos en tren desde mi oficina, en 100 Centre Street, y a cuarenta minutos a pie. El vecindario era excelente según me dijo, al estilo de Mayberry-on-the-Gowanus, pero italiano. Muchas de las familias en la calle habían vivido allí durante generaciones y se cuidaban mutuamente, lo que sonaba como el vecindario de Abuelita cuando yo era niña. Fui a verlo esa misma noche. El edificio tenía mucha personalidad, hasta conservaba el techo de hojalata original, y el apartamento era adorable. Naturalmente, el dueño quería un depósito de garantía. Le dije que le llevaría un cheque al día siguiente, sin saber todavía de dónde iba a sacar el dinero. Pero, antes de hacer el compromiso, le advertí que mi madre tenía que ver el lugar, no para tomar la decisión, sino para su paz mental, para que tuviera la certeza de que era seguro. Al dueño le gustó tanto eso que, según me dijo después, llamó al corredor en cuanto me fui para sacar el apartamento de la lista de alquileres.

Cuando Dawn y yo nos convertimos en vecinas, creamos una rutina acogedora. Al bajarnos del tren después de un día ridículamente largo, con frecuencia después de las diez de la noche, yo pasaba por su apartamento antes de llegar al mío la mayoría de las veces. Su esposo, Ken, se levantaba muy temprano para ir a trabajar así que usualmente estaba durmiendo, pero siempre dejaba un plato de comida para mí —sigue siendo un excelente cocinero. Dawn servía un trago para cada una y hablábamos sobre ese día en la vida del sistema de justicia criminal de Nueva York.

Realmente, para entonces habíamos encontrado otros temas de conversación además del trabajo, habiendo descubierto que teníamos muchas cosas en común en nuestra formación. Ella era hija de inmigrantes de primera generación que habían tenido que sortear la clase de retos que pueden dividir a una familia, lo que causó que cultivara desde temprano una evidente confianza en sí misma. Y, al igual que yo, tenía una madre con una extraordinaria fuerza de carácter, a quien yo llegaría a conocer y a querer como a otra madre, igual que a la de Marguerite.

Los parientes de mis amistades siempre se convertían en mi familia. Las raíces de esta costumbre nacen de mi infancia y de los patrones generales de la cultura puertorriqueña, del calor particular del abrazo de Abuelita y su presencia emotiva en el centro de mi mundo y del pueblo de mis tías, tíos, primos, parientes políticos y compadres regado por el Bronx. Observaba cómo la tribu iba extendiendo sus límites. Con cada matrimonio no solo se añadía un miembro sino todo un nuevo clan al nuestro. No obstante, en la familia de Abuelita, en última instancia, la sangre venía primero y ella enérgicamente favorecía a los suyos. Mi madre, siendo más o menos huérfana, con pocos parientes, tenía una mirada menos dogmática sobre el asunto. Ella trataba a la familia de mi padre como la suya y, cuando él murió, se apegó a su hermana, Titi Aurora, con una intensidad casi metafísica, sin mencionar que llenó el espacio disponible en la casa. Pero continuó ampliando la familia de amigos entre nuestros vecinos, ya fuera en los proyectos o en Co-op City.

He seguido el enfoque de mi madre en cuanto a la familia, rehusando limitarme a los accidentes de nacimiento, sangre y matrimonio. Como cualquier otra familia, la mía tiene sus rituales y tradiciones que preservan mis lazos con cada miembro, sin importar lo lejos que estemos. Mi amiga Elaine Litwer, por ejemplo, me adoptó para la Pascua Judía y, aunque aparte de eso veo muy poco a su familia, acompañarla al *Seder de Pesaj* cementó nuestra conexión. Acción de Gracias siempre se celebra en la casa de Mami y de Dawn. La Navidad pertenece a Junior y a sus hijos Kiley, Corey y Conner, cuando vienen. Los viajes se han convertido en otra fuente de tradición. Las amistades que pueden marchitarse por la distancia se conservan porque cada viaje a su ciudad, por cualquier motivo, se convierte en una ocasión para visitarlas. De esta manera, me mantengo esencialmente conectada a viejos amigos como Ken Moy y su familia, y establezco nuevas relaciones que me han sostenido.

Los niños elevan a otro nivel el arte de las familias postizas. Yo adoro a los niños y tengo una afinidad especial con ellos, una capacidad para ver el mundo a través de sus ojos que la mayoría de los adultos parece perder.

Puedo ser tan terca como cualquier niño, hora tras hora. No malcrío a ninguno; si juego con ellos, juego a ganar. Trato a los niños como personas reales. A veces, pienso que quiero más a los hijos de mis amigos que a mis amigos. A través de los años he adquirido más ahijados que ninguna otra persona que conozco, y me tomo muy en serio mi función.

Kiley es mía de una manera distinta.

La primera vez que la vi era poco más que una maraña de extremidades flacas como palillos y tubos en la unidad de cuidado intensivo neonatal: una libra, once onzas. Era increíblemente frágil y tenía pocas probabilidades de sobrevivir, pero me quedé allí parada, atónita al verla respirar suavemente, un milagro de la vida y la ciencia. Pensé que me las sabía todas sobre la familia hasta que el timbre del teléfono me despertó en medio de la noche: Junior llamaba desde Detroit para decir que había llevado a Tracey al hospital. Salí en el siguiente avión.

Junior había conocido a Tracey durante su residencia en Syracuse, donde ella era enfermera. Ella lo siguió a Filadelfia para una beca y allí se casaron antes de mudarse a Michigan. Ahora Junior estaba de pie a mi lado frente a la pared de cristal del ICU, recitando los detalles clínicos con su mejor voz de médico. Así era como evitaba desmoronarse, pero me daba cuenta de que estaba muy asustado. Me sentí más cerca de él en ese momento que nunca antes. No era solo el efecto de ver a mi hermanito pasando por la peor experiencia de su vida. Era, además, reconocer su fortaleza y devoción de padre. Junior, que ni siquiera se acordaba de Papi, había descubierto por sí solo lo que significaba ser un hombre.

La prognosis de Kiley no era buena, pero se evitaron las convulsiones que habrían traído complicaciones. Tracey pasaba horas y horas cada día sentada al lado de la incubadora, vigilando, hasta el día milagroso en el que pudo sostener a su hija por primera vez en sus manos. Parecía que casi a diario los médicos tenían que intervenir para solucionar algún nuevo problema. Pero, lentamente, muy lentamente, dejamos florecer la esperanza. Y un día, sentada sola a su lado, de alguna manera supe con absoluta certeza que Kiley lo lograría.

Pasó cerca de un año antes de que se riera por primera vez. Parecía que subía cada escalón a un paso dolorosamente lento. Siguió siendo diminuta, mi madre se horrorizaba con lo poquito que comía. Fui yo la que le dio guineo machacado con azúcar morena y le presentó las hamburguesas White Castle, viendo con placer cómo se comía hasta el final su primera hamburguesa. Pero hasta que cumplió cinco años no pude convencer a Junior de que la dejara pasar el día sola conmigo. Kiley no necesitaba que nadie la convenciera. Exploramos el Museo de los Niños, comimos helado en Serendipity, vimos el show de Navidad en el Radio City Music Hall y el nacimiento en San Patricio, todo en nuestra primera salida solas. Después de que Junior se mudó con toda la familia de Michigan a Syracuse,

Kiley nunca perdió una oportunidad de quedarse con Titi Sonia.

Al ver mi entusiasmo de tía loca —Titi Sonia es capaz de conducir por horas para cumplir una promesa a un niño o presentarse disfrazada de duende—, muchos seres queridos se preguntaban, naturalmente, si algún día tendría hijos propios. La respuesta nunca fue sencilla, aun cuando mi matrimonio parecía estable.

Las posibilidades de que tuviera hijos o, más bien, las potenciales complicaciones a causa de la diabetes, aterraban a mi madre. Ella le dijo a Kevin que, si teníamos la intención de tener hijos, ella contaba con que él se hiciera médico primero, no tanto para poder mantener a una familia sino para entender los riesgos inherentes. No era decisión de mi madre, pero yo no era indiferente a sus temores. Una parte de mí también los sentía. Sabía, por supuesto, que las mujeres con diabetes tipo 1 tenían hijos. No era imposible, pero la incidencia de complicaciones maternas era preocupante, particularmente porque yo había pasado la mayor parte de mi vida imaginándome que tendría suerte si llegaba a los cuarenta. Mi esperanza de vida y las probabilidades de tener un embarazo seguro habían mejorado junto con los métodos de control de enfermedades desde la época en que fui diagnosticada, pero todavía temía no llegar a vieja. Si bien ese riesgo no fue determinante en mi decisión, parecía indiscutible que tener hijos sería tentar al destino.

La adopción era una alternativa atractiva. Ocho años después del nacimiento de Kiley, Junior y Tracey adoptaron una pareja de gemelos, Connor y Corey. A Tracey le gusta destacar que son niños coreanos con nombres irlandeses, madre polaca y padre puertorriqueño —una familia estadounidense perfecta. Mis sobrinos son la única prueba que necesitaba de lo emocionalmente satisfactoria que puede ser la adopción. No obstante, todavía tenía miedo de no vivir lo suficiente para ver crecer a un hijo hasta la edad adulta. En última instancia, sacrificaría la satisfacción de la maternidad, aunque yo no diría que lo hiciera en aras de mi carrera profesional.

Me parece interesante cómo, incluso después del enorme progreso del movimiento de liberación de la mujer, la pregunta de si podemos "tenerlo todo" sigue siendo una controversia en los medios de comunicación, como si el ideal pudiera alcanzarse. La mayoría de las mujeres de mi generación que entraron a la vida profesional no renunciaron a la maternidad, y muchas tuvieron éxito en ambas cosas. Pero pagaron un precio que todavía paga la mayoría de las mujeres que trabajan fuera de casa (y los hombres también, pienso, si son padres devotos): una vida de arbitraje interno perpetuo que te hace sentir dividido siempre. Aunque en algún rincón de mi corazón todavía me aflige la ausencia de Mami durante mi infancia, le doy crédito, en cambio, al poderoso ejemplo que me dio como mujer trabajadora. Pero haríamos bien en olvidar el mito de "tenerlo todo", carrera y familia, sin sacrificar ninguna, junto con la noción perniciosa de que una mujer que escoge una sobre la otra es de alguna manera deficiente.

Durante mi época en la Fiscalía, las mujeres apenas comenzaban a entrar a la profesión de derecho en cantidades significativas. Muy pocas practicaban el derecho penal. Hombres y mujeres recibían igual salario en la Fiscalía, pero los ascensos llegaban con mucho menos facilidad a las mujeres. Vi a muchas mujeres que estaban igualmente calificadas tener que esperar mucho más tiempo que los hombres por el mismo progreso. Y ellas tenían que trabajar el doble de duro que los hombres para ganárselo, porque mucho de lo que hacían se miraba bajo la lupa de un sexismo casual.

Muchas veces, un defensor entraba a la sala antes de una sesión y le preguntaba a cada asistente jurídico o paralegal masculino a mi alrededor: "¿Tú eres el fiscal a cargo?", mientras yo estaba allí sentada en la cabecera de la mesa, invisible para él. Mi respuesta era no decir nada, y mis colegas hacían lo mismo. Si se ponía nervioso cuando finalmente descubría su error, eso no perjudicaba a nuestra parte y quizás sería menos probable que lo repitiera.

¿Habría sido capaz de superar esa cultura, así como la apabullante cantidad de casos, con un niño tirando de mi conciencia en un segundo plano a cada momento? Creo que no. La idea de otra vida completamente dependiente de mí, de la forma en que un niño necesita a su madre, no parecía compatible con la necesidad profesional de vivir a ese ritmo agotador. En esa situación, ya apenas tenía tiempo de lograr las cosas que había imaginado.

Al tomar una decisión diferente a la de muchas otras mujeres, de vez en cuando siento el pesar del arrepentimiento. Pero hay otras maneras de crear familias y me asombra el apoyo e inspiración que he recibido de las que he creado a partir de los círculos entrelazados de amigos. En su constante abrazo, nunca me he sentido sola.

Veintitrés

Unirme a la Fiscalía había representado una oportunidad de ejercer como abogada inmediatamente, así como de tener una participación activa en la protección de la gente. No había dudas sobre el encanto de la misión o la emoción que sentía al realizarla, pero mientras trabajaba jornadas de quince horas no me detenía a pensar en la experiencia diaria de enfrentar lo peor de la humanidad, de la misma manera en que tampoco pensaba en las sutiles señales del distanciamiento en casa. Fue Kevin quien me hizo ver lo que ocurría entre nosotros. Con el tiempo, ya superado el divorcio, tendría que descubrir sola lo que me estaba haciendo el trabajo.

Hay quienes, trabajando en agencias del orden público, se las arreglan para que su trabajo no altere su vida privada, pero son tan escasos como los santos. A mi alrededor, veía continuamente personas ensombrecidas por el cinismo y la desesperanza. Adiestrada en la sospecha, especializada en el contrainterrogatorio, si buscas lo peor en las personas, lo encontrarás. Desde el principio sentí que esos impulsos se oponían a mi optimismo esencial, a mi permanente fe en la naturaleza humana y en su potencial imperecedero de redención. Pero ahora podía ver señales de que yo también me estaba endureciendo y no me gustaba lo que veía. Hasta mi compasión hacia las víctimas, una vez un impulso inagotable de mis esfuerzos, se estaba agotando debido al espectáculo diario de fechorías y aflicciones. Comencé a preguntarme si no habría otros empleos igualmente dignos. Mientras tanto, perseveraba en la Fiscalía, convencida de que por lo menos estaba haciendo algo valioso.

Fue un delito relativamente menos grave lo que me hizo dudar incluso de eso. Un día, me encontraba trabajando en la sala de querellas. Mis ojos, como siempre, pasaron por alto los nombres cuando abrí el expediente nuevo, yendo directamente a los hechos del caso. Los nombres no aparecen en la narración del oficial encargado del arresto: siempre dice el acusado hizo esto, la víctima hizo aquello. Pero cuando llegué al final de la página, me dije a mi misma que ya había visto ese episodio. Ya habíamos agarrado a ese tipo. Lo habíamos juzgado. Lo habíamos encerrado. ¡Hubiera jurado que era el señor Ortiz!

Claro que era él. Había cumplido su sentencia, pero en cuanto puso un pie en la calle lo volvieron a atrapar en un delito que era una copia al carbón del anterior. Lo que había sido un delito menos grave la primera vez, ahora se convertía en un delito grave en virtud de la reincidencia, pero en todo lo demás los casos eran idénticos. Por supuesto, él no era el primer reincidente con el que me topaba, pero por alguna razón su caso ponía en evidencia cierta futilidad en mis esfuerzos. Si eso era el sistema, quizás debería trabajar para mejorarlo en lugar de simplemente aplicarlo en el frente de batalla.

En ese momento, el viejo sueño de convertirme en jueza, si bien todavía no estaba al alcance, por lo menos parecía algo por lo que debería razonablemente empezar a trabajar —mi mira estaba enfocada en la corte federal. La corte federal era donde se decidían asuntos de consecuencia amplia, casos que afectaban muchas más vidas que aquellos en donde había una víctima y un acusado. Tenía conciencia de eso desde la escuela de derecho, cuando estudié con particular fascinación todo lo que lograron las decisiones históricas de los jueces sureños, como el legendario Frank M. Johnson, Jr., para adelantar la causa de los derechos civiles y poner fin a las leyes de Jim Crow. La idea de que una sola persona podía hacer tal diferencia en la causa de la justicia era verdaderamente electrizante y, después de más o menos aceptar que mi carrera era una prioridad en mi vida, no vi razones para escatimar la ambición.

A esas alturas, había visto suficiente mundo como para imaginar cómo se vería el camino hacia tal meta. La mayoría de los jueces federales llegan a la corte tras una o dos hazañas: ser socios de un bufete prominente, o pasar una temporada importante, en algún momento de sus carreras, en el gobierno. Hay excepciones, por supuesto, pero el único requisito constante es una hoja de servicios de excelencia —en el ámbito académico u otro lugar— que llame la atención del comité de selección de un senador federal o del personal del Presidente. Hoy día, muchos jueces federales han sido primero fiscales federales y, si bien ese camino era menos usual cuando yo estaba en la Fiscalía, sabía que necesitaba un descanso del derecho penal. Durante el tiempo que estuve allí, en ocasiones fui a entrevistas cuando veía que había vacantes en el servicio público, pero sabía que necesitaría una experiencia más variada si iba a aspirar a ser mucho más que abogada de línea dentro de la burocracia gubernamental.

De cualquier modo, quería adquirir experiencia en derecho civil, un reto que acogí con agrado porque había disfrutado mucho mis cursos de derecho mercantil en Yale (después de todo, ¿cuántas personas reciben honores en el curso de transacciones comerciales o se interesan verdaderamente en el derecho contributivo?). Esos cursos me enseñaron, además, cuánto del trabajo legal incluía la representación de corporaciones y el poder económico. Para ser jueza, tenía que aprender a moverme cómodamente en ese mundo. Así que decidí que mi siguiente trabajo demandaría una inmersión en el derecho civil.

Cuando anuncié mi intención de dar el salto, Bob Morgenthau trató de disuadirme mucho más de lo que yo esperaba. Me indicó que probablemente me convertiría en jefa de la oficina si me quedaba, y ese puesto me podía llevar a la judicatura estatal, ignorando que mi mirada estaba puesta en la corte federal. Logró posponer mi partida por más de un año, asignándome unos casos que representaban retos excepcionales y estaban en el ojo público.

Fue muy poco después de ese intercambio que el jefe de mi oficina me llamó.

—Sonia, esta es una situación muy delicada. El Jefe quiere que seas tú quien lo maneje.

La oficina tenía que investigar una acusación de brutalidad policial presentada por el líder de la iglesia en Harlem. Las relaciones entre la policía y la comunidad negra ya estaban sumamente tensas. Un año antes, un hombre que había sido atrapado por vandalismo de grafiti cayó en coma y murió estando en custodia. Ahora, un reverendo de Harlem alegaba que lo habían golpeado después de pararlo por una infracción de tránsito. Los dos oficiales se defendían diciendo que el reverendo los había agredido.

—No voy a decirte cuál debe ser el resultado —dijo el Jefe—. Solo asegúrate de que la oficina no quede mal parada en la prensa.

Volví a oír de él una vez más durante la investigación, cuando me pidió un informe del caso. Aparte de eso, me dejó sola y mantuvo la distancia.

C. Vernon Mason, el conocido abogado de derechos civiles, representaba al ministro. De visita en mi micro-oficina, Mason me sermoneó largamente sobre la marginación de la comunidad, la ira de esta contra la policía, su desconfianza en las intenciones de la fiscalía, su propia opinión de que no podría hacerse y no se haría justicia, y declaró que su cliente no tenía intención de cooperar. Yo también le sermoneé: dije que el presumir la corrupción de todos los que trabajaban en el cumplimiento de la ley era una profecía que se cumplía por su propia naturaleza, cuyo efecto era únicamente sabotear el sistema, asegurando así que no se hiciese justicia. Le rogué que me diera una oportunidad. Pero no me dio ni el beneficio de la duda ni me prestó ayuda alguna en la investigación.

Mason no entendía de dónde venía yo como fiscal. A pesar de que respetaba muchísimo a la policía y apreciaba lo difícil que era su trabajo, había visto cómo las frustraciones de una gigantesca ola criminal y una respuesta deplorable por falta de fondos podían cambiar a personas que habían comenzado con la mejor de las intenciones. Las calles se habían vuelto peligrosamente impredecibles, un lugar donde la violencia puede intensificarse más rápido de lo que cualquiera puede razonar. Pero si la comunidad no podía confiar en las agencias del orden público, la labor de vigilancia policial se tornaba infinitamente más difícil y la misión quedaba condenada al fracaso. Si descubría que habían actuado mal ese día, los procesaría.

Durante tres meses, peiné las calles de Harlem todos los días en busca de testigos. Toqué en cada puerta de las calles donde había ocurrido el incidente, empapelé el vecindario con mis tarjetas, rogando a todo el que me escuchara que hablara conmigo si había visto lo ocurrido. Me senté en un taburete en el mostrador de la famosa comida sureña de Sylvia y charlé con todos los que entraban o salían. Pero nadie dio un paso al frente. Si alguien vio algo, nadie lo dijo.

Algo se logró, sin embargo: se observó un esfuerzo genuino. En última instancia, no se formularon cargos, pero tampoco hubo titulares explosivos. Las tensiones se calmaron, al menos por un tiempo. Pero la trama mayor no terminaría pronto. Los policías necesitarían capacitación especial. La comunidad tendría que aprender el valor de ayudar a la fuerza a reclutar, en lugar de marcar como traidor a cualquiera de los suyos que se uniera.

La segunda asignación importante que Bob Morgenthau me dio sería mi primer juicio de un caso de homicidio. Era un caso titánico, muy complicado, y un banquete para la prensa sensacionalista. Como novata en homicidios, no podía dirigir el proceso, pero Hugh Mo, el fiscal auxiliar sénior a cargo, se aseguró de que mi papel de copiloto estuviera lejos de ser pro forma. Hugh era delgado, con una voz resonante y gran personalidad; duro como fiscal, pero gentil hombre de familia —todo un camaleón en cuanto a estereotipos. Nuestras oficinas estaban contiguas y se nos hizo fácil y transparente el trabajo en equipo y la camaradería. Fue muy generoso al permitirme una participación visible en el caso contra Richard Maddicks, acusado de ser el 'Asesino Tarzán'.

La prensa había bautizado así al delincuente porque

su *modus operandi* incluía entrar por la ventana del apartamento de la víctima colgando de una soga que amarraba al techo. En un maratón de robos a mano armada a lo largo de varios meses, había aterrorizado a una pequeña zona de Harlem, matando a tiros a tres personas e hiriendo de gravedad a otras siete. Le disparaba a cualquiera que encontrara en la casa, sin importar si hacían o no resistencia o si representaban una amenaza. Hasta le disparó al perrito de una de las víctimas. Si algo impedía que terminara un trabajo, podía regresar al mismo edificio otro día o quedarse al acecho en una azotea vecina o esconderse en un conducto de aire por unos minutos hasta que pudiera continuar.

Los antecedentes de Maddicks lo decían todo: veinticinco años de carrera en asaltos y agresiones. Cuando lo arrestaron, estaba en libertad bajo palabra y mantenía una adicción a las drogas que le costaba $200 diarios. Sus botines como ladrón sugerían qué clase de personas eran sus víctimas: algunas fichas del metro, un rollo de billetes que habían estado escondidos en un zapato o en un sostén, la comida de la cocina. Uno de sus premios gordos fueron unos cuantos miles de dólares que una pareja guardaba en su casa, los ahorros de toda la vida. Sus víctimas apenas tenían para subsistir y sus vidas quedaban destruidas por su visita, en caso de sobrevivir.

Hugh y yo habíamos descubierto veintitrés incidentes separados, once de ellos con suficiente evidencia para llevarlo a juicio, los cuales consolidamos en una acusación. Calculamos que la única manera de que un jurado pudiera ver el panorama completo de la maldad de Maddicks era procesarlo por los once incidentes juntos. Pero del dicho al hecho hay un gran trecho: la ley no permite procesar juntos crímenes que no están relacionados, así que no fue sorpresa que la defensa presentara una moción para separar los diversos cargos.

—No es una conspiración —dijo Hugh—. Es una sola persona.

Investigué a fondo en la biblioteca la manera adecuada de enmarcar los elementos comunes que vinculaban los crímenes, y solicitamos una vista *Molineux*, un procedimiento del estado de Nueva York en el cual el juez decide si los hechos del caso justifican que se permita evidencia que normalmente es inadmisible. Argumentamos que nuestro propósito no era mostrar tendencia criminal, sino más bien demostrar la identidad: dado el raro nivel de fortaleza física y agilidad requeridos para las acrobacias comunes a todos los incidentes, podíamos alegar de manera razonable que ese elemento, similar a un modus operandi, identificaba a Maddicks como el perpetrador.

El Juez Rothwax estuvo a cargo de las mociones previas al juicio. Como siempre, me aseguré de estar bien preparada y él fue razonable. Juzgaríamos los once incidentes en un solo juicio. Sentí la satisfacción absoluta de haber concebido un argumento lo suficientemente persuasivo como para mostrar que los hechos de nuestro caso caían dentro de los límites de ese rincón de la ley. Había logrado dominar la facultad crítica que había permanecido abstracta para mí en Yale, que me eludió en Paul, Weiss, y que no había necesitado para procesar la mayoría de los casos. Indiscutiblemente, estaba pensando como abogada.

Encontramos cuarenta testigos dispuestos a declarar. Hugh y yo nos repartimos veinte cada uno, para entrevistarlos y prepararlos para el juicio. Siendo este mi primer caso de homicidio, gran parte de los preparativos eran nuevos para mí. También lo era el enorme volumen de expedientes que había que asimilar: autopsia, huellas digitales e informes de balística, y declaraciones de múltiples testigos, ofrecidas a distintos oficiales. Pero bajo la dirección de Hugh aprendí cómo examinarlos en busca de los datos cruciales para crear nuestro caso. Me instruyó también en la preparación de tablas, gráficas y mapas con los que presentar visualmente la evidencia para evitar que el jurado se abrumara con los vertiginosos pormenores, siempre un peligro en los juicios complicados.

El caso también requirió que Hugh y yo nos aprendiéramos al dedillo las pocas calles de Harlem donde Maddicks había cometido su serie de crímenes. Es fundamental para un fiscal visitar la escena del crimen. Tienes que echar raíces en el espacio, interiorizarlo y absorber detalles que seguramente te perderías si escucharas la descripción de otra persona. Tienes que hacer que la escena cobre vida en la mente del jurado, así que tiene que vivir primero en la tuya.

Azilee Solomon había regresado a casa del trabajo y encontró la puerta sin llave, su hogar revuelto, su compañero de toda la vida —su esposo, de hecho— muerto en la butaca empapada de sangre donde había dormido la siesta. Ambos habían trabajado en el hotel Hilton durante veinte años, ella como camarera, él como conserje. Les robaron hasta el último centavo que habían ahorrado para su retiro. La carne y el café habían desaparecido de su refrigerador, junto con el carrito de compras que la señora Solomon usaba para llevar los víveres a la casa.

En el apartamento de la novia de Maddicks, los detectives encontraron la misma carne y el mismo café, pero eso no probaba nada: cualquiera podía haber comprado esas marcas. Fuera del edificio, sin embargo, había seis carritos de compra alineados al lado de la basura y, entre ellos, la señora Solomon al instante reconoció el suyo. Era cierto que los carritos de compra también se fabricaban en masa. Pero solo uno podía haber tenido el pedazo de cinta amarilla que la señora Solomon había usado para remendar un travesaño roto.

—Quítenle esas ropas viejas —les dijo a los detectives—, y encontrarán la cinta amarilla debajo.

En el juicio, preparamos una dramática rueda de reconocimiento de carritos de compra en la sala del juez James Leff para recrear el momento del descubrimiento.

Pasé mucho tiempo con la señora Solomon, preparándola para su testimonio. Llegué a conocerla bien. Era una mujer muy religiosa que irradiaba bondad. Yo no tenía una fe tan grande como la de ella, pero me conmovió profundamente ver la paz que le daba. A pesar de que el asesinato de su compañero fue absurdo y le viró la vida al revés, de alguna manera ella lo aceptaba como la voluntad de Dios. Ella quería que alejaran a Maddicks de cualquier otra persona a la que pudiera hacerle daño, pero expresó que no tenía ningún deseo de venganza. Sus lágrimas brotaron, sin sentir lástima de sí misma, cuando contaba su historia con naturalidad, primero a mí y después al jurado. Pude ver que había sido amada.

'El asesino Tarzán' era, en perturbador contraste, mi primer encuentro en la vida real con un ser humano imposible de salvar. A lo largo del juicio, lo observaba obsesivamente buscando en su rostro la más mínima señal de emoción. Algo dentro de mí necesitaba ver con desesperación siquiera un asomo de empatía o arrepentimiento, mientras uno tras otro los testigos contaban una historia de pérdida más horripilante que la anterior. Me llevé una decepción. Estuvo ahí sentado, absolutamente inmutable, hora tras hora, y no pude evitar pensar: "el diablo anda suelto y está aquí". Siempre había tenido una fe fundamental en la rehabilitación, siempre creí que la educación y el esfuerzo, si se aprovechaban de manera inteligente, podían repararlo todo. Richard Maddicks me enseñó que había excepciones, aunque fueran pocas. Lo que hacemos con ellas es materia aparte, pero cuando fue sentenciado a sesenta y siete años y medio en prisión, quedé satisfecha de que probablemente no saldría en libertad mientras yo viviera.

Más tarde, al despedirnos después del juicio, cuando la señora Solomon iba saliendo de mi oficina, regresó para decirme:

—Señorita Sonia —no podía pronunciar mi apellido—, usted tiene algo especial. Ha sido bendecida. Me alegra haberla conocido.

Se había ido antes de que pudiera contestarle, pero pensé: "Señora Solomon, usted también tiene algo especial. Me siento humilde y honrada por haberla conocido." Hay personas que me hacen pensar, de maneras que no puedo explicar del todo, que tengo algo importante que lograr en esta vida. A veces parece ser un encuentro al azar. Las palabras inescrutables de un extraño que de algún modo me dicen: Sonia, tienes trabajo que hacer. Sigue adelante.

El último de los casos verdaderamente fuertes que percibí como un reto de Bob Morgenthau tenía un hedor maligno distinto. Nancy y Dawn estaban preocupadas sobre cómo podría afectarme. "¿Puedes manejarlo?", me preguntaron. Sabía que podía, pero me sorprendí a mí misma de la ferocidad de la determinación que me provocó, un lado más férreo de mí que no había conocido.

Estaba trabajando hasta tarde una noche cuando llegué a mi límite ese día. Apagué el proyector, encendí las luces, respiré profundo y traté de ahuyentar las náuseas. Puedes entender que la pornografía infantil es abominable, puedes entender el daño infligido a los niños usados para hacerla y a la moral de la sociedad, pero no puedes siquiera imaginar la profundidad del asco que sentirás.

Había dos acusados. Scott Hyman era un pez de poca monta, un empleado de negocios al por menor que había vendido unas cuantas películas a un policía encubierto y que supuestamente lo conectaría con el distribuidor para una compra más grande. Era joven, incluso se veía vulnerable. Cada día se presentaba en la corte con el mismo suéter holgado bailando sobre su flacucha constitución. Su socio, Clemente D'Alessio, tenía un aspecto más antipático, bajo y fornido, el pelo de lamido de vaca peinado hacia atrás, la cara marcada por la viruela, con un llamativo crucifijo de oro colgando en el pecho. Si no era el cerebro de una operación mayor, por lo menos era lo suficientemente listo para mantenerse oculto. Todo lo que teníamos en su contra era circunstancial y dependía de que se identificara su voz en una sola conversación telefónica grabada. Mi plan era implicar a ambos en la misma transacción, enfocándome en el vínculo entre minorista y mayorista.

El primer día, y durante la exposición inicial, yo era un manojo de nervios como hacía tiempo no me pasaba. Recordé el consejo que le dio un jefe de oficina a una fiscal auxiliar:

—Pórtate como un hombre —le dijo—. Ve al baño y vomita.

La risa fue suficiente para calmar mi estómago. Desde entonces, he aceptado que todos los abogados litigantes se ponen nerviosos, incluso algunos jueces, y el día que sientas que estar en la corte es una rutina tal que puedes sentirte relajado, probablemente sea un día del cual te vas a arrepentir.

La defensa pudo haber alegado entrampamiento, pero prefirió no hacerlo. En su lugar, el abogado de Hyman optó por argumentar "capacidad disminuida". Aparentemente, Hyman era adicto al Quaalude.

El argumento de "capacidad disminuida" es siempre un argumento débil, cuanto mucho. Carece de base legal y yo podía proyectar alrededor de cinco maneras diferentes de derrotarlo.

El abogado de D'Alessio, un abogado criminalista de alto precio, con más de veinte años de experiencia en juicios, con frecuencia casos de notoriedad, decidió utilizar la estrategia de identidad equivocada: había otro Clem que trabajaba en el mismo edificio y él, según alegaba la defensa, era evidentemente con el que hablaba Hyman en la llamada incriminatoria. Así que D'Alessio había encontrado una manera de permanecer invisible, incluso sentado allí en la mesa de la defensa. Yo tendría que usar para nuestro beneficio ese velo de misterio con el que se cubría. El hecho de que se tomara tantas molestias por mantener las manos limpias a pesar de una montaña de evidencia circunstancial encajaba con nuestra perspectiva de que habíamos atrapado a un pez gordo.

Presenté mi evidencia en seis largos, metódicos y minuciosos días. Había tantas cosas —pilas de películas, cintas grabadas, documentos— que tuvimos que llevarlas en carritos a la sala. Tracé en un mapa los lugares en detalle, pintando para el jurado un panorama de frentes de tiendas de mala fama. Eso no era solo para crear ambiente. Necesitaba describir claramente el territorio para así poder guiar al jurado a lo largo de la estela de evidencia inconexa que provenía de los equipos de vigilancia: Hyman entrando y saliendo de la oficina de D'Alessio; la bolsa de papel de estraza que se veía aquí y allá, al entrar, pero no al salir; las ubicaciones donde se grabaron las conversaciones con micrófonos escondidos...

¿Estaba llevando muy lejos al jurado, sometiéndolo a escuchar las tediosas grabaciones de los agentes encubiertos? Tuvieron que aguantar largos silencios, música incongruente del radio del automóvil, mientras las manecillas del reloj se movían con lentitud, para escuchar algunas palabras condenatorias. Pero las cintas no dejaban lugar a dudas sobre la naturaleza de lo que estaba ocurriendo. Se podía oír a Hyman alardear de otras ventas que había hecho. Hablaba también de la preocupación del distribuidor por mantener la discreción. Y, finalmente, teníamos la conexión entre Hyman y D'Alessio:

—Tal y como la última vez, sí, el mismo tipo.

Mi recapitulación no necesitaba de retórica. Los hechos eran suficientes para condenar. Solo tenía que mostrar cómo estaban conectados, con una lógica implacable, paso a paso, sin dejar fuera ni una pieza. Traté de ponerme en el lugar del jurado y anticipar cualquier posible duda o malentendido. ¿Se resistirían a la naturaleza circunstancial de la evidencia contra D'Alessio? "Mantenlo simple, directo", me recordaba a mí misma.

Mi conclusión duró dos horas y media. El juez tomó
otras dos horas en instruir al jurado, revisando todos los
elementos de las leyes. Comenzaron a deliberar al caer
la tarde. Pero, al final del día siguiente, la presidenta del
jurado estaba leyendo el veredicto, pronunciando "culpable" ochenta y seis veces, cuarenta y tres cargos para
cada acusado. Hyman y D'Alessio ya lo esperaban; tenían a mano la fianza.

Pero faltaba el asunto de la sentencia. Había visto
casos en los que los acusados encontrados culpables de
todos los cargos habían evadido todo el peso de la justicia porque uno de los jueces, por una u otra razón, no
quiso imponerla. En las conversaciones que grabamos,
cuando Hyman alardeaba de otros delitos —tráfico
de drogas y fraudes de tarjetas de crédito— decía que
no le preocupaba que lo atraparan. Cuando llegue el
momento de la sentencia, decía, solo tienes que seguir
posponiendo el caso hasta que llegue al juez indicado.
Yo no podía dejar que eso ocurriera. Cuando nos vol-
vimos a reunir un mes después, presioné por la pena
máxima.

D'Alessio recibió una sentencia de tres años y medio
a siete años; Hyman recibió de dos a seis.

Antes de eso, Bob Morgenthau me había ofrecido un
ascenso como directora de la Oficina de Menores. Mi
trabajo en ese juicio lo hizo pensar que esa podría ser un
área de especialidad de mi interés. Rechacé la oferta de
inmediato en un gesto instintivo de supervivencia. Sabía
que no podía ser testigo de tanto dolor y depravación sin

ahogarme en él. Había llegado el momento de continuar mi camino.

Cuando concluyó el caso de pornografía infantil, me tomé unas cortas vacaciones en Puerto Rico, pero mi mente estaba todavía en Nueva York y, en particular, en mi primo Nelson, que había regresado a mi vida. Después de desaparecer por ocho años en el peor momento de su adicción, se las ingenió para unirse al ejército y reformarse. Todavía tenía altibajos, pero no volvió a perder el contacto con la familia, así que gradualmente pudimos restablecer nuestra conexión. Parecía que lo peor había quedado en el pasado cuando se casó con Pamela. Ella tenía una hija a quien él quería como propia. Acababan de enterarse de que tendrían otro hijo cuando Nelson fue diagnosticado con SIDA. Él fue uno de los primeros casos vinculados al uso de agujas, justo antes de que el conocimiento de la enfermedad estallara en la conciencia pública.

Nelson, como yo, había tenido una conexión especial con Abuelita, y esta no terminó cuando ella murió. Sus viejas premoniciones de que moriría joven lo atormentaban ahora. Me dijo que podía oír trompetas fantasmales.

—Abuelita me llama y yo le digo que no estoy listo. Quiero ver nacer a mi hijo.

Y así fue, pero no vivió mucho más, el final le llegó antes de cumplir los treinta años. En sus últimas semanas, tuvimos muchas conversaciones que duraban horas, deslizándonos en la transparente serenidad que compartíamos en nuestra infancia, como si recuperáramos el tiempo perdido. Yo no había entendido hasta entonces que una persona podía ser adicta a las drogas y funcionar normalmente en el mundo, tener un trabajo y mantener una familia. Nelson no le robaba a la gente para mantener su vicio; no se inyectaba en las escaleras. Manejaba su adicción como una enfermedad crónica, no muy distinta a mi diabetes.

Le conté que me deslumbraba su inteligencia y su curiosidad ilimitada sobre cómo funcionaba el mundo. Y que me desesperaba por no llegar a estar a su altura. Me miró y movió la cabeza.

—En realidad no lo entiendes, ¿verdad? Yo siempre me sentí intimidado por ti. No había nada que no pudieras aprender si te lo proponías. Estudiabas hasta que lo averiguabas. Yo no puedo hacer eso; nunca pude. Por eso no pude terminar la universidad ni retener un empleo. Carecía de la voluntad necesaria. Esa determinación que tienes es especial. Es una clase de inteligencia diferente.

Un día, después de la llegada del pequeño Nelson, hablamos de su felicidad por el nacimiento de su hijo y de su tristeza ante la posibilidad de no estar allí para sus hijos. Hablamos también de cuando, un par de meses atrás, antes de que su condición empeorara, me pidió que lo llevara a hacer una diligencia. Ya le costaba trabajo moverse y necesitaba ver a alguien, solo un momento. Me pidió que esperara, así que me quedé en el carro, estacionada fuera del destartalado edificio en Hunts Point, a unas pocas calles de donde solía vivir Abuelita. Me imaginé que era un viejo amigo del que quería despedirse cuando todavía podía. Pero ahora me confesaba que estaba adentro consiguiendo heroína. Quería darme contra la pared: ¿Cómo alguien, y más aun un fiscal auxiliar que había visto todo lo que yo había visto, podía ser tan ingenuo? Recité aquella lección esencial de Papi, simplista pero simplemente verdadera: "las personas buenas pueden hacer cosas malas, tomar malas decisiones. Eso no las hace malas personas".

Cuando me rogaba que lo perdonara, había un poco de delirio impulsando la vergüenza y la tristeza en su voz. Pero yo sabía que el perdón era irrelevante. Yo cargaba con la culpa del sobreviviente. ¿A mí quién me perdonaría? ¿Por qué no estaba yo en esa cama de hospital? ¿Cómo había escapado, si mi alma gemela, mi mitad más inteligente, con quien fui una vez uña y carne, no había podido? Su petición solo me hizo la carga más pesada. Dios mío, qué desperdicio.

Es julio de 1983 y estoy en la casa de Fire Island. Me despierto muy temprano de un sueño profundo. Todavía está oscuro afuera, pero estoy totalmente alerta, aun cuando me quedé despierta hasta tarde la noche anterior. El reloj dice cuatro y treinta. Me pongo unos jeans y una camiseta y camino hasta la bahía. Me siento en el muelle y veo el azul intenso escurriéndose del cielo durante el amanecer. El sol está todavía oculto detrás de la isla. Probablemente está rompiendo el borde del Atlántico. Nelson está aquí, puedo sentirlo. Ha venido a despedirse. La mañana borra las últimas estrellas y disuelve lo que queda de la noche.

Camino de regreso a la casa y está sonando el teléfono. Es el padre de Nelson.

—Sonia, es Benny —dice.

Sé lo difícil que es para él hacer esa llamada.

—Ya sé. Iré a casa en el primer ferry.

Veinticuatro

Me cuesta mucho entender cómo dos niños tan parecidos tuvieron destinos tan diferentes.

¿Qué determinó la diferencia entre dos niños que se criaron casi como gemelos, inseparables y, ante nuestros ojos, virtualmente idénticos? Casi, pero no del todo: Nelson era más inteligente; tenía el padre que yo deseaba tener, aunque compartíamos la bendición especial de Abuelita. ¿Por qué yo resistí y progresé donde él fracasó, consumido por los mismos peligros que me habían rodeado?

Algo puede atribuirse al machismo, la cultura que empuja a los varones a la calle, mientras protege a las niñas, pero hay más. Nelson lo mencionó ese día en el hospital: lo que yo tenía y a él le faltaba. Llámenlo como quieran: disciplina, determinación, perseverancia, fuerza de voluntad. Esa había sido la gran diferencia en mi vida. Si pudiera embotellarla, la compartiría con todos los niños de Estados Unidos.

Pero, ¿de dónde viene? Los buenos hábitos y el trabajo duro importan, pero son solo expresiones de eso, un efecto y no la causa. Sé que mi espíritu competitivo —mi impulso de ganar, mi miedo al fracaso, mi deseo constante de superarme a mí misma— brota desde lo más profundo de mi personalidad. Casi nunca se dirige a los demás; compito conmigo misma.

Lo que Nelson vio que me impulsaba surge de un tipo distinto de aspiración: el deseo de hacer algo por los demás, de ayudar a arreglar las cosas para ellos. También lo aprendí de otros. Mis mejores y más inmediatos ejemplos de amor desinteresado eran las personas a quienes tenía más cerca: Abuelita, sanadora y protectora, con su rebosante generosidad de espíritu; y mi madre, enfermera a domicilio y confidente de todo el vecindario.

Mi entendimiento de mi supervivencia estaba vinculado en todo sentido con la protección de mi abuela. Era más que un refugio del caos en casa; me resguardaba física y metafísicamente. Me dio la seguridad para manejar mi enfermedad, para superar mis insuficiencias en la escuela y, en última instancia, para imaginar las más improbables posibilidades para mi vida. Ese sentimiento de protección continuó creciendo después de la muerte de Abuelita. Yo tenía suerte, pero siempre parecía una suerte con propósito.

Mi ambición de niña de convertirme en abogada no tenía nada que ver con el respeto y las comodidades de la clase media. Entendía que el trabajo del abogado era ayudar a las personas. Entendía la ley como una fuerza para hacer el bien, para proteger a la comunidad, para mantener el orden frente a la amenaza del caos y para resolver conflictos. La ley le da una estructura a la mayoría de nuestras relaciones, permitiéndonos a todos potenciar nuestros intereses al mismo tiempo, de la manera más armoniosa. Y supervisando ese noble propósito con sabiduría imparcial estaba la figura del juez. Todos los niños tienen héroes de acción: astronautas, bomberos, comandos. Mi idea del heroísmo en acción era el abogado, y un juez era un súper abogado. Para mí, las leyes no eran una carrera, sino una vocación.

Mi exposición más temprana a las profesiones de ayuda había sido a través de la medicina y la enseñanza: el doctor Fisher, el personal del Hospital Prospect y la clínica en Jacobi, y las Hermanas de la Caridad que nos daban clases en Blessed Sacrament. La ley, entendí desde muy pequeña, tenía un alcance diferente. Los médicos, las enfermeras y los maestros ayudaban a las personas una a una. Pero a través de las leyes podías cambiar la estructura misma de la sociedad y la manera en que funcionaban las comunidades.

El movimiento de derechos civiles era el telón de fondo con el que creció mi generación.

En esta vida no hay espectadores. Nuestra humanidad nos hace a cada uno parte de algo más grande que nosotros mismos y por eso mis héroes nunca fueron solitarios. Mis héroes estaban todos involucrados en la comunidad. Y la voluntad de servir la sentí primero como deseo de ayudar a quienes reconocía como los míos.

Cuando llegué a Princeton, encontré mi sentido de comunidad donde pude, trabajando con Acción Puertorriqueña, el Third World Center y el Hospital de Psiquiatría de Trenton. Estando tan cerca de Princeton, Trenton era un mundo aparte de las certezas del privilegio. Los pacientes a quienes yo ayudaba eran vulnerables al extremo: confundidos; distanciados de cualquier lazo con familiares o amigos que alguna vez hubieran podido sostenerlos; y, a falta de un lenguaje común, aislados incluso de quienes los cuidaban. Mi indignación ante su abandono hizo palpable que mi comunidad se extendía mucho más allá del lugar de donde yo venía y de la gente que conocía.

En Princeton y Yale había quienes, viniendo de los mismos lugares de donde yo venía, decidían nunca mirar atrás. No los juzgo. Un título de una universidad Ivy League o de una escuela de derecho importante, se da por sentado, te garantiza la entrada a un mundo de abundancia, y nada te obliga a mirar atrás cuando trabajaste duro para escapar de allí. Pero yo no veía la buena fortuna como una oportunidad para mi propia salvación; seguía viéndola como una encomienda, no un regalo categórico; y necesitaba encontrarle un uso digno. Mi encuentro fortuito con Bob Morgenthau en una mesa con quesos no habría conducido a ninguna parte si yo no hubiera estado profundamente preparada para lo que él me ofrecía. No era lo que la mayoría de mis compañeros de clase buscaban, pero encajaba en el plan que yo había imaginado. Ahora, habiendo completado esa parte del recorrido, estaba más convencida que nunca de que nada había sucedido por casualidad.

Quedaba por ver cuán lejos me llevaría el siguiente paso.

Veinticinco

Shea Stadium, Serie Mundial de 1986. Los Mets y los Red Sox, todavía con su maldición a cuestas, están empatados en una tensa décima entrada del juego que tiene a la multitud de pie, gritando, primero de un lado, luego del otro, como niños en un sube y baja salvaje.

Pero el verdadero drama está ocurriendo en el estacionamiento, donde estoy en la parte de atrás de una motocicleta, con un chaleco antibalas, un walkie-talkie chirriando en mi oído, persiguiendo un camión lleno de artículos falsificados. Vamos a cincuenta, luego a sesenta, dando vueltas en círculo como en una pista de carreras, cuando el camión se escabulle en una esquina. Es una calle sin salida, un *cul de sac* de concreto, y en un momento da la vuelta y viene disparado hacia nosotros. Mi conductor está a punto de salir corriendo, pero le digo:

—Quédate quieto, no nos va a dar. Lo detendremos aquí mismo.

"Ese tipo no está loco", pienso. Pero podría estarlo o entrar en pánico. En cualquier caso, está acelerando. De pronto, está con la mitad de las ruedas en la pared de concreto detrás de nosotros, como en una película de acción, subiendo la pared de la muerte. ¿Se puede hacer eso en un camión? Antes de darme cuenta, se nos escapa, a casi noventa, en dirección contraria. Suficiente. ¿Alguien tiene que morir por un cargamento de gorras, camisetas baratas y souvenirs falsificados de los Mets?

Es más, ¿qué estoy haciendo aquí?

Buena pregunta. Después de finalizar los casos que Bob Morgenthau me asignó como incentivos para quedarme en la oficina de Fiscalía, finalmente llegó el momento de irme. Una cosa era segura: quería continuar trabajando en las cortes. Había aprendido a amar mis días en la sala de justicia.

También sabía muy bien lo que no quería: ser un eslabón más, encerrada en un cubículo, en la cadena de un gran bufete. Así como lo hice cuando busqué oportunidades después de Yale, mi objetivo era un bufete más pequeño donde pudiera ascender más rápido a una función sustancial. Pero, cuando fui a las entrevistas, descubrí que el tamaño no era garantía de ética. Muchas veces, los bufetes pequeños eran *spin-offs* que no solo se llevaban a los clientes de los bufetes más grandes de donde provenían, sino que también reproducían la cultura de los bufetes donde sus socios habían comenzado sus carreras.

Uno de los bufetes que sobresalía como excepción

era Pavia & Harcourt, una pequeña firma para los estándares de Nueva York, con escasamente treinta abogados cuando fui a entrevistarme con ellos en 1984. Su fundador, un judío italiano refugiado durante la Segunda Guerra Mundial, se había ganado su reputación al representar los intereses comerciales de la élite europea en los Estados Unidos. Gran parte del trabajo del bufete tenía que ver con las finanzas y la banca, la reglamentación de marcas comerciales y distribución de productos, y la gama diversa de tareas legales relacionadas con el comercio internacional y las operaciones comerciales.

Al llegar a mi primera entrevista, me impresionó el aura del lugar, un oasis de sobria elegancia en el centro de la ciudad. Decían que George Pavia, el hijo del fundador y ahora socio ejecutivo, era partidario de la continuidad, y el decoro de las oficinas iba a tono con una cartera de clientes cuyos nombres eran sinónimo de lujo y distinción europeos: Fendi, Ferrari, Bulgari... Las conversaciones saltaban continuamente de inglés a italiano y francés. Era difícil imaginar una atmósfera más remota a la de la oficina del fiscal de Distrito.

A pesar del ambiente de viejo mundo, el bufete estaba adelantado a sus tiempos en cuanto a acoger a las mujeres. Dos de los nueve socios eran mujeres, en una época en la que era difícil encontrar siquiera una en los niveles más altos de los bufetes grandes de Manhattan. Este era excepcional, además, en cuanto a su funcionamiento: los asociados trabajaban directamente con los socios, en equipos de dos personas, lo que creaba men tores de manera natural. Era una situación donde podía aprender y, con suerte, progresar con rapidez.

Fui a muchas entrevistas, me reuní con cada uno de los nueve socios y con todos los asociados litigantes. Las impresiones positivas que me iba formando parecían ser mutuas. Era claro que mi experiencia en juicios llamaba mucho la atención y llenaría una necesidad inmediata. Un diploma de Yale no perjudicaba. Pero, de repente, e inexplicablemente, mi progreso pareció perder impulso y me quedé esperando una llamada que no llegó. Mientras tanto, las entrevistas en otros bufetes solamente servían para que viera con más claridad dónde quería estar realmente. Presionando al cazatalentos que nos había conectado, me enteré de que George Pavia temía que pronto me aburriera haciendo el trabajo de un asociado de primer año —el puesto para el que estaban contratando— y me fuera.

"Sé diplomática, pero directa", me dije. No tiendo a machacar las cosas, pero algunas situaciones exigen un poco de audacia. Pedí otra reunión y, una vez más, me escoltaron al nido sereno cubierto de alfombras persas y delicados paisajes grabados de la antigua Génova.

—Señor Pavia, entiendo que tiene algunas dudas sobre mi contratación. ¿Se siente cómodo hablando de eso?

—Sí, por supuesto.

Me explicó su preocupación. Era válida, reconocí, y entonces planteé mi postura: nunca había practicado el derecho civil, así que tenía mucho que aprender. Mientras estuviera aprendiendo, no tendría oportunidad de aburrirme. Cuando me familiarizara con el trabajo, podría ocurrir una de dos cosas. O todavía estaría luchando por mantenerme a flote, por lo que no tendría oportunidad de aburrirme, aunque probablemente no duraría mucho más en el bufete o reconocerían que yo estaba capacitada y me darían más responsabilidades. No veía cómo podían perder. Dejé claro que no tenía inconveniente en aceptar el sueldo inicial de un asociado de primer año —una fracción de lo que podía ganar en un bufete grande— siempre y cuando él estuviera dispuesto a aumentarlo cuando mi trabajo lo ameritara.

El bono y el aumento que me dieron después de mi primera evaluación de fin de año fueron enormes y, para la segunda evaluación, mi sueldo ya estaba a la par del estándar.

Mis primeros casos en Pavia & Harcourt tenían que ver con disputas sobre garantías a clientes y problemas con alquileres de bienes raíces. El trabajo de un asociado novato generalmente conlleva trabajo legal ecléctico y, a veces, marginal para los clientes que el bufete representa en aspectos más cruciales de sus negocios. No obstante, dependía de habilidades que eran instintivas para un fiscal. En mis primeros días de trabajo, un colega que se sentó lo suficientemente cerca como para oír mis llamadas telefónicas le contó a otro asociado litigante, que a su vez corrió la voz, que yo era tenaz y que no me dejaba mangonear por un adversario.

Me estremecí al oír que me ponían en esa categoría. Procesar caso tras caso confiando en tus instintos en la Fiscalía desarrolla una bravuconería que puede parecer brusca para los abogados que no conocen ese mundo. Fue una especie de choque cultural en ambas direcciones. La gran distancia entre los sucios pasillos de la calle Centre y nuestros refinados aposentos en la avenida Madison se notaba en otros pequeños detalles también. Un regalo de un cliente agradecido, por ejemplo, no tenía que devolverse en presencia de testigos, un beneficio agradable que no esperaba.

—Ahora estás en la práctica privada, Sonia. No hay amenazas de corrupción —me aclaró David Botwinik, el socio que todos consultábamos cuando necesitábamos consejo en cualquier asunto de ética. Lo llamaba el "Rabino"—. Puedes aceptar un regalo —admitió—, pero en los diez años que he trabajado con clientes, nunca han enviado un regalo para *mí*.

Mientras más observaba a Dave en acción, más profundamente me impresionaba su sentido de integridad, justicia y honor profesional. De la misma manera que hice con John Fried en la Fiscalía, recurrí a Dave instintivamente como guía. Su presencia era reconfortante, paternal y amplia. Parpadeaba como un búho detrás de sus lentes y tartamudeaba un poco. El titubeo solo hacía que sus palabras parecieran haber sido cuidadosamente pensadas.

Fue a través de sus enseñanzas que llegué a tener amplios conocimientos de una compleja y poco comprendida área del derecho. Dave se había especializado por treinta años en la representación de comerciantes de materias primas extranjeros que compraban en los mercados de granos de Estados Unidos. Había trabajado duro para instituir prácticas de arbitraje más equitativas que moderaran la influencia de las grandes empresas de granos. Al observar cómo yo preparaba a los testigos y llevaba a cabo los contrainterrogatorios, me pidió que lo ayudara en los arbitrajes que involucraban el mercado de granos, los cuales, si bien tenían una estructura menos formal que un juicio, requerían las mismas estrategias.

—Ya estoy viejo para esto, tú puedes hacerlo —me dijo, pero yo jamás habría podido sin su vasto conocimiento.

Él podía leer entre líneas cualquier contrato y ver de inmediato por qué había sido redactado de esa forma, y cuáles eran los temas importantes para las partes involucradas. Conocía a todos los jugadores en la industria, que era un mundo completamente de hombres. Incluso con mi conocimiento del derecho marítimo, me costó trabajo entender la lógica del negocio. Finalmente lo capté, pero me tomó una llamada de auxilio en la madrugada para poder cortar el nudo gordiano de contratos entrelazados: realmente no estábamos rastreando cargamentos de granos.

Una sola vez llegué a ver el grano. Nuestro cliente había enviado una muestra para hacer pruebas y para mí era claro que los resultados del laboratorio habían sido falsificados. Yo sabía que una bolsa plástica sellada proveniente de un laboratorio privado no era garantía de una cadena de custodia, ya que cualquiera puede comprar en un supermercado un *kit* para sellar al calor bolsas plásticas. Así que yo lo hice. Durante el arbitraje, al final de mi contrainterrogatorio, le pedí al testigo que abriera la muestra aparentemente intacta del grano. Él rompió el sello de la bolsa plástica y encontró adentro una nota de mi puño y letra: "Las bolsas se pueden alterar".

Aprendí, con el transcurso de los años, a no revelar nunca que sabía mecanografía. Antes de que todo el mundo tuviera una computadora personal, una joven abogada sería informalmente relegada a secretaria con seguridad, así que yo me apegué estrictamente a esa regla. Una sola vez, a altas horas de la madrugada, a punto de cumplirse un plazo la mañana siguiente, le pedí a Dave Botwinik que se tapara los ojos para mecanografiar un borrador final. Podía confiar en Dave. Tenía la habilidad de desviar los pedidos de otros abogados que deseaban que la única mujer en la habitación trajera café.

Fran Bernstein, por su parte, estaba muy por encima de la guerra de los sexos. Ella podía sentarse durante interminables horas frente a su Smith-Corona mientras repiqueteaba como una ametralladora, como si su cerebro estuviera conectado directamente a la máquina. Me impresionaba su proceso de escribir y cómo las páginas de elegante prosa, sin aparente necesidad de ser pulidas, se deslizaban de su maquinilla. Pero esa era sólo una de sus increíbles cualidades. Cuando hablaba, sus ideas fluían de la misma manera incontenible, como la sonrisa que iluminaba su rostro con hoyuelos. En sus tiempos de estudiante de derecho, Fran fue una de las primeras mujeres editoras de la revista de derecho de Columbia, donde más tarde se convirtió en conferenciante. También fue una de las primeras mujeres en ser asistente jurídico de un juez del Segundo Circuito. Había dejado de trabajar durante varios años para criar a sus hijos y regresó solo a tiempo parcial. Si eso había sido un obstáculo en su carrera, a ella parecía no importarle. Si bien al principio me sentía intimidada ante su presencia, se convertiría en una verdadera amiga y otra de mis mentores en Pavia & Harcourt.

La elocuencia espontánea de Fran inspiraba en mí tanta humildad que la primera vez que me pidió que escribiera un informe legal me paralicé. Aun después de todos mis éxitos en la sala de justicia, escribir me aterraba. En la Fiscalía, con frecuencia me ofrecía de voluntaria para el exceso de apelaciones con las que las oficinas de juicios están obligadas a ayudar, solo para tener la oportunidad de mejorar mi redacción. Me pasé toda la noche trabajando en el informe de Fran, mi cerebro contorsionándose en posiciones incómodas, sufriendo recuerdos recurrentes de aquel verano traumático en Paul, Weiss. El borrador que logré terminar pasado el amanecer era de inferior calidad. Pero cuando confesé lo totalmente incompetente que me sentía, Fran fue más que gentil. Como profesora, señaló, había estado escribiendo prolíficamente toda su vida profesional. Ese rol también le había dado un instinto para estimular a quienes trataban de aprender.

—¿Qué sabes de bolsos y carteras? —me preguntó un día Fran.

—Nada. ¿Qué hay que saber?

Estaba a punto de convertirme en experta. Para empezar, me explicó Fran, un bolso de Fendi costaba de ochocientos a varios miles de dólares. Eso merecía un segundo vistazo. Mi efectivo, las llaves y los cigarrillos estaban guardados en un bolso que costaba unos veinte dólares. Ella me mostró una de las legendarias billeteras, me explicó los puntos más finos de la técnica de la puntada, cómo reconocer la calidad de la tela y los herrajes, detalles que distinguían al original de la imitación.

Fran había estado siguiendo el desarrollo del derecho de propiedad intelectual durante varios años. Era un campo nuevo, así que casi no se mencionaba en las escuelas de derecho. Aunque las leyes de patentes y de *copyright* eran un área bien establecida en la práctica, las marcas atraían menos atención en esa época. Mientras tanto, en las aceras de Manhattan se disparaba el negocio de las imitaciones de bolsos de Gucci y Fendi, las falsificaciones de relojes Rolex y Cartier, y galones de réplicas de Chanel No. 5.

Fran, proféticamente, entendía que el daño ulterior por no defender una marca comercial era la pérdida de los preciosos derechos de uso exclusivo. Comenzó a educar a nuestros clientes, muchos de los cuales estaban en el negocio de la moda y creaban productos de lujo cuyo valor estaba tan ligado al prestigio del nombre como a la calidad de la producción. Fendi fue el primero en valorar la importancia de lo que Fran estaba tratando de hacer. Las imitaciones baratas de los bolsos Fendi no solo se vendían en el barrio chino y en los pulgueros de todo el país sino también en las estanterías de una respetable cadena de tiendas. A la larga, aparecieron en la acera justo enfrente de la tienda de Fendi en la Quinta Avenida.

Fran decidió educarme también a mí, porque quería que la ayudara a llevar a juicio a la importante cadena de tiendas.

Preparándonos para el juicio, yo estaba en la sala de conferencias observando cómo Fran preparaba a un testigo cuando la llamaron por teléfono. Me pidió que continuara por ella. La casa de modas Fendi era prácticamente un negocio familiar. Candido Speroni, nuestro experto en las complejidades de los procesos de producción de Fendi, estaba casado con una de las cinco hermanas Fendi, cada una de las cuales era responsable de un aspecto distinto del negocio. El sobrino de Candido, Alessandro Saracino, un joven abogado también, servía de intérprete.

Preparar testigos es un arte. Como fiscal, aprendes que no puedes decirle a un testigo qué decir o qué no decir —dejarán escapar las cosas más sorprendentes cuando los llamen a declarar en la corte. Por el contrario, el propósito de la preparación es ayudarlos a entender el motivo detrás de cada pregunta, de manera que estén trabajando en equipo para comunicar al jurado el conocimiento relevante que tengan. Yo estaba sumergida en el proceso con Candido, completamente concentrada en la tarea inmediata, cuando miré el reloj y me di cuenta de que hacía mucho rato que Fran se había ido. Me pregunté en voz alta qué le habría pasado, y me respondió desde la esquina al lado de la puerta:

—Estoy aquí. Te he estado observando.

Después de sugerir que tomáramos un receso para almorzar, le dijo a Alessandro:

—Por favor, habla con tu tío y pregúntale si estaría de acuerdo... Sonia debe ser quien lleve este caso a juicio, no yo. Te costará mucho menos, pero en última instancia no es por el dinero. ¡Es simplemente así de buena!

Y así comenzó mi amistad con los Fendi, así como la improbable experiencia de presentar un caso ante el reconocido juez Leonard Sand y ser la única asociada joven que llamaba a su oficina al final del día para decirle a un socio sénior los papeles que necesitaba tener listos a la mañana siguiente.

El hecho de que Fran me entregara el caso Fendi para estrenarme en un litigio civil no solo era producto de su generosidad personal sino también de la naturaleza de Pavia & Harcourt, donde la colaboración abierta estaba arraigada en la cultura de la organización. Ese espíritu de trabajo en equipo y con transparencia me alegraba, así que me esforzaba por ser tan franca y servicial con los demás como lo eran Fran y Dave conmigo. Un joven asociado que estaba batallando con la dislexia se quedó tan asombrado de mi velocidad de lectura como quedé yo ante la destreza de Fran de escribir como ametralladora.

—¡Sonia, acabas de devorar ese artículo tan rápido como podías! —exclamó.

Pero él tenía un truco fiable para detectar lo que probablemente sería más útil, así que con frecuencia trabajábamos juntos para abrirnos paso por la densa maleza de lectura requerida, intercambiando observaciones e ideas.

En esa atmósfera de camaradería, aprendí a estar más atenta a cómo me percibían los colegas. Esa impresión inicial de ser una persona tenaz se había desvanecido con la experiencia, pero reaparecía esporádicamente cuando llegaba alguien nuevo. Theresa Bartenope fue contratada como secretaria en otro departamento, en el lado opuesto del edificio, pero yo le lancé el anzuelo para que se convirtiera en mi paralegal en el ejercicio de la propiedad intelectual. Eso significaba que con frecuencia llamaba por el crepitante intercomunicador: "Theresa, te necesito en mi oficina". Aparecía en mi puerta minutos después, jadeando con las manos temblorosas y una urticaria extendiéndose por el cuello. "¿Qué le pasa?", me preguntaba. Cuando se retiraba a su lado del edificio, la gente en los pasillos se reía del espectáculo. Finalmente, alguien me dio una pista y llamé de nuevo a Theresa, esta vez más suave:

—Theresa, ¿por qué me tienes miedo? Yo no muerdo.

Cuando me enfoco con intensidad en el trabajo, soy completamente ajena a las señales sociales, es más, a cualquier señal. Me aíslo del universo entero y solo me importa la página que tengo delante o la situación que me ocupa. Los colegas que me conocen bien no se lo toman como algo personal. De hecho, algunas veces lo encuentran práctico. Las conversaciones de pasillo pueden ocurrir justo frente a mi puerta porque yo soy la única persona insensible a las distracciones, totalmente abstraída. Esa tendencia me dio la mala reputación —no merecida, según creo— de fiscal despiadada en el contrainterrogatorio. Esa no es mi intención; cuando estoy sumamente concentrada procesando información con rapidez, las preguntas salen disparadas, sin ceremonia.

Theresa, gracias al cielo, superó su temor y desde entonces me ha acompañado en cada etapa de mi carrera. Ella sigue siendo mi mano derecha y protectora, mi queridísima amiga. Cuando olvido algo, ella es la que se da cuenta. Ella es el espejo que me muestra las faltas cuando nota que me estoy poniendo intimidante o muy brusca, un efecto que se acrecienta debido a la importancia de mi cargo actual. Cuando estoy demasiado enfrascada en algo, ella me obliga a respirar y me recuerda ser gentil.

Resultó que el caso contra la tienda importante se resolvió extrajudicialmente a mitad del juicio, pero yo continuaría trabajando de cerca con Fran Bernstein en casos de propiedad intelectual para Fendi, así como para otros clientes. El litigio, sin embargo, no era un recurso eficaz para el problema de los artículos falsificados que se vendían en la calle y en el barrio chino; no tenía sentido llevar a juicio a vendedores ambulantes. En su lugar, los dueños de las marcas comerciales decidieron unirse para solicitar una orden judicial que nos permitiera confiscar la mercancía y los registros relacionados con su producción y distribución. Al preparar el caso para una orden de confiscación, trabajábamos con investigadores privados para rastrear a los proveedores que distribuían las réplicas en Nueva York desde diversos puntos de manufactura en Asia, así como a artesanos italianos con doble empleo. Los investigadores compraban artículos a los vendedores en diversos locales y podíamos trazar en un mapa las conexiones al comparar los herrajes o las telas de distintos lotes. Al mantener un área bajo vigilancia, podían con frecuencia identificar un almacén ubicando a los mensajeros que se movían entre ese local y los vendedores. Si podíamos interceptar el contrabando en ese punto de distribución, quizás podríamos hasta encontrar documentos de aduana y transporte que nos llevaran todavía más alto en la cadena de suministro.

Le enseñé a Fran a elaborar una declaración jurada. Ella escribía la mayoría de los informes legales. Me encantaba el trabajo investigativo, el reto del rompecabezas y la emoción de las operaciones de confiscación.

☆

Antes de los dos años de haberme reclutado para trabajar en propiedad intelectual, Fran sufrió una recurrencia del cáncer del seno que había estado en remisión por varios años. La noticia la abrumó terriblemente. Su madre, su hermana, su abuela, prácticamente todas las mujeres de su familia, habían sucumbido a la misma enfermedad. Según progresaba su tratamiento, pero también su enfermedad, cada vez la veíamos menos. Por un tiempo, yo dependía de sus consejos por teléfono y trataba de levantarle el ánimo a través de esa misma frágil conexión, pero su salud se deterioraba rápidamente.

Cuando estuve lista para convertirme en socia en mi cuarto año, a fines de 1988, ella vino a la oficina por primera vez en meses para votar. Había perdido mucho peso y estaba muy frágil, pero todavía le quedaba chispa. Esa noche, ella y su esposo Bob me llevaron a cenar a La Côte Basque. Era la primera vez que yo iba a un restaurante de tanta opulencia y estaba emocionada con la experiencia, pero triste al ver que Fran casi no podía comer. Todavía no se conocía el resultado del voto para socio, así que no había un motivo evidente para celebrar, pero Fran no podía esperar.

—Tienes que fingir que no sabes lo que voy a decirte, pero ¡esta noche celebramos!

Más tarde, cuando esperábamos en la acera a que Bob trajera el carro, Fran me miró de arriba abajo.

—Si vas a ser socia, tienes que vestirte como es debido. Fendi es tu cliente ahora. Debes representarlos adecuadamente. Necesitas comprar un abrigo de piel de Fendi.

—¡Fran, yo no quiero un abrigo de piel!

Me parecía estar oyendo a mi madre quejándose de mi forma de vestir. Yo ya tenía una relación extraordinaria con la familia Fendi y no dependía de que vistiera de alta costura. Alessandro, el joven abogado que era aprendiz en el negocio de la familia, se había convertido en un buen amigo durante los meses de llamadas telefónicas diarias entre Nueva York y Roma, a cualquier hora, sin importar mi zona horaria o la suya.

Había sido la abuela de Alessandro, Adele, quien, junto a su esposo, había establecido el nombre de Fendi como el epítome del lujo, la calidad y el diseño italianos. Fue también ella quien preparó a cada una de sus cinco hijas para asumir una faceta diferente del manejo financiero o creativo, con sus esposos a su vez entrando en el negocio familiar. Alessandro, por lo tanto, se sentía perfectamente cómodo trabajando con mujeres firmes, y a mí me agradó de manera instintiva verme rodeada de un entorno empresarial unido por sólidos lazos familiares. Era una colaboración natural.

La amistad con los Fendi me reveló un mundo privado de lujo y gusto exquisito. Al visitar su casa en Roma y pasar vacaciones con ellos por toda Europa, mis ojos se abrieron no solo a lo más refinado del diseño italiano moderno y a un legado clásico glorioso, sino también a una sensibilidad completamente distinta. Alucinada por celebraciones de encanto teatral, coleccioné sueños que duran toda la vida. Quizás, hasta gané cierto entendimiento y, con este, la seguridad que proviene de haber visto la vida desde todos los ángulos.

Pero lo más importante fue que ellos se convirtieron en mi familia. Alessandro es un hermano para mí. Saltaría ferozmente en mi defensa; me atrevería a decir que se batiría a duelo al amanecer si estuviera en juego mi honor. Por mi parte, yo no lo pensaría dos veces para tomar el próximo vuelo y estar a su lado en el momento en que lo necesite, así como nunca dudé en invitar a sus padres, Paola y Ciro, a Co-op City para la cena de Acción de Gracias en casa de mi madre.

Veintiséis

Un par de semanas después de mi cena de celebración con Fran y su esposo, George Pavia me llamó a su oficina para que él y Dave Botwinik pudieran decirme, esta vez oficialmente, que los socios del bufete me habían elegido como socia. Las buenas noticias venían acompañadas de una curiosa condición, cuyas palabras se quedaron en mi mente.

—Es obvio que no te vas a quedar en la práctica privada para siempre —dijo George—. Sabemos que tu destino es la judicatura. Dave incluso está convencido de que llegarás hasta la Corte Suprema. Pero, con esta oferta solo te pedimos que te quedes con nosotros mientras continúes en la práctica privada.

Ofrecerle ser socio a alguien que no tiene planes de quedarse mucho tiempo era inusitadamente generoso, particularmente en un bufete tan pequeño en el que cada socio es parte integral del equipo. Acepté con una enorme gratitud, pero también con patente mortificación ante la profecía fantástica de Dave. Si él hubiera sabido que soñaba con ser jueza desde niña, podría haberlo tomado como un halago afectuoso, aunque exagerado. En cambio, me había abstenido por mucho tiempo de verbalizar mi ambición porque sabía que cualquier judicatura federal requería un extraño alineamiento de fuerzas políticas, así como algo más que una pizca de suerte. Dave podía haber intuido la dirección de mis sueños, pero, aun así, hablar de la Corte Suprema de esa manera me hizo estremecer. Me sentí extrañamente expuesta, mientras mis colegas se referían casualmente a mi secreto sueño imposible, al tiempo que celebraban el hito profesional de convertirme en socia, con la sombra de la muerte de Fran acechando.

Cuando ella finalmente perdió la batalla la siguiente primavera, la pérdida fue devastadora para todos. La muerte de cada persona cercana a mí ha llegado como una bofetada para recordarme mi propia mortalidad, obligándome a preguntarme: "¿Qué estoy logrando? ¿Cuál es el sentido de mi vida?" La muerte de Abuelita me impulsó a estudiar todavía más en la universidad. Cuando llegó el momento de Nelson, no pude seguir posponiendo la decisión de continuar mi vida fuera de la Fiscalía. Fran me había confiado el trabajo innovador en propiedad intelectual que se convertiría en su legado y, cuando murió, me lancé a este con mayor resolución. Aun así, verla partir a los

57 años disparó mi sentido habitual de que quizás no tendría suficiente tiempo para luchar verdaderamente por lograr mi meta máxima.

He vivido gran parte de mi vida inevitablemente consciente de que es valiosa y finita. La realidad de la diabetes siempre ha acechado en un rincón de mi mente y, en etapas tempranas, acepté la probabilidad de que moriría joven. No tenía sentido inquietarse por eso; nunca me he preocupado por las cosas que no puedo controlar. Pero tampoco podía desperdiciar el tiempo que tenía. Una especie de metrónomo interno ha continuado marcando un ritmo al que no me puedo rehusar. Ahora la diabetes se puede controlar mejor, y ya no tengo miedo de quedarme corta en el cómputo de años. Pero conservo el hábito de vivir como si estuviera a la sombra de la muerte, y considero que eso es también un don.

En un día glorioso a finales de junio, un grupo de amistades estaba celebrando mi cumpleaños número treinta y siete con una barbacoa en mi patio. Tuve suerte de descubrir ese apartamento en la misma calle de mi antiguo hogar y el de Dawn, de haberlo obtenido con descuento aun antes de concluir la conversión a co-op y, todavía más, de que Dave Botwinik me ayudara a conseguir un préstamo inusualmente económico para el pago inicial. Lo mejor de todo, el patio era perfecto para hacer fiestas.

Todos estaban bien atendidos. Los vasos estaban llenos. "Déjalos bailar", pensé. Exhausta, necesitaba recostarme unos minutos. No me sentía bien, estaba aturdida. Una vez que me acosté, no podía moverme. Finalmente pude arrastrarme fuera de la cama y abrir la puerta corrediza al patio. Pero no pude seguir. Necesitaba sentarme enseguida. Afortunadamente, había un escalón. Y allí estaba Theresa. Me estaba hablando, pero yo no entendía sus palabras. Se me acercó, todavía diciendo disparates. Había algo en su mano que yo quería desesperadamente. Lo necesitaba. Lo agarré, pero me temblaba el pulso. Estrellé el pedazo de bizcocho de cumpleaños en mi boca. Theresa se quedó parada, con la suya abierta por el susto. Debo haberme visto bastante desconcertante con toda la cara embarrada de *frosting*.

Cuando me recuperé y hablamos de lo sucedido, Theresa me dijo que, aunque ella tenía una vaga idea de que yo era diabética, no tenía idea de cómo se veía un bajón de azúcar. Los amigos que me vieron acostada pensaron que había bebido unas copas de más. Pero yo estaba tan ocupada en mi papel de anfitriona que ni siquiera había tomado una todavía. La tarjeta que me dieron cuando niña todavía estaba en mi billetera; todos esos años la había llevado conmigo. Había llegado a los treinta y siete sin necesidad de que nadie la sacara de allí. Decía:

tengo diabetes

NO ESTOY borracha. Si estoy inconsciente
o actúo de manera extraña, puede que
tenga bajo mi nivel de azúcar en la sangre.

tratamiento de urgencia

Necesito azúcar de inmediato. Si puedo tragar, dame un dulce, un refresco, un jugo de fruta o azúcar regular. Si no puedo tragar o no me recupero en 15 minutos, llama a un médico o a la ayuda médica de emergencia más cercana y diles que tengo diabetes.

Muy pocas de mis amistades sabían que yo tenía diabetes Tipo 1 y era insulinodependiente. No es que yo lo ocultara conscientemente. Yo diría que era cortésmente discreta, pero la verdad es que mi discreción era un hábito muy arraigado. Era reacia a cualquier revelación que pudiera haberse visto como una jugada para inspirar lástima. Y manejar mi enfermedad durante toda mi vida ha sido el sello distintivo de la seguridad en mí misma que me salvó en la niñez, aun cuando puede ser que me haya costado en parte el matrimonio. Yo no necesitaba la ayuda de nadie. Pero, en realidad, era más vulnerable de lo que estaba dispuesta a admitir.

La discreción no era simplemente mi naturaleza. Cuando era joven, las incapacidades y todo tipo de enfermedades se manejaban bajo un código de silencio. Eran asuntos privados y no se hablaba de ellas fuera de la familia. No se me hubiera ocurrido inyectarme en público, aunque raras veces tenía que preocuparme por eso porque solo tenía que ponerme una inyección diaria, a primera hora en la mañana. Si se presentaba la situación porque estaba viajando o pasaba la noche fuera de casa, mi madre me decía que lo hiciera en el baño.

Todos los años de universidad, la escuela de derecho y la Fiscalía, continué en esencia con el mismo régimen que tenía de niña. No fue hasta que cumplí los treinta años y me establecí en Brooklyn que decidí buscar un especialista en diabetes Tipo 1. Había dejado pasar por alto adelantos importantes en el tratamiento. Comencé a ponerme al día, usando formas mejoradas de insulina e inyectándome dos veces al día. Cuando mi primera doctora se mudó, me recomendó a Andrew Drexler, uno de los más destacados endocrinólogos especialistas en diabetes del país. Con Andy, ahora un amigo querido y confidente, mi tratamiento no puede ir mejor.

Todavía uso el método tradicional de inyectarme la insulina, aunque muchos diabéticos hoy día han cambiado a las prácticas plumas de insulina, o bombas con controles computarizados para ajustar las dosis constantemente durante el día. Ahora llevo cuenta de mis niveles de azúcar en la sangre con un monitor continuo de glucosa que usa un sensor implantado en mi estómago. Los números en mi monitor me ayudan a calcular cuánta insulina me pongo en mis cinco o seis inyecciones diarias. Cuando decido qué voy a comer, calculo el contenido de carbohidratos, grasa y proteína. Me hago una letanía de preguntas: "¿Cuánta insulina necesito? ¿Cuándo va a empezar a hacer efecto?

¿Cuándo fue mi última inyección? ¿Caminaré más lejos de lo usual o me esforzaré en una forma que pueda acelerar la tasa de absorción?" Si no fuera buena en matemáticas, eso sería difícil.

Este régimen requiere mucha más atención de la que le prestaba a la enfermedad cuando era joven, pero también me permite ajustar con precisión mis niveles de azúcar en la sangre. Los beneficios tienen sentido, puesto que las nefastas complicaciones de la diabetes —enfermedad cardíaca, ceguera, neuropatía que puede causar amputación de las extremidades— son principalmente efectos del daño a largo plazo ocasionado por niveles altos de glucosa crónicos. Ser meticulosa en mantener los míos dentro de los niveles normales me brinda una excelente oportunidad de tener una esperanza de vida promedio. No importa lo cuidadosa que sea, sin embargo, una fiebre o infección pueden disparar mis niveles de azúcar. Los traumas o exceso de estrés tienen el mismo efecto.

Aun con el monitoreo más meticuloso, el azúcar en la sangre puede variar repentinamente de tal modo que ponga en riesgo la vida, no en el futuro, sino en el presente inmediato. Eso fue lo que ocurrió el día en que agarré ese pedazo de bizcocho de cumpleaños de la mano de Theresa. Las sorpresas pueden insinuarse de manera insidiosa. Yo sabía, por ejemplo, cuántos carbohidratos tenía una comida en un restaurante chino típico, pero una vez mis cálculos fallaron peligrosamente por un estilo de cocina muy distinto en un restaurante

Szechuan muy elegante. El *jet lag* o haber perdido la noción de los cambios de horarios probablemente tuvo que ver con otra crisis. Volé a Venecia para asistir a la boda de un amigo, un abogado italiano que había trabajado por un tiempo en Pavia & Harcourt. Por alguna razón, después de registrarme en el hotel, mi azúcar en la sangre bajó precipitadamente y me desmayé.

Afortunadamente, Alessandro y su esposa Fe también habían ido a Venecia para la boda. Se dieron cuenta de que algo andaba mal cuando no me presenté a tiempo. Después de atravesar la ciudad para llegar a mi hotel, Alessandro amenazó con romper la puerta si el portero no se olvidaba de la política del hotel y la abría. Me dieron jugo de china, llamaron a una ambulancia, que en realidad era un bote, demasiado grande para acomodarse en nuestro canal de callejón. Así que suministraron una camilla veneciana, que es como una silla con postes, y me llevaron, mientras perdía y recobraba intermitentemente el conocimiento, a un hospital que era en realidad un hogar de ancianos en un antiguo convento, con instalaciones igualmente antiguas. Intenté enseñarle al médico cómo usar mi moderno glucómetro, pero no quiso saber de eso.

—Yo soy el médico, usted la paciente —insistió, según me traducía Alessandro con disgusto.

Más tarde nos reíamos con el cuento, especialmente si lo contaba Alessandro con sus gestos italianos gloriosamente expresivos, evocando imágenes de Fe con un despampanante traje de noche azul y él, de etiqueta, preparándose para echar abajo mi puerta, con la indignación final de que el personal del hospital se refiriera a ellos como "los americanos".

Aunque sobresalen en mi memoria, esos episodios no eran muy frecuentes, y han sido escasos en la última década, a medida que ha mejorado la tecnología y mi cuerpo se ha adaptado a la mediana edad. No obstante, cada vez que he sufrido una crisis de azúcar en la sangre no he podido evitar darme cuenta de que alguna intervención improbable me ha salvado la vida, ya sea un amigo que pasaba por ahí o llamaba sin razón alguna o, una vez, el pequeño Rocky de Dawn, que al encontrarme inconsciente ladró frenéticamente, sin que nada pudiera calmarlo, hasta que llamó la atención donde se necesitaba. Contemplar tanta buena suerte reforzaba mi sensación de que Abuelita todavía me cuidaba. Pero decidí que eso no era motivo para tentar mi suerte. Aunque los Fendi y yo tengamos tema de conversación para reírnos por años sobre el incidente en Venecia, la cruda realidad es que, si Alessandro no hubiera sabido de mi diabetes, yo estaría muerta. Eso me hizo ver que, por motivos de seguridad, debía ser franca sobre mi enfermedad. Y, desde que comencé en mi trabajo actual muchos años después, cuando el peligro parece haberse alejado, tengo una buena razón para llamar públicamente la atención hacia la enfermedad. No sé si todavía les dan a los niños con diabetes una lista de las profesiones a las que no pueden aspirar, pero me siento orgullosa de ser la prueba viviente de que los grandes sueños no están fuera de alcance.

Hay una persona con quien he pospuesto ser franca por el mayor tiempo posible. Las historias de esas veces en que me he salvado de milagro, y que sugieren que tengo nueve vidas, nunca se las he mencionado a mi madre. Tendré que lidiar con ese problema cuando lea este libro. Su culpa, lástima, tristeza y, en última instancia, miedo a mi enfermedad todavía están más allá de toda razón y, en ocasiones, me han vuelto loca. Cualquier problema que he tenido y que ha descubierto con retraso ha provocado una reacción de histeria. Junior me cuenta que una vez ella lo llamó para quejarse de que yo no le contaba lo que estaba ocurriendo. Él le contestó mucho mejor de lo que yo pude haberlo hecho:

—Sonia nunca te va a contar nada, Mami, porque tú siempre reaccionas exageradamente. —Todavía más, le dijo que él no conocía a nadie más feliz que su hermana—. Sonia vive su vida al máximo. Si muere mañana, morirá feliz. Si vive de la manera que tú quieres que viva, morirá como una desgraciada. Así que déjala en paz, ¿*okay*?

Yo amo profundamente a mi hermano. Él me conoce como ninguna otra persona en el mundo podría hacerlo. Siempre nos hemos cuidado mutuamente. Sus hijos todavía se mueren de risa al oírme llamarle Junior —él es Juan para el resto del mundo, pero siempre será Junior para mí, aunque ya no sea un incordio.

Mami le colgó ese día, según me cuenta. Me la imagino sentada en Co-op City, echando chispas en su selva de plantas de interior con las ramas extendiéndose hasta el techo, las enredaderas trepando por las esquinas, bordeando los ventanales. Ese mensaje no fue fácil de digerir, pero a la larga se aceptaría.

La historia de mi discreción y la confianza en mí misma que la producía no empieza ni termina con mi diabetes. Me he dado cuenta de que empieza y termina con mi madre, que se convirtió en mi paradigma emocional más constante, conformando mi carácter para bien o para mal, así como el carácter de mi relación con ella.

Muchas veces sentí que había un foso amplio que me separaba del resto del mundo, a pesar de ser, según todos, una excelente oyente con mis amistades. Ellas se sentían libres de contarme sus problemas. Al igual que mi madre, no las juzgaba, sentía su dolor, quizás hasta les señalaba algún hecho que habían pasado por alto. Tenía cierta habilidad para traducir los misterios de las mentes de otras personas y podía abrir los ojos de alguien al mundo de su esposo, su jefe o su madre. El único truco que no pude aprender fue cómo obtener eso mismo de ellos.

Compartir no era mi estilo; yo era quien resolvía mis problemas. Desde el quinto grado, desde que superé la tristeza y el aislamiento que desolaban a la familia de un alcohólico, desde que aquel simpático niño, Carmelo, me convenció de que ser listo podía ser cool, me había rodeado de una multitud de amigos. Sin embargo, por dentro me sentía muy sola. Tal vez, incluso, durante mi matrimonio, que a pesar de nuestro afecto y respeto mutuo había sufrido debido a esa autosuficiencia mía que frustraba a Kevin. No fue hasta después de la Fiscalía, cuando comencé a hacer progresos precisos hacia la persona que quería ser en el ámbito profesional, que pude comenzar a soñar con remodelar la persona que era en el plano emocional. Mi fe en mi potencial de superación personal, que había sido la base de todo mi éxito académico y profesional hasta el momento, se pondría a prueba ahora en las regiones más inaccesibles de mi ser. Pero era optimista. Si podía arreglar los problemas de otros, seguro también podría arreglar los míos.

Siempre había pensado que las personas pueden cambiar; muy pocas son inmóviles estatuas de piedra o no tienen salvación. Toda mi vida he mirado a mi alrededor y me he preguntado: "¿Qué puedo aprender aquí? ¿Qué cualidades de este amigo, este mentor o incluso este rival merecen ser emuladas? ¿Qué necesito cambiar en mí?" Ya desde niña podía reflexionar que mi ira no solucionaba nada, solo me hacía daño, y que tenía que aprender a pararla en seco en el instante en que sentía esa oleada. Aprender a ser franca sobre mi enfermedad era un primer paso y me enseñó que aceptar mis vulnerabilidades puede acercarme a la gente. Los amigos quieren ayudar y es importante saber aceptar la ayuda con gentileza, así como es mejor aceptar un regalo diciendo "Gracias" que con un "No debiste haberte molestado".

Si hay una medida para saber si he tenido éxito en esta transformación personal es que muy pocos de mis amigos —hasta aquellos que me han conocido por más tiempo— pueden recordar la persona que era antes de emprender ese esfuerzo. Esa es la naturaleza de la familiaridad y la memoria. También aseguran que siempre supieron sobre mi diabetes y alegan incluso que me recuerdan poniéndome la inyección mucho antes de que yo lo hiciera abiertamente. Pero no hay un mejor indicador de progreso, ni causa mayor de orgullo, que la mejoría de las relaciones con mi madre.

Mami totalmente ida, *checked out*, el apartamento vacío. De espaldas a mí, un tronco a mi lado en la cama de mi infancia. Mami vestida y maquillada a la perfección, como una estrella de cine, la Jacqueline Kennedy de las Casas Bronxdale, rehusándose a cargarme y arrugar su inmaculada vestimenta. Esa era la fría imagen con la que había vivido y con la que me había formado, adoptando tristemente su actitud distante pero nada del glamur. No pude liberarme de su hechizo hasta que pude apreciar lo que le daba forma y, en su semejanza, me formó a mí.

Había tantas cosas sobre mi madre que yo simplemente no había conocido. Cuando estaba luchando para obtener su título de enfermería en Hostos Community College, con pánico al fracaso, enfrentando cada examen escrito como a un batallón de fusilamiento, me contó algo sobre su época en la escuela en Lajas y San Germán. Sobre su miedo a ser ridiculizada por sus compañeros de clase o regañada por las maestras, sobre su certeza de que era estúpida. Aparte de eso, yo no sabía prácticamente nada sobre su niñez. Sus historias más reveladoras empezarían a caer lentamente, a cuentagotas. Pero solo cuando tuve la fuerza y la determinación de hablar sobre la fría distancia entre nosotras me confesó sus limitaciones emocionales de una manera que invocaba el perdón.

—¿Cómo iba yo a saber esas cosas, Sonia? ¿Quién me enseñó a ser cariñosa cuando era joven? Yo estaba sola, estaba furiosa con Mayo. ¿Qué otra cosa vi?

Mi coraje hacia ella todavía surgía de vez en cuando. Y, cuando surgía, yo recurría a esta reflexión: ella tenía su historia, piezas que faltaban en su vida. También acudía al talismán del recuerdo, a uno que podía agarrar como las suaves cuentas de un rosario. Volvía a él como un libro de cuentos infantiles que conocía de memoria, pero del cual nunca me cansaba. Era el recuerdo de aquellas noches de verano, cuando me despertaba empapada en sudor y Mami me pasaba un pañito frío y húmedo, susurrando suavemente para no despertar a Junior, porque eso era para mí, mi momento. El runrún del pequeño ventilador, mi cuello enfriándose al evaporarse la humedad, la mano de mi madre en mi espalda.

Yo no sufriría de la misma falta de ejemplos que mi madre. Las amistades me enseñarían cómo ser cariñosa y aprendería dando a otros la oportunidad de hacer por mí lo que ellos me habían permitido hacer por ellos, hasta que nadie recordara el tiempo en el que las cosas no fueron así. Según aprendía, practicaba con mi madre —un verdadero abrazo, un halago sincero, un esfuerzo adicional para bajar la guardia— y, milagrosamente, ella también se suavizó, como resultado de un instinto durante mucho tiempo dormido, aun sin saber a ciencia cierta lo que ocurría. Al abrirme, llegué a reconocer el valor de la vulnerabilidad y a aceptarla, y pronto descubrí que en ese trayecto tampoco estaba sola. Mi madre estaba dando cada paso a mi lado, tornándose ella también más afectuosa y expresiva, la persona que pudo haber sido si hubiera tenido la oportunidad.

Kiley corre a recibirme, salta a mis brazos. Me rodea el cuello con sus bracitos flacos, aprieta su cuerpo de tres años, diminuto como el de un pajarito en loca desproporción contra el mío. Y, de repente, mi corazón estalla y mis ojos se llenan de lágrimas. Una ternura que no puedo describir corre por mis venas como una droga, y me doy cuenta de que la ausencia del contacto físico humano ha sido, durante demasiado tiempo, una carga que he llevado inconscientemente.

Me receté una terapia de abrazos. Le dije a cada uno de los niños en mi vida que no estaba recibiendo suficientes abrazos. Tommy, Vanessa, Zachary... "¿Me ayudarán dándome un abrazo cada vez que me vean?" Kiley no necesitaba que se lo pidiera, por supuesto, pero los demás obedecieron al instante. En esto, la sabiduría de los niños pequeños es incuestionable. Los abrazos llegaron. Y fluyeron las emociones que nunca antes habían brotado con tanta facilidad. Incluso después de que los niños se convirtieron en desgarbados adolescentes, los abrazos no se detuvieron. Los hermanos más pequeños, John y Kyle, se unirían a la causa al pasar los años.

Lo que he aprendido de los niños he podido devolverlo a los adultos. La caricia en un brazo que dice: te entiendo; el apretón de bienvenida, el beso de despedida, el abrazo prolongado en un momento de dolor. He descubierto la diferencia palpable entre esos actos como meros gestos y como compuertas a los sentimientos verdaderos entre dos personas.

Estábamos en el probador y me estaba quitando los jeans, lista para atacar el montón de posibilidades que mi amiga Elaine había traído de los percheros, cuando soltó la ropa que traía en los brazos y se dobló, riéndose histérica. Tuve miedo de que tumbara las endebles paredes divisorias.

Elaine Litwer era cliente de Pavia & Harcourt y se convirtió en una muy buena amiga. Ella era una astuta y decidida sobreviviente de la extrema pobreza y de una familia pintoresca del Lower East Side. Hablaba sin parar, nunca perdía y no soportaba a los necios, empuñando su ingenio sin piedad. Muchos fines de semana nos íbamos de tiendas y pasábamos el rato como un par de adolescentes.

—¡Sonia! ¡Dios mío! ¿Quién te compra la ropa interior? ¿Tu madre?

—A decir verdad, en este caso, sí.

—¡Tenemos que remediar eso ahora mismo!

Cualquier ofensa que pude haber sentido por la burla sin censura de Elaine se compensaba con una discreta satisfacción al pensar que por lo menos una vez habían tumbado a Mami de su pedestal como autoridad de la moda. Dejé de buen agrado que Elaine me ayudara a escoger ropa interior apropiada para mi edad.

Eso era parte de un proyecto más abarcador. Elaine me estaba enseñando a comprar, a reconocer lo que me quedaba bien, a aprender cómo funciona el color con el tono de la piel, cómo caen las telas, cómo la mirada sigue las líneas. Era una materia sobre la cual yo no parecía ser buena aprendiz. Pero, poco a poco, fui desarrollando confianza en mi propio criterio, y Elaine, bendita sea, encontró una manera de que el proceso resultara divertido. Hasta que tomó las riendas, yo odiaba ir de compras y me limitaba a pedir por catálogo antes que soportar las sonrisitas de superioridad de las vendedoras y el escarnio de los espejos de cuerpo entero. Y aun cuando hacía algo bien, la idea que tenía mi madre sobre darme ánimo a duras penas animaba. Cualquier halago era inmediatamente seguido por frases como: "Eso se ve bien, Sonia, pero ahora necesitas pintarte las uñas".

Para ser totalmente sincera, no todo era culpa de

mi madre. Vestirme mal ha sido un refugio durante una buena parte de mi vida, una manera de obligar a los demás a relacionarse con mi mente, no con mi presencia física. Soy lo suficientemente competitiva como para finalmente retirarme de cualquier batalla sistemáticamente perdida. Elaine me dio el preciado regalo de mostrarme que no tenía que ser así. Soy mujer, tengo mi lado femenino. Aprender a disfrutarlo no menoscaba ninguna otra parte de mí.

Me miró con los ojos muy abiertos y su pícara sonrisa de oreja a oreja.

—Nunca, ni en un millón de años, habría escogido eso para ti, Sonia, pero se te ve de maravilla. ¿Ves? Ya estás encontrando tu propio yo.

No todas las relaciones terminan con la dignidad y el respeto mutuo que Kevin y yo, de algún modo, salvamos de nuestros errores de juventud. Descubrí lo que era caer abatido románticamente, la desilusión que estremece tus cimientos. La desesperación pasaría pero, mientras, los amigos vendrían al rescate, igual que lo hicieron después de mi divorcio. Quedarme sola con la pena nunca era una opción. Irme de compras con Elaine todos los fines de semana era parte de una campaña emprendida después de un malogrado romance. Alessandro y Fe también saltaron al rescate durante una separación:

—Mamá dice que debes venir con nosotros de vacaciones a Ibiza.

Un remedio para el mal de amores que preparé yo misma fue aprender a bailar. Programé las lecciones, enrollé la alfombra y me dediqué a aprender salsa. Nunca más me sentaría como una momia a mirar a los demás bailando. La Sonia torpe y descoordinada haría las paces con ella misma en movimiento. Puede que nunca tenga un ritmo natural, pero sé que las rodillas hacen que las caderas se muevan y aprendí a leer tan bien a un compañero que puedo seguirlo como toda una experta.

Todavía no puedo cantar, ni aunque mi vida dependiera de ello —un ligero impedimento auditivo no ayuda—, pero después de una cantidad de ensayos antinaturales para memorizar dónde cae cada sílaba, ahora puedo subir al escenario en una fiesta navideña y defenderme en un *sketch* musical.

Finalmente, también aprendí a nadar. Está bien, quizás no tenga la gracia de un atleta, pero puedo dar veinte vueltas sin parar. Puedo saltar del bote y nadie tendrá que rescatarme. Nunca imaginé que, incluso más tarde en la vida, aprendería a lanzar una bola de béisbol, pero uno nunca sabe. Durante mi primer término en la Corte Suprema, practiqué veinte minutos cada tarde durante semanas para estar lista y lanzar la primera bola en el Yankee Stadium. No desde la lomita, por supuesto, pero la lancé derechita por el mismo centro. Diferentes tipos de ejercicio han sido descubrimientos divertidos, y hasta participé en una carrera de bicicletas, la Century Bike Tour. Me tomó años, pero ahora, cuando me miro al espejo, no está tan mal lo que veo. Es verdad que me gusta mucho la comida; mi peso sube y baja. Pero, cuando el tiempo me lo permite, disfruto el esfuerzo de mantenerme en forma.

Un ajuste de cuentas con mi ser físico resultó ser más difícil que todos los demás. Había fumado desde la secundaria, tres paquetes y medio de cigarrillos al día durante buena parte de mi vida. Mi primer intento serio de dejarlo fue en mi último año de la escuela de derecho: cada vez que sentía la urgencia de fumar, corría alrededor de la manzana, muchas veces con Kevin y Star resoplando a mi lado en solidaridad. Romper el hábito en frío durante época de exámenes puede parecer un rigor innecesariamente brutal, pero en retrospectiva parece menos castigo perverso que el volver a fumar dos años después, cuando Kevin y yo nos separamos. Hubo varios intentos adicionales, incluyendo la hipnosis, pero nada funcionó definitivamente hasta que vi a la pequeña Kiley sostener un lápiz entre dos dedos y echar anillos de humo imaginario. La culpa de poner en peligro la salud de un ser querido es, sin duda, la mejor motivación que he descubierto.

Me registré en un programa residencial de cinco días y hasta escribí una larga carta de amor para despedirme de mi más constante compañero por tantos años. Fue otro rompimiento amoroso, pero me consolé pensando que, si algún día llegaba a ser juez, no podía estar decretando un receso cada vez que tuviera necesidad de fumar. Y funcionó. Sigo siendo adicta a la nicotina, un

hecho que me inspira cierta compasión hacia la adicción de los demás, pero no he vuelto a fumar desde
entonces. Ya no me preocupo por escabullirme, pero
tengo la fantasía de poder satisfacer el deseo de fumar
un último cigarrillo en mi lecho de muerte, tal como lo
hizo Abuelita.

Veintisiete

En 1990, volé a Londres con Fe, Alessandro y sus padres y hermana para una celebración del día del aguinaldo o "Boxing Day". Cuando me incorparé a trabajar, después de las vacaciones de Navidad, mi oficina parecía la de alguien que van a despedir. Las torres de papeles que normalmente oscurecían mi escritorio habían desaparecido, dejando expuesta una veta de madera oscura pulida que yo ya había olvidado. Sobre el escritorio había un solo documento para mi atención: un formulario de solicitud para el cargo de juez de la Corte Federal de Distrito. Eso era evidentemente obra de Dave Botwinik. Agarré el formulario y salí corriendo la corta distancia que separaba mi escritorio de su oficina.

—Dave, por favor.

—Es de la Comisión de Selección Judicial del senador Daniel Patrick Moynihan. Ellos examinan las recomendaciones que él le hace al Presidente. Llénala.

—¿Estás loco? ¡Tengo treinta y seis años!

—Dame el gusto, Sonia. Están buscando hispanos calificados. Tú no solo eres una hispana calificada, sino que estás excelentemente calificada, punto.

Prometió devolverme mis expedientes si lo llenaba, lo que dije que haría antes de contar las páginas: era interminable. Pero no había manera de disuadir a Dave. Me ofreció a su asistente, junto a la mía, más la ayuda de un paralegal, lo que fuera necesario, para hacer el trabajo. Hacía tiempo que sospechaba que las ambiciones que tenía Dave Botwinik para mí eran en parte una proyección de las ambiciones que alguna vez tuvo para sí mismo. Hasta entonces, yo solo lo ignoraba cada vez que sacaba el tema. Pero esta vez estaba mostrando una determinación sin precedente, y no era el único que estaba pendiente.

Varias semanas antes, compartí un taxi con Benito Romano después de una reunión de la junta de PRL-DEF. Benito había sido Fiscal General interino de los Estados Unidos cuando Rudy Giuliani dejó el cargo para postularse como alcalde, y ahora un colega en la comisión de búsqueda del senador Moynihan le había hecho un acercamiento. Él había declinado la oferta, según dijo, pero les dio mi nombre.

—¿Por qué no usted? —le pregunté.

—Tengo esposa e hijos, Sonia. ¿Cómo voy a pagarles la universidad con un sueldo de juez?

Ese es un verdadero problema que ha desalentado a muchas personas talentosas de considerar la judicatura.

El recorte de sueldo que yo sufriría, siendo socia joven, no sería tan grande como el de un socio más experimentado, y al no tener hijos me ahorraba esa decisión imposible. Pero ese cálculo no alteró mi sensación de alcanzar demasiado en poco tiempo.

Incluso con ayuda, nos tomó casi una semana completar la solicitud. Tenía que dar cuenta de cada ápice de mi vida adulta, según parecía, así como indicar la dirección actual de cada casero, supervisor, juez y adversario legal que se había cruzado en mi camino. Por lo menos, la información financiera era fácil; todavía tenía poco que informar en ese asunto. Más allá del resumen de la experiencia profesional típico de las solicitudes de empleo, este documento sería el punto de inicio de una investigación para rastrear mi pasado en busca de algún desliz ético. Pero eso no me intimidaba. Pronto me di cuenta de que, tal vez más de lo que jamás había admitido, la mayoría de las decisiones que había tomado a lo largo de los años anticipaban ese momento.

Muy poco tiempo después de presentar la solicitud, la comisión del Senador me respondió. La entrevista estaba programada en un par de semanas. Aunque todavía no acababa de tomarme el asunto en serio, me preparé como si me estuviera jugando la vida. Cuando fui a las entrevistas en Yale, nunca se me ocurrió investigar antes o ensayar las respuestas a las preguntas probables.

Me preparé tanto como lo habría hecho para un juicio criminal, leyendo todo lo que podía encontrar y buscando colegas y cualquier amigo o pariente de estos con la más mínima experiencia en el proceso de nominación de jueces. ¿Qué clase de preguntas puedo esperar que me hagan? ¿Qué objeciones puedo necesitar refutar? Ya no me preocupaba la pregunta obvia que anticipé inmediatamente: "¿No es muy joven para solicitar este cargo?". Yo misma me había preguntado lo mismo, pero un estudio breve reveló que no sería la más joven en ocupar ese puesto. Convertirse en juez a los treinta y tantos no era común, pero tampoco inaudito, y yo conocería al dedillo los nombres de esas excepciones. Pero, además, tendría una verdad a la mano: aunque la sabiduría se construye sobre las experiencias de la vida, la mera acumulación de años no es garantía de nada.

Judah Gribetz, un amigo de la infancia de David Botwinik y asesor por mucho tiempo del senador Moynihan, presidía la comisión con la que me reuní en la sala de conferencias de un bufete del centro de la ciudad. Estaba frente a unas quince personas alrededor de una mesa, la mayoría, aunque no todas, hombres y abogados. Uno de los pocos que reconocí fue a Joel Motley, hijo de Constance Baker Motley, la primera mujer afroamericana designada juez de la Corte de Distrito de los Estados Unidos. Según me disparaban preguntas de todas partes, también salían las respuestas con facilidad, y estaba satisfecha de lo bien que me había preparado. Entonces Joel me preguntó algo que yo no había anticipado.

—¿No crees que aprender a ser juez será difícil para ti?

Respiré profundo para organizar mis pensamientos, y la respuesta fluyó:

—Me he pasado toda la vida aprendiendo cómo hacer cosas que eran difíciles para mí. Ninguna de ellas ha sido fácil. No tiene idea de lo difícil que fue Princeton para mí al principio, pero descubrí cómo hacer las cosas bien allí y terminaron aceptándome en una de las mejores escuelas de derecho del país. En Yale, la Oficina del Fiscal de Distrito, Pavia & Harcourt, dondequiera que he ido, francamente, nunca me sentí totalmente preparada al principio. No obstante, todas las veces he sobrevivido, he aprendido y he progresado. No me intimidan los retos. Mi vida entera ha sido un reto. Espero poder dedicarme al trabajo y aprender a hacerlo bien.

Cuando la discusión se tornó técnica, mi experiencia en sala se sostuvo bien bajo escrutinio. Como fiscal del estado, llevé muchos más casos a juicio de los que habría llevado un fiscal del sistema federal. Hablamos con detalle de los casos de pornografía infantil y del 'asesino Tarzán', expliqué esas investigaciones y las estrategias legales que utilizamos.

Hablamos sobre mi servicio a la comunidad, lo cual yo sabía que era particularmente importante para el senador Moynihan. Mi trabajo en PRLDEF era claramente un punto a mi favor, al igual que el Campaign Finance Board y mis otras actividades pro bono. Sentada allí, contestando preguntas, me atreví a creer que la entrevista iba por buen camino. Con cada pregunta, podía ver el lanzamiento acercarse a mí como en cámara lenta. Estaba relajada, pero al mismo tiempo alerta, centrada pero ágil, lista para moverme en cualquier dirección. Si no me elegían, sabría que no habría sido por haber metido la pata en la entrevista. Y nada más por esa sensación, la experiencia valió la pena.

Pero todo el proceso todavía me parecía una fantasía, incluso cuando me llamaron de la oficina del senador Moynihan poco después para invitarme a reunirme con él en Washington. Resultó ser tan franco y sociable que me cayó simpático enseguida. Hablamos sobre Puerto Rico y los retos de la comunidad puertorriqueña en Nueva York, y nuestra conversación se extendió desde Eddie Torres (un juez que también escribió novelas detectivescas que el senador admiraba), hasta cómo conseguir el voto de los latinos y la eterna interrogante sobre el estatus de la isla. Tenía ante mí tanto un académico como un político, alguien que entendía la sociología tan bien como los asuntos normativos, al mismo tiempo que poseía las habilidades sociales de un maestro diplomático.

Después de más de una hora, sentí que estábamos llegando al final y me preparé para agradecerle antes de partir a esperar el prediciblemente interminable período de deliberación. Pero el senador tenía otra sorpresa reservada cuando dijo:

—Sonia, si aceptas, me gustaría nominarte como juez de la corte del distrito en Nueva York.

Me advirtió que el proceso de confirmación no sería fácil. La administración de Bush no solía acoger con agrado las recomendaciones de un demócrata; por principio, se opondrían a cualquier candidato que él propusiera.

—Puede que tome algún tiempo —dijo— pero te prometo algo: si te mantienes conmigo, finalmente te sacaré adelante. No me daré por vencido.

Entonces, me preguntó si estaba dispuesta a cumplir con mi parte del trato: ¿Estaba preparada para pasar buena parte del resto de mi vida profesional como juez? Me quedé pasmada. Hasta ese momento, todavía no me había permitido pensarlo, no fuera a ser que me despertara de ese ensueño. Pero aquí estaba el senador Moynihan mirándome de frente, esperando una respuesta.

—¡Sí!

Con todo mi corazón, sí.

Salí flotando del edificio de oficinas del senado Russell y caminé sin rumbo, aturdida. Después de un par de calles, divisé unas escaleras monumentales y familiares columnas blancas: era el edificio de la Corte Suprema, reluciente y sereno, como un templo en la colina. No pudo haber habido un augurio más favorable. Me sentí afortunada en ese momento, afortunada de estar viviendo esa vida, en el umbral de todo lo que había deseado. Pronto habría tiempo para lidiar con mis inseguridades y el trabajo duro de aprender el nuevo empleo. Por el momento, empero, solo me quedé ahí, deslumbrada ante la vista y resplandeciente de gratitud.

Mi madre y Omar llevaban varios años juntos en ese momento. Al principio, ella me dijo que le había alquilado mi antigua habitación. Más tarde, viéndolo un par de veces cuando yo iba a casa, intuí que no me habían dicho toda la historia. Al llegar tarde una noche, los sorprendí besándose en el vestíbulo.

—¿Tienen algo que decirme? —les pregunté.

Mami estaba nerviosa, radiante, avergonzada y evidentemente muy feliz.

—Íbamos a decírtelo, Sonia. Solo que no sabíamos cómo hacerlo.

Con el tiempo, cuando llegué a conocer a Omar, aprobé totalmente la elección de mi madre. Ahora estaban sentados uno al lado del otro en el sofá de mi sala en Brooklyn y era yo la que tenía que decidir cómo darles la noticia.

—Mami, Omar, voy a decirles algo, pero tienen que prometerme que lo mantendrán en secreto. No lo anunciarán públicamente hasta dentro de un par de semanas, pero me dieron permiso para contarles.

Les pregunté si sabían quién era el senador Patrick Moynihan. Asintieron con la cabeza de manera vacilante.

—El senador va a nominarme para juez de la Corte de Distrito de los Estados Unidos en Manhattan.

—¡Sonia, eso es extraordinario! ¡Excelente noticia!

Como siempre, la reacción inicial de Mami era de entusiasmo. No siempre entendía completamente lo que significaban mis noticias pero, por principio materno, siempre era una *cheerleader* leal. Omar también me felicitó de todo corazón. Entonces comenzaron las preguntas.

—Vas a ganar más dinero, ¿verdad? —me preguntó mi madre.

—No, Mami. El sueldo de un juez es precisamente mucho menos de lo que gano ahora.

Hizo una pausa larga.

—Entonces, me imagino que vas a viajar mucho, ¿a ver el mundo?

—En realidad, no. La corte está en el centro de Manhattan y no me imagino que vaya a salir de allí. No como lo he hecho en Pavia.

Las pausas eran más largas ahora.

—Estoy segura de que vas a conocer gente interesante y hacer amigos tan buenos como los que has conocido en el bufete.

Estaba decidida a no reírme.

—Realmente, las personas que se presentan ante un juez son generalmente acusados de crímenes que están en graves problemas, o gente peleando entre sí. Además, hay razones éticas para no socializar con ellos.

Silencio, y entonces:

—Sonia, ¿por qué rayos quieres ese trabajo?

Omar, quien ya para entonces me conocía bien, vino al rescate.

—Conoces a tu hija, Celina. Debe ser un trabajo muy importante.

La expresión en el rostro de Mami me transportó a aquel momento bajo el estruendo del tren "El", cuando compartimos la incertidumbre de lo que me esperaba en Princeton: "Hija, yo no sé en lo que te estás metiendo...". Era cierto, yo no tenía idea entonces de que Princeton sería la primera parada de un viaje mágico que hasta ahora ya me había llevado mucho más lejos de lo que jamás pude haber previsto.

Los dieciocho meses que tardó la aprobación de mi nominación fueron una lección en las artes de la política y la paciencia. Yo sabía que los retrasos no tenían nada que ver directamente conmigo. Dos entrevistas en el Departamento de Justicia, investigaciones de diversas agencias gubernamentales y, en última instancia, las vistas de confirmación del Senado marcharon sobre ruedas. Nadie presentó dudas sobre mis aptitudes, ni objetaron mi nombramiento. Yo era solo una pieza en el tablero del juego más importante en la ciudad, en el cual las demoras procesales eran una de las tácticas favoritas. A través de todo el proceso, el senador Moynihan cumplió su palabra, sin flaquear nunca en su esfuerzo y sin dejar que yo perdiera la esperanza.

Mientras tanto, cobré conciencia del coro de voces que se levantaban para apoyarme. La Hispanic National Bar Association cabildeó sin cesar en la Casa Blanca y consiguió el respaldo de las bases de otras organizaciones de latinos. De ser confirmada, yo sería la primera persona hispana nombrada juez federal en la historia del estado, un hito que la comunidad ansiaba fervientemente (José Cabranes estuvo a punto de lograr ese honor en 1979, pero fue nominado simultáneamente para la judicatura en Connecticut y optó por servir allí, aunque mucho más tarde ocuparía una silla en la Corte de Apelaciones para el Segundo Circuito de Nueva York). Aún antes de que el senador Moynihan optara por mi nombre para la nominación, todo un elenco de auténticos partidarios al estilo de *This Is Your Life* dieron un paso al frente: mis compañeros miembros de la junta de PRLDEF, Bob Morgenthau y otros de la Oficina del Fiscal de Distrito, el padre O'Hare y colegas de Campaign Finance Board, abogados que había conocido a través de clientes mutuos. Escribieron cartas, hicieron llamadas telefónicas y se ofrecieron a hacer el tipo de peticiones informales a colegas que pueden ser persuasivas cuando resuenan en todas partes. Me asombraba ver todos los círculos de mi vida concentrarse en esa meta, haciendo parecer todavía más que todo lo que había ocurrido antes había sido un preludio a ese momento.

Finalmente, el 12 de agosto de 1992 el Senado de los Estados Unidos confirmó mi nominación a la Corte Federal de Distrito para el Distrito Sur de Nueva York, el distrito "materno" de las cortes federales, la corte de distrito más antigua de la nación. La ceremonia de juramentación se celebró en octubre. Aunque breve —quizás cinco minutos en total— no fue nada superficial. Cada momento me conmovió profundamente: la investidura con la toga negra, jurar solemnemente que impartiría justicia sin distinción de personas, al pobre y al rico por igual, y desempeñaría leal e imparcialmente todas las obligaciones de mi cargo conforme a la Constitución. Así me ayude Dios. Me senté, solo durante esa ocasión, en el asiento tradicional del juez recién llegado, entre el Juez Presidente, Charles Brieant, y la jueza Constance Baker Motley, la segunda con mayor antigüedad entre los estimables colegas a los cuales me estaba uniendo. Ese ritual era una lección de humildad profunda que indicaba la suprema importancia de la judicatura como institución, por encima de cualquier individuo, más allá de los altibajos de la historia. Independientemente de todo lo que yo hubiera logrado para llegar a ese punto, la función que estaba a punto de asumir era infinitamente más importante que yo.

La sensación de haber sido transportada a una realidad alterna se acrecentó debido a otros cambios igualmente desconcertantes en mi vida personal. Me mudé a Manhattan, porque tenía que vivir en el área de mi jurisdicción. Dawn no podía creer que echara por tierra nuestro idílico vecindario por una regla de poca importancia que muchos esquivaban. Temía que nunca me perdonaría por dejarla abandonada en Brooklyn, pero el sentido de honor se encontraba de por medio. ¡Me estaba convirtiendo en juez! ¿Cómo no iba a seguir las reglas?

Mi madre, por su parte, tenía sus propios planes. Decidió mudarse a Florida. Ella y Omar habían ido de vacaciones el lunes después de mi juramentación y lo próximo que supe fue que Mami estaba llamando por teléfono para decirme con voz atolondrada que había alquilado un apartamento.

A los pocos días de su regreso a Nueva York, todo estaba recogido en el apartamento de Co-op City. Cuando se llevaron las cajas, me quedé al lado de Mami en el apartamento vacío, nuestras voces rebotando en las paredes marcadas, el vacío haciendo un eco de años, entre una mezcla de lágrimas y recuerdos. Nos abrazamos y llegó el adiós, Mami y Omar alejándose por la carretera.

Antes de que llegaran a Florida, recibí una llamada de Puerto Rico: Titi Aurora había fallecido. Ella había viajado para mudar a su esposo a un hogar de ancianos —el segundo esposo, todavía más loco que el primero, quien vino a enredarle su ya difícil vida con más nudos de tristeza y trabajo agotador. No podía darle esa noticia a Mami por teléfono. Tuve que tomar el siguiente vuelo a Miami para estar a su lado cuando se enterara. Titi había peleado amargamente con Mami por la mudanza a Florida. Peleaban con frecuencia por toda clase de cosas sin importancia, pero esta había sido una desavenencia más profunda. Su muerte había eliminado cualquier posibilidad de reconciliación y yo sabía bien que iba a causarle a Mami un dolor inaguantable.

Me maravillaba ver cómo dos mujeres tan diferentes podían vivir tan unidas. El afecto no era parte de la receta ni ninguna otra expresión de emociones más allá del hábito de hablarse cortadamente una a la otra. No se confiaban secretos ni se consolaban, hasta donde sabíamos. Titi podía ser desagradable porque su vida había sido dura, pero la vivió con honradez, firmemente fundamentada en cimientos sólidos, como una piedra de ética personal que yo admiraba profundamente. Por su parte, Mami, aunque era más compasiva con los extraños, aportó a esa relación una gratitud inconmensurable por la compasión mostrada en la adversidad pasada. Era una gratitud que el tiempo no había borrado, y eso también yo lo admiraba profundamente.

Alquilé un carro en el aeropuerto y llegué al desconocido complejo de apartamentos muy tarde en la noche, después de haberme perdido y conducir llorando en círculos. Mi madre debió haber llamado a Junior antes de que yo llegara; como quiera que hubiera ocurrido, cuando me abrió la puerta era evidente que ya sabía la noticia. Se echó a sollozar en mis brazos.

Viajamos juntas a Puerto Rico para sepultar a Titi Aurora. Yo no me derrumbé hasta que me dieron el sobre con efectivo que ella había separado con mi nombre. Habíamos mantenido un viejo ritual: cada vez que ella iba a Puerto Rico, yo le prestaba el dinero para el pasaje. En años recientes, intenté regalarle el dinero, considerando que ahora yo podía darme ese lujo y ella vivía del seguro social. Pero ella no lo tomaba: si aceptara el efectivo como regalo, no podría pedirlo más y, por supuesto, necesitaría hacerlo.

De regreso a Nueva York, ayudé a poner en orden los pocos vestigios de vida material que Titi había dejado atrás. Era mínimo, tratándose de alguien a quien considerábamos una "guardalotodo". Casi todo lo que quedaba era un clóset lleno de regalos sin usar de los que no podía soportar desprenderse, pero tampoco darles uso.

—¿A qué le temes tanto? —preguntó Theresa—. ¿Qué puede salir mal?

Ella se fue conmigo de Pavia & Harcourt.

Su presencia reconfortante en el despacho era quizás lo único que me mantenía conectada a alguna apariencia de cordura. Mi primer mes como jueza estuve aterrada, conservando el patrón usual de falta de confianza y atroz esfuerzo compensatorio que siempre acompañaba a cualquier transición importante en mi vida. No me asustaba el trabajo. Jornadas de doce horas, siete días a la semana, eran normales para mí. Era mi propia sala la que me atemorizaba. El simple pensamiento de sentarme en el estrado me provocaba un pánico metafísico. Todavía no podía creer que todo había ocurrido como lo había soñado, y me sentía como una impostora recibiendo mi destino tan descaradamente.

Al principio, esquivé mi ansiedad programando cada conferencia en mi despacho. Hasta que llegara un caso a juicio, podía eludir el problema. Finalmente, llegó ante mi consideración un caso relacionado con la confiscación de la sede del club de los Hell's Angels en Alphabet City, el vecindario del East Village de Nueva York cuyo nombre se deriva de sus avenidas A, B, C y D, y los alguaciles a cargo de la seguridad trazaron la línea. No había manera de reunirme con ese grupo si no era en audiencia pública.

—Todos de pie.

El temblor se me pasaría en uno o dos minutos, me dije, como había ocurrido siempre desde la primera vez que subí al púlpito de Blessed Sacrament. Pero cuando me senté, noté que las rodillas todavía chocaban una con la otra. Podía oír el ruido que hacían y me preguntaba mortificada si el micrófono que tenía frente a mí, en la mesa, lo estaría captando. Escuchaba a los abogados, por supuesto, mientras continuaba el sonsonete delatador debajo de la mesa, incorpórea molestia y reproche. Entonces, se me ocurrió una primera pregunta para los litigantes y, al meterme de lleno, olvidé mis rodillas, y no encontré nada en el mundo más interesante que la cuestión que tenía ante mí en ese momento. El pánico había pasado; había encontrado mi camino y podía estar segura de que siempre lo encontraría. Después, de regreso a la sala de togas, confesé mi satisfacción:

—Theresa, creo que este pez ha encontrado su estanque.

Epílogo

Mirando ahora hacia atrás, me parece que ha pasado toda una vida desde que encontré mi lugar de pertenencia y propósito, la sensación de haber escuchado un llamado y haber respondido. Cuando coloqué la mano sobre la Biblia para tomar el juramento que me convertiría en jueza de la Corte de Distrito, la ceremonia marcó la culminación de un trayecto de crecimiento y entendimiento, pero también el comienzo de otro. El segundo trayecto, realizado ya siendo jueza, continúa, no obstante, con los mismos pasos pequeños pero firmes con los que recorrí el primero, porque sé que esa es todavía mi mejor manera de seguir progresando. Continúa, asimismo, con el mismo abrazo de mis muchas familias, cuyo respaldo práctico vital ha sido conferido como una señal de algo mucho más profundo.

Con cada uno de mis pequeños y firmes pasos, me he visto crecer más fuerte y a la altura de un reto que

supera al anterior. Cuando, después de seis años en la
Corte de Distrito, fui nominada a la Corte de Apelaciones para el Segundo Circuito, y a la Corte Suprema doce
años después, las vistas de confirmación serían en cada
etapa sucesivamente más difíciles, los ataques más personales, el proceso más rápido, más brutalmente intenso.
Pero a cada paso, también, la cantidad de miembros de
la familia y la comunidad a mi alrededor ofreciéndose a
defenderme sería exponencialmente mayor.

Más de mil personas asistieron a mi ceremonia de
juramentación para el Segundo Circuito. Un grupo más
íntimo de unos trescientos amigos y parientes se quedó
a celebrar la ocasión y a presenciar mi primer acto oficial
como jueza del Segundo Circuito, efectuado esa misma
noche: casar a Mami y a Omar. Combinar las celebraciones no solo duplicó la alegría, haciendo que la fiesta
fuera más viva, sino que me permitió honrar a mis seres
más queridos y reconocer la deuda que tenía con ellos
—especialmente con Mami— por su participación en
lo que yo había alcanzado. No volví a sentir con tanta
intensidad mi conciencia de esa deuda durante años,
hasta el momento en que inesperadamente vi el rostro
de Junior en la gran pantalla de televisión, llorando de
alegría por mi nominación a la Corte Suprema; las ar-
dientes lágrimas que esa imagen arrancó de mis ojos no
dejan dudas acerca de cómo me ha sostenido el amor de
mi familia.

De la misma manera en que tuve que aprender a
pensar como abogado, tuve que enseñarme sola a pen-

sar como juez. En mis pequeños y firmes pasos, he dominado las herramientas conceptuales de un juez de primera instancia, luchando con los hechos y los precedentes, y de un juez de apelaciones, lidiando con la teoría del derecho a un nivel más abstracto. He sido una esponja feliz, absorbiendo todas las lecciones posibles de mentores generosos en tiempo y espíritu. Me he entusiasmado con el aprendizaje que derivaba de las oportunidades que he tenido de enseñar, y la energía que emana de la interacción con mis asistentes jurídicos y el intercambio libre de ideas que he propiciado en mi despacho. Ahora mi educación continúa en la Corte Suprema, según pondero las exigencias particulares de su evaluación definitiva. Casi a diario, las personas me preguntan cuál espero que sea mi legado, como si la historia estuviera languideciendo, cuando en realidad apenas comienza. Solo puedo responder que mi máxima aspiración en cuanto a mi trabajo en la Corte Suprema es poder crecer en conocimiento, más allá de lo que puedo prever, más allá de cualquier límite visible desde mi presente perspectiva.

En esta conexión, me viene a la memoria un recuerdo de mis días de secundaria. Durante mi tercer año, me eligieron para asistir a una conferencia de niñas de escuelas católicas de toda la ciudad. En un fin de semana de discusiones sobre asuntos religiosos y sociales, me enfrenté una y otra vez con una muchacha hispana que llevaba un impresionante afro que yo solo había visto antes por televisión; nada tan radical se vio jamás en los pasillos de la secundaria Cardinal Spellman.

Las dos nos enfrascábamos en la discusión con más energía que todas las demás en la mesa, un vigor que, por lo menos por mi parte, no provenía de la certeza de mis convicciones, sino del amor por el tira y jala de ideas, el placer de flexionar los músculos de la retórica que había estado fortaleciendo en el Club de Oratoria y Debates, y una ansiedad de aprender del intercambio. Argumentaba, como lo haría tantas veces años después con los abogados, no desde una posición fija, sino más bien explorando ideas y poniéndolas a prueba contra cualquier reto que pudiera presentarse. Me encanta el calor de una conversación analizada y no juzgo el carácter de una persona por el resultado de un intercambio verbal competitivo con opiniones razonadas. Pero en las respuestas de mi oponente sentía una animosidad que siguió creciendo durante el fin de semana. Después de la última sesión de rondas, cuando reflexionábamos sobre nuestra experiencia en la reunión, le dije que había disfrutado mucho de nuestra conversación y le pregunté qué había inspirado la hostilidad que percibí en ella.

—Es porque no puedes tomar una postura —dijo, mirándome con tanto desdén que me sorprendió—. Todo depende del contexto para ti. Si siempre estás tan abierta a la persuasión, ¿cómo puede alguien predecir tu postura? ¿Cómo pueden saber si eres amiga o enemiga? El problema con la gente como tú es que no tienen principios.

Sin duda, pensé, lo que ella describía en mí era preferible a lo opuesto. Si te aferras a un principio con tanta pasión, inflexiblemente indiferente a los particulares de la circunstancia —al alcance total de lo que los seres humanos, con todos sus defectos y debilidades, pueden superar o crear—, si entronas los principios por encima de la razón, ¿no estás entonces abdicando las responsabilidades de una persona racional? Dije algo por el estilo.

Nuestra conversación terminó en ese tono agitado, pero yo me he pasado el resto de mi vida forcejeando con su acusación. He aprendido desde entonces cómo esas consideraciones se enfocan en el lenguaje más complejo de la filosofía moral, pero nuestro simple intercambio ese día planteó un punto que sigue siendo esencial para mí. De hecho, hay algo profundamente mal en el fondo de una persona que carece de principios, que carece de fundamentos morales. Hay ciertos valores que no admiten negociación, entre ellos la integridad, la equidad y la ausencia de crueldad. Pero nunca he aceptado el argumento de que se compromete un principio por juzgar cada situación en sus propios méritos, con la debida apreciación de la idiosincrasia de la motivación humana y la tendencia a cometer errores. La preocupación por los individuos, el imperativo de tratarlos con dignidad y respeto hacia sus ideas y necesidades, sin importar nuestros propios puntos de vista, también son, sin duda, principios tan dignos como cualquiera de los considerados inviolables. Permanecer receptivos al entendimiento —quizás hasta a los principios— sin tomar partido, es lo mínimo que requiere el aprendizaje.

Con suerte, tendré suficiente tiempo para continuar creciendo y aprendiendo y surgirán muchas más historias que contar antes de que pueda comenzar a decir en definitiva quién soy como juez.

Espero que la persona que soy como ser humano también continúe evolucionando, pero tal vez la esencia ya está definida. En el momento en que, respetando la tradición, me senté en la silla del juez presidente John Marshall y coloqué la mano sobre la Biblia para tomar el juramento del cargo en la Corte Suprema, sentí como si una corriente eléctrica me recorriera y toda mi vida, colapsando en ese momento, pudiera leerse en los rostros de las personas más queridas por mí que llenaban esa hermosa sala. Miré hacia ellos y vi a mi madre con lágrimas en las mejillas y sentí una oleada de admiración por esa mujer excepcional que me inculcó los valores que eran innatos en ella —la compasión, el trabajo duro y el valor para enfrentarse a lo desconocido—, pero que también creció conmigo cuando dábamos juntas nuestros pequeños pasos para cerrar la distancia que se había abierto entre nosotras en los primeros años. Puede que yo haya sido la pequeña Mercedes cuando era niña, pero ahora era también la hija de mi madre. Vi a Junior radiante de orgullo, y a mi familia que viajó desde Nueva York y Puerto Rico para estar allí, y a tantos amigos que se mantuvieron a mi lado a través de los años. El momento les pertenecía a ellos tanto como a mí.

Sentí la presencia también, casi visible, de los que habían partido recientemente: mi amiga Elaine, quien sufrió una serie de derrames cerebrales, pero que hasta el último momento se las arregló para aligerar con su humor tanto la carga de su agonía como el drama alrededor de mi nominación; Dave Botwinik, quien puso en marcha ese sueño hacia su realización.

Entonces, mi mirada se cruzó con la del Presidente, sentado en primera fila, y sentí la gratitud estallando dentro de mí, una gratitud abrumadora apartada de la política y los cargos, una gratitud viva con la alegría de Abuelita y con un súbito recuerdo, una imagen que veía a través de los ojos de una niña: corría de regreso a la casa de Mayagüez con un cono de piragua derritiéndose, dulce y pegajoso, por mis brazos, con el sol hiriéndome los ojos, asomándose entre las nubes y reflejándose en el pavimento empapado por la lluvia y en las hojas que goteaban. Corría con alegría, una alegría irresistible que surgía simplemente de la gratitud por estar viva. Junto con esa imagen, los recuerdos me traen las palabras en la mente de una niña a través del tiempo: soy afortunada. En esta vida, soy verdaderamente afortunada.

Agradecimientos

Estoy profundamente agradecida a todos los niños que han compartido sus sentimientos, pensamientos y sueños conmigo. Ustedes me han servido de inspiración.

Agradezco a mi querida amiga Zara Houshmand, quien, una vez más, ayudó a pulir mi trabajo.

Beverly Horowitz, con todo el equipo de Delacorte Press/Random House, han guiado con su mano experta la edición y producción de este libro. Gracias.

Un agradecimiento especial para Carmen Iguina González y Xavier Romcu-Matta por su colaboración en la revisión de la corrección de este libro.

Agradezco a mi equipo de asesores: Peter y Amy Bernstein, de Bernstein Literary Agency, así como a mis abogados, John S. Siffert y Mark A. Merriman. Siempre son increíblemente serviciales.

Finalmente, mis asistentes Susan Anastasi, Anh Le y Victoria Gómez siempre son indispensables en todos mis esfuerzos.

Tengo un caudal de personas que me guían y apoyan, y a todas ellas les agradezco su amor.

Glosario de puertorriqueñismos

china: naranja.

chorrera: tobogán.

el jurutungo viejo: lugar remoto a donde es muy difícil llegar; el fin del mundo.

"En Mi Viejo San Juan": Bolero escrito por el compositor puertorriqueño Noel Estrada en 1943. Muchos lo consideran una especie de himno. Describe el deseo del autor de volver a su ansiada ciudad costera y la melancolía de saber que eso nunca ocurrirá.

guagua: autobús.

güiro: instrumento musical de percusión que tiene como caja una calabaza de güiro, que se conoce también en Puerto Rico como "marimbo". El sonido se produce al raspar con una "puya" unas muescas talladas en su superficie.

jíbaro: campesino agricultor que se caracteriza por ser humilde, trabajador y franco. Es una figura importante de la cultura puertorriqueña, con su tradicional sombrero de paja llamado "pava". Representa la sabiduría popular.

la tetita: el extremo crujiente del pan criollo (receta puertorriqueña del pan francés).

mahones: pantalones vaqueros.

Nuyorican: persona de ascendencia puertorriqueña nacida o criada en la ciudad de Nueva York; compuesto por los términos "New York" y "Puerto Rican".

picadillo: plato criollo de carne de res molida.

piragua: Refresco granizado en forma de pirámide. En las plazas públicas es común ver a los vendedores ambulantes, conocidos como piragüeros, con sus coloridos carritos.

recao: Hierba tropical perenne también conocida como culantro. Es uno de los ingredientes básicos para hacer el sofrito que se usa en muchos platos de la cocina típica puertorriqueña.

sofrito: Condimento a base de tomate, pimiento, cebolla, ajo y recao o culantro.

titi: palabra cariñosa para tía.

tostones: Rodajas de plátano verde frito.

vivero: mercado agropecuario.

Breve historia de la Corte Suprema

La Corte Suprema de los Estados Unidos es el tribunal de mayor rango y prestigio de la nación. Fue establecida por el Artículo III de la Constitución de los Estados Unidos y es la única corte establecida por la Constitución. Es una de las tres ramas del gobierno de los Estados Unidos, que consta de la rama ejecutiva, la rama legislativa y la rama judicial. La rama ejecutiva incluye la oficina del Presidente y las distintas agencias federales, la rama legislativa está compuesta por el Senado y la Cámara de Representantes, y la rama judicial está formada por la Corte Suprema y las cortes federales de menor jerarquía. Estas tres ramas del gobierno se crearon con el propósito de que ninguna parte del gobierno pudiera tener autoridad absoluta. Con el poder de la revisión judicial, la Corte Suprema puede garantizar que las acciones de las otras dos ramas se mantengan dentro de los límites fijados por la Constitución.

El propósito de la Corte Suprema es atender casos y controversias que surgen en virtud de la Constitución o de las leyes de los Estados Unidos. La Corte Suprema tiene dos áreas de jurisdicción: casos de única instancia y de apelación. La jurisdicción original, o en única instancia, significa que un caso se presenta directamente ante la Corte Suprema sin tener que pasar primero por un tribunal de menor jerarquía. Esto incluye casos que surgen entre dos estados o entre un estado y un gobierno extranjero. La mayoría de los casos de la Corte Suprema son casos de apelación, lo cual quiere decir que la Corte revisa y toma decisiones sobre casos que se han originado en tribunales de primera instancia. Estos casos se llevan a la Corte Suprema a través de un proceso de apelación. Contrario a los demás tribunales, en la mayoría de los casos ante la Corte Suprema no se presentan testigos ni evidencia porque los casos ya han sido juzgados y documentados por los tribunales menores.

La Corte Suprema está compuesta por nueve magistrados: un Juez Presidente y ocho Jueces Asociados. La Corte no siempre estuvo compuesta por nueve magistrados y su número ha fluctuado desde que se reunió por primera vez en 1790. Inicialmente, estaba compuesta por un Juez Presidente y cinco Jueces Asociados. Este número cambió seis veces antes de fijarse en la cantidad actual de nueve jueces en 1869.

En la sala de justicia, los magistrados se sientan por orden de antigüedad, con el Juez Presidente en el centro y los jueces de mayor antigüedad a ambos lados de este.

En la historia de la Corte Suprema ha habido 17 Jueces Presidentes y 101 Jueces Asociados.

Para convertirse en juez de la Corte Suprema no hay una lista de requisitos específicos como, por ejemplo, edad, educación o campo profesional. Aun cuando un título en Derecho no es un requisito explícito, la vasta mayoría de los jueces han estudiado leyes.

No existe un límite de tiempo para el mandato de los jueces. Generalmente, los nombramientos se consideran vitalicios. La Constitución establece: "Los jueces, tanto de la Corte Suprema como de los tribunales menores, continuarán en sus funciones mientras observen buena conducta...". Un juez puede optar por renunciar o retirarse, pero la única forma de destituirlo es a través de un proceso de acusación conocido como "impeachment", lo cual es sumamente inusual. El único juez que ha sido acusado fue el Juez Asociado Samuel Chase en 1805. La Cámara de Representantes aprobó "Artículos de Impeachment" en su contra; sin embargo, fue absuelto por el Senado. Cuando surge una vacante en la Corte, el Presidente nomina a un nuevo juez, quien tiene que ser confirmado por el Senado. Para tener un sentido de rotación, el tiempo promedio de servicio para los jueces es de dieciséis años.

El término comienza el primer lunes de octubre de cada año y se extiende hasta finales de junio o principios de julio, cuando la Corte entra en receso de verano. Los jueces revisan aproximadamente entre setenta y ochenta peticiones, de unas siete u ocho mil que se presentan ante la consideración de la Corte en cada término. Durante el término, la Corte opera con períodos de sesiones alternas, cuando los jueces atienden casos pendientes, y recesos, cuando los jueces leen escritos, deciden cuáles casos van a atender en el futuro y escriben opiniones.

La función principal de la Corte Suprema es interpretar la Constitución y las leyes federales en los casos que se presentan ante los Jueces. La Corte ha ejercido estos deberes durante más de dos siglos, lo cual demuestra su importancia y longevidad como institución.

Para obtener más información sobre la Corte Suprema, visita supremecourt.gov.